AMV

Chris May

Pferdehaltung

Handbuch für Ankauf, Ernährung, Arbeit und Pflege

Albert Müller Verlag
Rüschlikon-Zürich · Stuttgart · Wien

Aus dem Englischen übersetzt von Simone Wiemken. – Titel des englischen Originals: «The Horse Care Manual», erschienen bei Stanley Paul & Co. Ltd, London. – ISBN 3-275-00988-5.– 1/5/90.–Printed in Hongkong

Inhalt

Erster Teil

Die Pflege des Pferdes

1

Kennenlernen des Pferdes

Ponys und Pferde sind empfindsame und intelligente Tiere. Sie haben sich zu flinken und reaktionsschnellen Weidetieren entwickelt, die sofort fliehen, wenn einer ihrer scharfen Sinne eine Gefahr registriert. Pferde zu pflegen bedeutet nicht nur, ihre körperlichen Bedürfnisse zu befriedigen, sondern auch auf ihre psychische Gesundheit zu achten und ihre Art der Wahrnehmung zu kennen. Wenn man weiß, was ein Pferd sieht und hört, kann man sich ihm nähern, ohne es zu ängstigen. Das Verstehen des Pferdes, seines Charakters und seiner Eigenheiten ist eine große Hilfe beim Pflegen, Ausbilden und Reiten – und außerdem der Hauptanreiz für den Besitz eines eigenen Pferdes.

Die Vorfahren des Pferdes

Die ersten Pferde erschienen vor ungefähr 55 Millionen Jahren auf der Erde. Seither haben sie sich immer wieder verändert.

Welche Stellung nimmt das Pferd im Tierreich ein – in welchem Verhältnis steht es zu anderen Equiden?

Alle Hauspferde gehören zur Art *Equus caballus.* Alle Rassen stammen von den Wildpferden ab, die einst Zentralasien bevölkerten; von ihnen hat das Mongolische Wildpferd, das Przewalski-Pferd, am längsten überlebt. Lange Zeit glaubte man, auch diese Pferde wären ausgestorben, sie wurden jedoch 1881 in der Wüste Gobi von dem russischen Forscher General Nikolai Przewalski wiederentdeckt. Heute leben Rückzüchtungen dieser Pferde in zoologischen Gärten, aber wildlebende Exemplare gibt es vermutlich nicht mehr. Im Grunde ist das Przewalski-Pferd eine eigenständige Unterart, denn es hat zwei Chromosomen weniger als die Hauspferde.

Heute gibt es noch fünf weitere Arten der Gattung *Equus* (Equiden): das Steppenzebra, das Bergzebra, das Grévy-Zebra, den Afrikanischen Wildesel (von dem die Hausesel abstammen) und den Asiatischen Wildesel (Onager). Andere Equiden wurden erst vor relativ kurzer Zeit ausgerottet, so zum Beispiel das zebraähnliche Quagga in Südafrika in den 1870er Jahren.

Die Karte zeigt die Verbreitung der engsten Verwandten des Pferdes. Alle sechs *Equus*-Arten können untereinander gekreuzt werden; doch da die Zahl der Chromosomen bei den verschiedenen Arten unterschiedlich ist, sind die Jungtiere, die aus solchen Paarungen hervorgehen (wie zum Beispiel Maultiere aus der Kreuzung zwischen Pferd und Esel) unfruchtbar; Kreuzungen zwischen Przewalski-Pferden und Hauspferden allerdings sind zur Weiterzucht geeignet.

Andere, noch heute lebende Angehörige der Ordnung Perissodactyla (Unpaarhufer) sind das Nashorn und der Tapir. Beide haben, wie die Equiden, sogenannte Nasentrompeten und laufen auf einer Zehe (allerdings hat das Nashorn zwei und der Tapir sogar drei weitgehend funktionsunfähige Zehen beiderseits der tragenden Mittelzehe).

Das Przewalski-Pferd oder Mongolische Wildpferd. Die Vorfahren dieses Pferdes gehörten zu den ersten Pferden, die um 3000 v. Chr. auf den Steppen Rußlands von Menschen gezähmt wurden.

Früher Pferdetyp. Nach fast 60 Millionen Jahren der Evolution entwickelte sich dieses primitive Pferd, das zum Vorfahren aller heutigen Pferde wurde.

Der Stammbaum des Pferdes illustriert seine Entwicklung von den Ursprüngen bis zu **Equus caballus**, dem modernen Pferd. Dieser Prozess dauerte 55 Millionen Jahre.

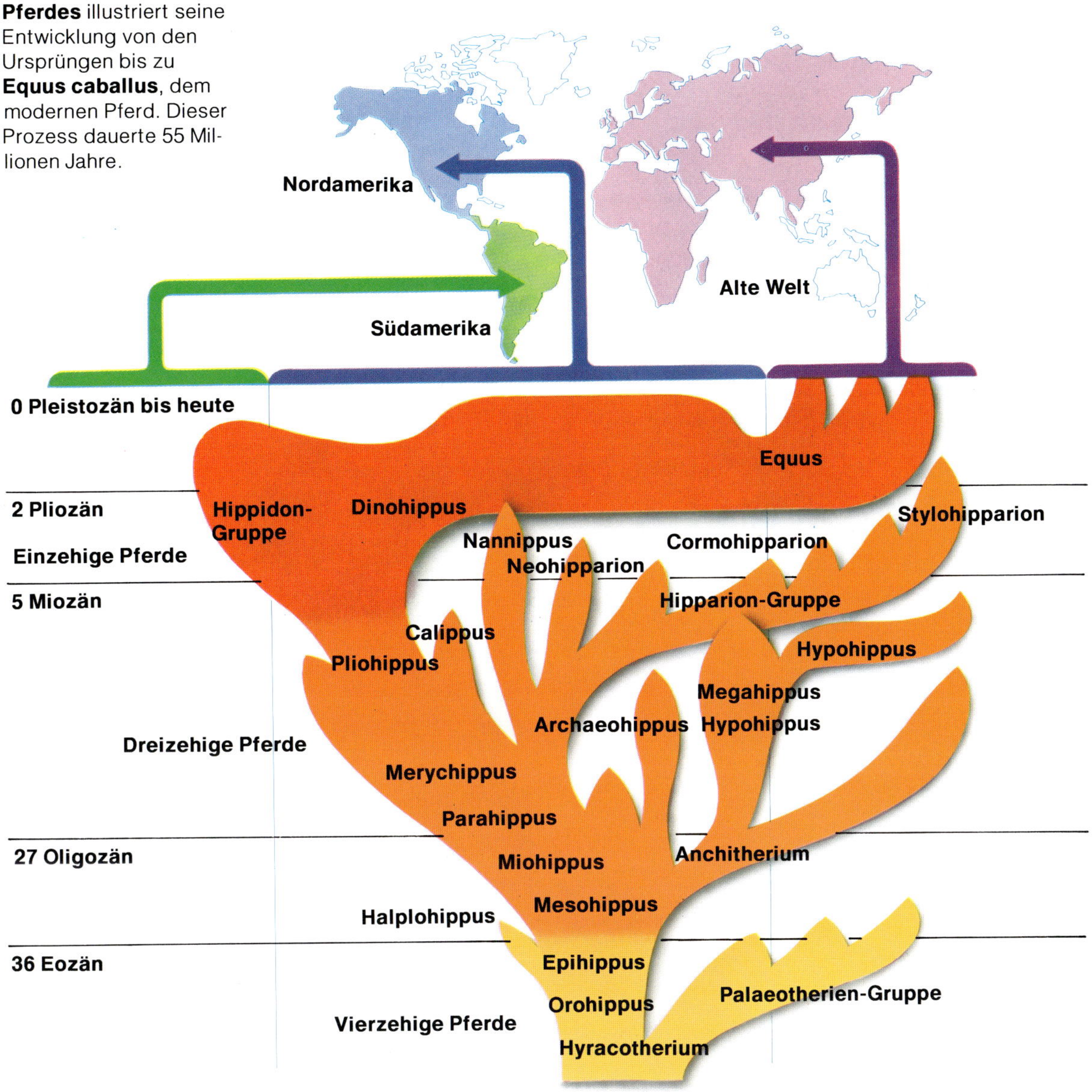

Wer waren die Vorfahren des Pferdes?

Die Evolution des Pferdes wurde genauestens studiert, und außerdem gibt es, anders als bei vielen anderen Tierarten, von den Knochen der Pferdevorfahren unzählige Fossilien. Die frühesten Säugetiere, die man als Vorfahren des Pferdes bezeichnen kann, waren die Condylarthren. Diese primitiven Tiere lebten vor ungefähr 75 Millionen Jahren und sind die Vorläufer aller Huftiere.
Sie hatten ungefähr die Größe eines Fuchses und eine Schulterhöhe von 36 Zentimetern, sie besaßen fünf Zehen an jeder Gliedmaße und lebten von den üppigen Blättern der Sumpfpflanzen, die zu jener Zeit auf der Nordhalbkugel wuchsen.

Wie verlief die Evolution des Pferdes?

Zur Evolution gehört die natürliche Auslese, das heißt das Überleben der Tiere, die ihrer Umwelt am besten angepaßt sind. Durch die Klimaveränderung auf der Nordhalbkugel trockneten die Sümpfe aus, und der Boden wurde fester. Das Laufen auf fünf Zehen, das in den Sümpfen ein Vorteil gewesen war, erwies sich für die Fortbewegung auf den neu entstandenen trockenen Steppen als wenig geeignet. Im Laufe von Millionen von Jahren verringerte sich allmählich die Zahl der Zehen, bis vor ungefähr 10 Millionen Jahren Pliohippus erschien, der erste Pferdevorfahr mit nur einer Zehe.
Zusätzlich wurden die Tiere stetig größer und langbeiniger. Die kleinen, relativ weichen und kurzkronigen Zähne der frühesten Pferdevorfahren waren ihrer Ernährung mit Sumpfpflanzen ideal angepaßt; für das harte, schwerverdauliche Gras der Steppen waren sie jedoch völlig ungeeignet. Dementsprechend verlängerten sich im Laufe von Millionen Jahren die Zahnkronen, und die Kauflächen wurden größer und härter. Auch der Kopf wurde immer größer, um den kräftigen Zähnen Platz zu bieten.
Von Nordamerika zogen primitive Equiden in Richtung Süden nach Südamerika und über die Landbrücke, die damals noch im Bereich der heutigen Beringstraße die Kontinente verband, in Richtung Westen nach Asien. Vor ungefähr zehn Millionen Jahren war Zentralasien von riesigen Pferdeherden bevölkert. Das erste echte Pferd – *Equus caballus* – erschien vor etwa einer Million Jahren in Amerika und breitete sich von dort nach Asien aus. Die Veränderung der dortigen Vegetation während der Eiszeiten trieb die asiatischen Pferde, Esel und Zebras weiter nach Süden, in den Mittleren Osten und nach Afrika. Im Laufe von Jahrhunderten entwickelten sich mehrere Wildpferdestämme. Das Steppenpferd lebte in Zentralasien und ist der Vorfahr vieler moderner Zuchtrichtungen (und auch des Przewalski-Pferdes). Das Plateaupferd durchstreifte Osteuropa und die Ukraine; aus ihm entwickelte sich der Tarpan (ein weiterer Vorfahr vieler Warmblutrassen, der erst vor etwa hundert Jahren mit den verschiedenen Hauspferderassen vermischt wurde). In Nordeuropa gab es zwei Wildpferdearten: den Waldtarpan, den Vorläufer der schweren Kaltblutrassen, und das kleinere, primitivere Tundren-Pferd, von dem viele der heutigen Ponyrassen abstammen.
Aus ungeklärten Gründen starben vor etwa 8000 Jahren alle Equiden in Amerika aus. Möglicherweise fielen sie einer tödlichen Krankheit zum Opfer.

Eohippus – das Pferd der Morgenröte. Dieses etwa hasengroße Tier gehört zu den frühesten Vorfahren des Pferdes. Es lebte vor 50 Millionen Jahren und ernährte sich von Sumpfpflanzen.

Thomas Huxley, der berühmte Biologe (**unten links**) studierte Pferdefossilien, die O.C. Smith (**rechts**), Professor für Paläontologie an der Universität Yale, gesammelt hatte.

Welche Merkmale der Evolution tragen Pferde noch heute?

Die Kastanien (kleine Hornauswüchse an der Innenseite der Pferdebeine oberhalb der Vorderfußwurzelgelenke und unterhalb der Sprunggelenke) sind Überreste der ersten Zehe, die im Laufe der Evolution verschwand. Auch der Sporn (ein horniger Auswuchs auf der Haut an der Rückseite des Fesselgelenks) wird als Überbleibsel vom Horn der zweiten und vierten Zehe betrachtet. Obwohl von diesen Zehen äußerlich nichts mehr zu sehen ist, sind doch noch kleine Überreste des zweiten und vierten Metatarsal- bzw. Metakarpalknochens vorhanden, die sogenannten Griffelbeine, die innen und außen an der Oberkante des Röhrbeines (des dritten Metakarpal- oder Metatarsalknochens) ansetzen.

Wann wurde das Pferd zum Nutztier?

Prähistorische Menschen jagten die primitiven Wildpferde als Nahrung und wegen ihrer Häute, die sie für Kleider und Unterstände benützten. Am wahrscheinlichsten ist, daß sich Pferd und Mensch zuerst in Zentralasien begegneten. Von welchem Zeitpunkt an Pferde als Nutztiere verwendet wurden, läßt sich nicht mehr genau feststellen. Wahrscheinlich haben Angehörige der Nomadenstämme Fohlen eingefangen, aufgezogen, auf ihre Wanderungen mitgenommen und schließlich auch mit ihnen weitergezüchtet. Auf diese Weise hatten sie immer Milch, Fleisch, Häute und ein Transportmittel. Wann genau sich dies abspielte, wird wohl nicht mehr ermittelt werden können, denn diese Menschen hatten nur wenige Besitztümer und hinterließen keinerlei Aufzeichnungen.
Die ersten Aufzeichnungen über gerittene Pferde stammen aus China aus der Zeit um 4000 v. Chr. In ihnen werden berittene Krieger beschrieben, die die nördlichen Landesgrenzen überschritten hatten. Diese Reiter der Steppe legten auf der Jagd nach Nahrung und Kriegsbeute mit ihren Pferden große Entfernungen zurück. In den Steppen wurden auch die ersten Speichenräder und Radnaben entwickelt, die es ermöglichten, Lasten relativ schnell über das flache Land zu befördern. Die darauf folgende Entwicklung des Streitwagens stellte eine Revolution in der Kriegsführung dar und beeinflußte den Verlauf der Geschichte in erheblichem Maße.
In Westeuropa dauerte es viel länger, bis das Pferd nicht mehr ausschließlich als Nahrungslieferant verwendet wurde. Die Menschen der Steinzeit jagten Pferde, indem sie ganze Herden über Klippen trieben; in Südfrankreich wurden riesige Knochenhaufen aus jener Zeit gefunden. Im 8. bis 10. Jahrhundert n. Chr., nachdem das Christentum im Norden Europas Fuß gefaßt hatte, wurde jedoch kaum noch Pferdefleisch gegessen; der Papst hatte seinen Verzehr verboten, da er Bestandteil der Verehrung heidnischer Götter wie zum Beispiel des altnordischen Gottes Odin gewesen war.

Frühe Wandbilder

Frühe Hinweise auf die Domestikation des Pferdes. Der assyrische König Assurbanipal führt seine Truppen an (**rechts**). Der mit Getreide beladene Wagen eines ägyptischen Steuereinnehmers (**oben**).

Wie sind die heutigen Pferderassen entstanden?

Alle Pferde, vom schwersten Kaltblüter bis zum kleinsten und leichtesten – vom über 1,90 Meter großen, 1450 Kilogramm schweren Belgier bis zu den nur 65 Zentimeter großen Falabella-Ponys, die so schwächlich sind, daß sie nicht einmal von Kindern geritten werden können – sind auf die eine oder andere Weise aus den primitiven asiatischen Wildpferden hervorgegangen. Diese Tiere, die in Aussehen und Größe den Przewalski-Pferden ähnelten, breiteten sich während der Eiszeiten aus. Einige Pferderassen, wie zum Beispiel das Exmoorpony und das Islandpferd, haben sich seither wenig verändert.
Andere Pferdetypen zogen weiter nach Süden und wurden von den Menschen zu Nutztieren für bestimmte Zwecke gezüchtet. Manche Kulturen, die für ihre Streitwagen große Pferde brauchten, selektierten nach Größe. Für die harten Lebensbedingungen im Mittleren Osten und in Nordafrika eigneten sich nur zähe und widerstandsfähige Pferde, und die Selektion nach diesen Gesichtspunkten war ein wichtiger Bestandteil bei der Entwicklung der Araber und Berber. Die Beduinen spielten bei der Zucht des Arabers eine besonders wichtige Rolle. Sie wählten mit großem Bedacht die ausdauerndsten und schnellsten (nicht die schönsten) Stuten zur Zucht aus und paarten sie mit den bestaussehenden Hengsten. Im Mittelalter waren abermals größere Pferde gefragt als Lasttiere und vor allem als Reittiere für die gepanzerten Ritter. Doch obwohl das Kummetgeschirr, mit dem das Pferd seine Zugkraft voll einsetzen kann, bereits im 11. Jahrhundert in Gebrauch kam, wurden Pferde doch erst während der industriellen Revolution in größerem Ausmaß in der Landwirtschaft eingesetzt, als die Zuggeschirre weiterentwickelt und landwirtschaftliche Maschinen erfunden worden waren. Dafür wurden schwere Zugpferde gebraucht, und in den letzten zweihundert Jahren wurden immer größere und schwerere Kaltblüter gezüchtet, wie zum Beispiel Shire-Horses, Clydesdales und Suffolk Punches.

Wie hat sich die Selektion durch den Menschen ausgewirkt?

Größe, Körperbau und Leistung aller heutigen Pferderassen sind einzig und allein das Ergebnis selektiven Züchtens. Den größten Einfluß auf die modernen Rassen hat zweifellos das arabische Pferd. Araber wurden in großem Maße verwendet, um bodenständige Rassen zu veredeln (zum Beispiel die New Forest und die Welsh Mountain Ponys). Auch in der Entstehung der Vollblutzucht hat das arabische Pferd eine große Rolle gespielt, denn die Abstammung aller im General Stud Book verzeichneten Vollblüter läßt sich zurückverfolgen auf drei arabische Hengste (Darley Arabian, Byerley Turk und Godolphin Barb), die gegen Ende des 17. Jahrhunderts nach England importiert und mit dem damals dort üblichen schwereren Pferdeschlag gekreuzt wurden.
Eine andere Pferderasse, die großen Einfluß auf die modernen europäischen Pferdezuchten ausgeübt hat, ist der spanische Andalusier. Diese Rasse stammt von einheimischen spanischen Pferden ab, die sich mit den Berbern vermischten, welche die Mauren mit ins Land brachten. Nachdem die spanischen Eroberer unter Cortez in Mexiko eingedrungen waren, entliefen ihnen einige der mitgeführten Pferde. Sie verwilderten und vermehrten sich. Aus ihnen entwickelte sich der Mustang, von dem indirekt auch das Quarter Horse abstammt.

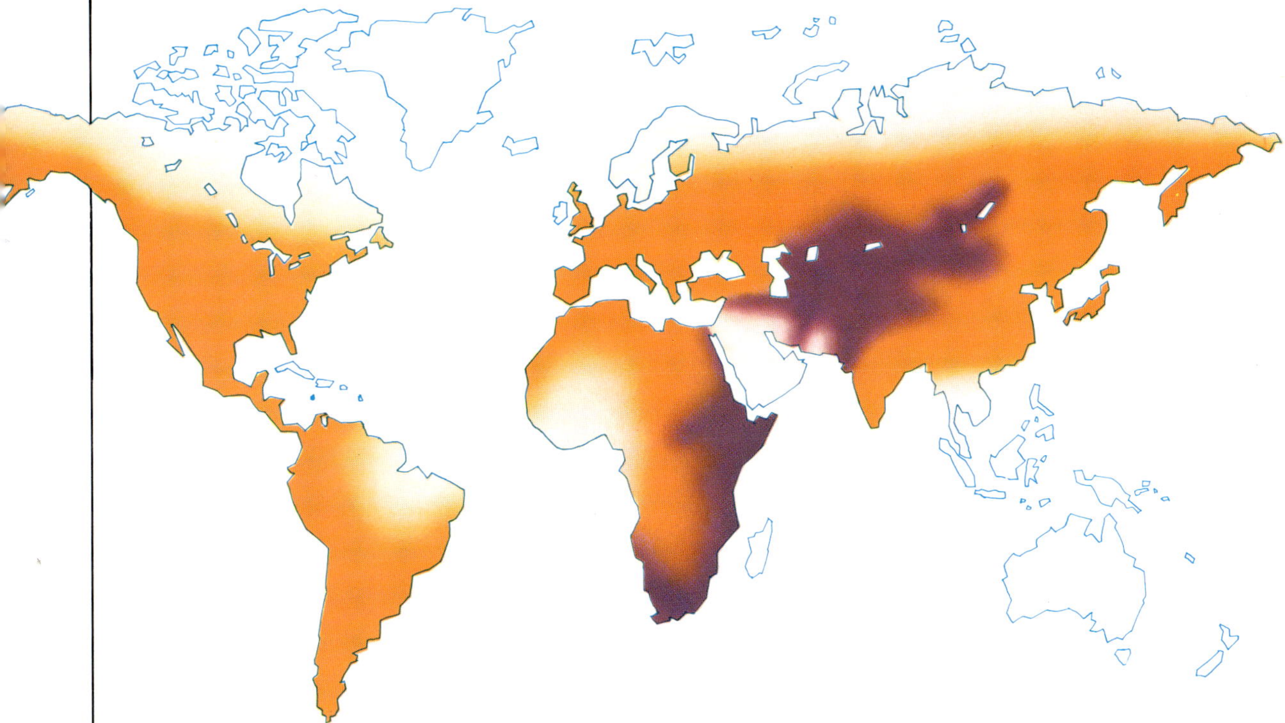

Die Verbreitung von Equus während des Pleistozäns und heute. Die Gattung entstand in Nordamerika im Pliozän, vor ungefähr drei bis vier Millionen Jahren, und breitete sich später nach Südamerika und in die Alte Welt aus. Im Pleistozän war **Equus** weiter verbreitet als jeder andere Pferdevorfahr. Gegen Ende dieses Zeitalters starben jedoch viele Arten aus, und heute ist das Verbreitungsgebiet wildlebender Equiden wesentlich kleiner.

Anatomie des Pferdes

Eine gewisse Kenntnis der Anatomie und der Körperfunktionen hilft, das Pferd gesund und glücklich zu erhalten.

Unterscheidet sich das Verdauungssystem des Pferdes von dem anderer Tiere?

Pferde brauchen ein hochspezialisiertes Verdauungssystem, um den relativ unverdaulichen Hauptbestandteil ihrer Ernährung, das Gras, zu verwerten.
Im Gegensatz zu den Zähnen des Menschen wachsen die der Pferde während des ganzen Lebens nach, um die starke Abnutzung auszugleichen. Die Schneidezähne haben flache Kauflächen, so daß Pferde sehr dicht am Boden grasen können. Die überaus bewegliche Zunge befördert das Futter nach hinten zu den Backenzähnen, deren rauhe Mahlflächen mit Zahnschmelz und Zement bedeckt sind. Für seine Größe hat das Pferd einen relativ kleinen Magen. Seine Füllmenge liegt zwischen acht und fünfzehn Litern – die vier Mägen einer Kuh dagegen haben ein Fassungsvermögen von 140 bis 275 Litern. Obwohl das Gras bereits im Magen und im Dünndarm vorverdaut wird, leistet doch der Dickdarm des Pferdes, der ein Fassungsvermögen von 80 bis 130 Litern hat, die Hauptverdauungsarbeit. Im Dickdarm leben unzählige Bakterien, welche die Zellulose und andere harte Bestandteile von Gras in lösliche Fettsäuren umwandeln, die vom Körper aufgenommen werden können. Ein Teil der Verdauung findet auch im Blinddarm statt, einem blind endenden Darmstück am Anfang des Dickdarms. (Auch Menschen haben einen kurzen Blinddarm, der bei ihnen in dem vergleichsweise nutzlosen Wurmfortsatz endet.) Pferde unterscheiden sich in dieser Hinsicht also stark von den Wiederkäuern, bei denen die Verdauung des Pflanzenfutters fast ausschließlich in den Mägen stattfindet.
Bei Pferden werden der Nahrung schon im ersten Abschnitt des Verdauungstraktes große Flüssigkeitsmengen in Form von Verdauungssäften und Speichel zugesetzt – Pferde produzieren durchschnittlich zehn bis zwölf Liter Speichel am Tag. Nachdem sie den Verdauungstrakt durchwandert haben, werden diese Flüssigkeiten zusammen mit den in ihnen gelösten Nährstoffen vom Körper wieder absorbiert. Weicher oder flüssiger Kot, der im allgemeinen auftritt, wenn zu viel Bewegung im Darm ist, kann seine Ursache also auch in einer Verdickung des Grimmdarms, des letzten Darmabschnittes, haben, der dann nicht mehr in der Lage ist, genug Flüssigkeit zu absorbieren. Wegen des anatomischen Aufbaus des Schließmuskels zwischen Speiseröhre und Magen können Pferde nicht erbrechen. Bei einer starken Magenüberladung kann jedoch Futter aus den Nüstern hervorgewürgt werden.

Wie beschreibt man die Abzeichen des Pferdes?

Wie die meisten Menschen, die einer Beschäftigung nachgehen oder einem Hobby frönen, haben auch die Pferdefreunde ihre eigene Fachsprache. Die Bezeichnungen für die verschiedenen Körperteile des Pferdes und für viele seiner Krankheiten haben sich im Laufe von Tausenden von Jahren engsten Kontaktes entwickelt – und deshalb läßt sich auch der Ursprung vieler dieser Wörter heute nicht mehr ermitteln. Obwohl viele der Krankheitsbezeichnungen, die ursprünglich dazu dienten, Uneingeweihte einzuschüchtern, heute den wissenschaftlichen Bezeichnungen gewichen sind (die die Ursachen des Problems im allgemeinen wesentlich deutlicher machen), sind die Bezeichnungen für die Abzeichen des Pferdes (siehe Abbildung) doch bis heute weitgehend unverändert geblieben.

Wie ist das Atemsystem des Pferdes hohen Geschwindigkeiten angepaßt?

Pferde besitzen einen hochentwickelten Atemmechanismus, der die Muskeln mit Sauerstoff versorgt und damit die Voraussetzung für Geschwindigkeit und Ausdauer schafft. Es wurde geschätzt, daß die gesamte Innenfläche einer Pferdelunge, also der Bereich, der Sauerstoff aufnehmen kann, ungefähr 2500 Quadratmeter groß ist – im Vergleich zu 650 Quadratmetern bei einer Kuh und nur 90 bis 150 Quadratmetern beim Menschen!
Durch die mit den Atemwegen verbundenen Nebenhöhlen zwischen den Schädelknochen ist der Kopf des Pferdes relativ leicht. Außerdem besitzen Pferde zwei weitere ungewöhnliche Merkmale in den oberen Atemwegen, deren Funktion unbekannt ist; da bei den Pferdefossilien kein Bindegewebe erhalten blieb, läßt sich auch nichts über ihre Entstehung sagen. Kurz hinter den Nüstern führt vom Atemweg eine Abzweigung in die Nasentrompete oder falsche Nüster. In den oberen Atemwegen finden sich zwei Luftsäcke, die beiderseits des Kehlkopfes direkt unter den Ohren liegen.
Wegen ihres langen Gaumensegels können Pferde nicht durch das Maul atmen, aber die oberen Atemwege und die Luftröhre sind durchaus ausreichend. Der einzige Schwachpunkt in diesem System ist die engste Stelle, der Kehlkopf. Eng zusammenliegende Unterkieferäste, über-

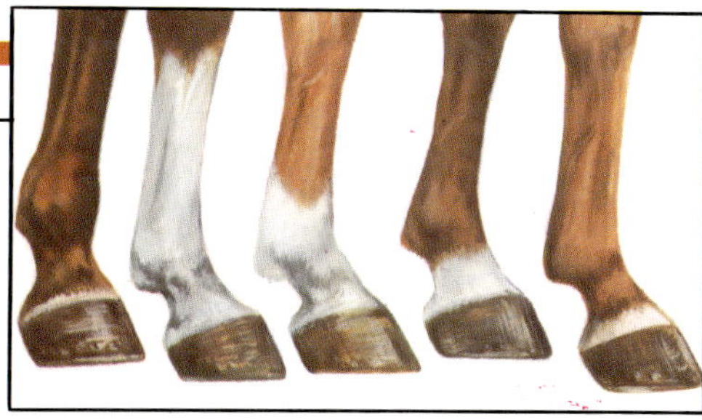

Beschreibung des Pferdes. Neben Geschlecht, Größe, Alter, Rasse und Farbe werden auch die Abzeichen zur Identifizierung von Pferden herangezogen. Gewöhnlich enthalten wichtige Papiere Zeichnungen von Kopf und Beinen des Pferdes und auch eine Beschreibung der Abzeichen. Heutzutage werden exakte Beschreibungen verwendet, wie «linke Hinterfessel halbweiß», und nicht länger Angaben wie «weiße Socken».

Auch die Größe und Form der Abzeichen auf dem Kopf des Pferdes (**links**) dient der Identifizierung einzelner Pferde. Einige der verbreitetsten Abzeichen sind hier abgebildet. Die Größe und Form eines Sterns sollte beschrieben werden, ebenso die Breite einer Blesse.

starke Beizäumung durch den Reiter oder Erkrankungen können eine Lähmung des Kehlkopfes hervorrufen, die das Atmen erschwert und die Leistungsfähigkeit beeinträchtigt. Beim schnellen Galoppieren können Pferde nur im Rhythmus der Bewegungen atmen; das heißt, sie atmen ein, wenn die Vorderbeine nach vorn gestreckt sind.

Die Körperteile des Pferdes

Pferde gibt es in verschiedenen Farben. Die verbreitetsten sind braun, dunkelbraun, fuchsfarben und schwarz. Häufig sind auch Schimmel in verschiedenen Schattierungen. Daneben gibt es Isabellen, Falben und eine Vielzahl von Schecken. Füchse und Braune lassen sich leicht unterscheiden. Selbst wenn ihr Deckhaar die gleiche Farbe haben sollte, erkennt man den Braunen doch immer an seinem schwarzen Langhaar, während es bei einem Fuchs stets die Farbe des Fells hat oder geringfügig heller ist.

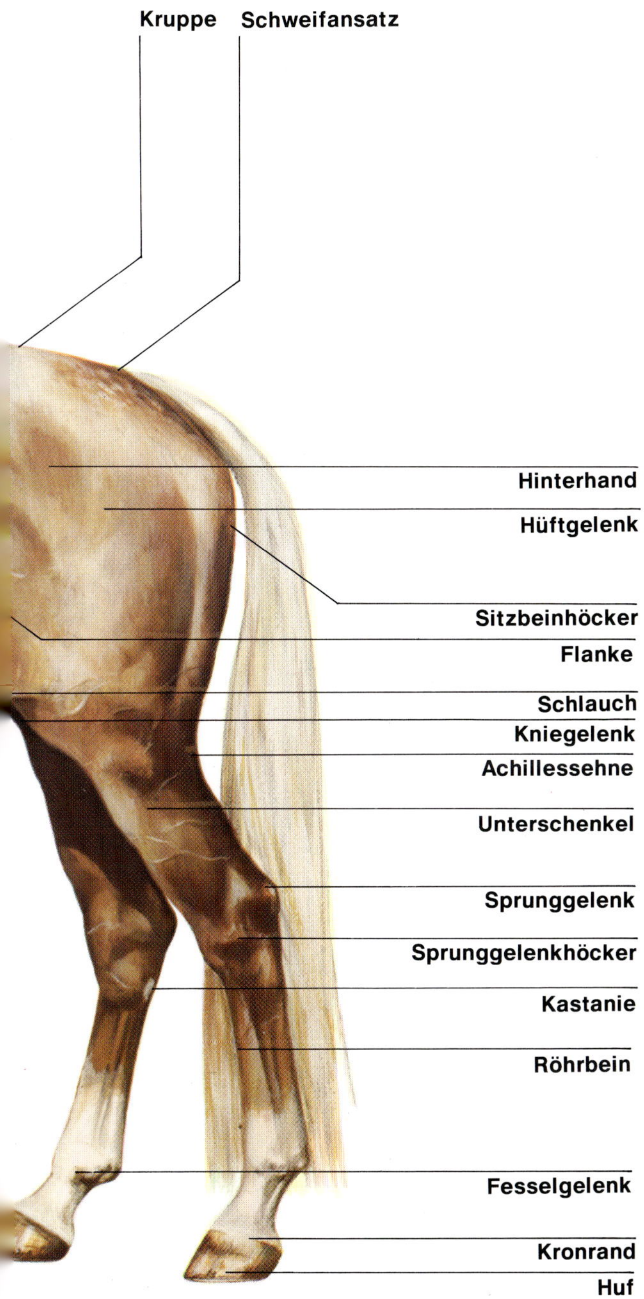

Wie ist der Körper des Pferdes hohen Geschwindigkeiten und großen Ausdauerleistungen angepaßt?

Zwei wichtige Bedürfnisse haben die Entwicklung des lokomotorischen Systems bei Pferden beeinflußt – schnell vor Gefahren flüchten und bei der Nahrungssuche auf relativ hartem Boden weite Strecken zurücklegen zu können. Hohe Geschwindigkeiten werden durch die Länge der Beine ermöglicht, und das Auffußen auf nur einer Zehe strengt den Körper weniger an. Die nach innen gewölbte Sohle mit dem aus ihr herausragenden Strahl fördert die Trittsicherheit. Kopf und Körper des Pferdes sind stromlinienförmig und bieten dem Wind wenig Widerstand; und die großen Muskeln, die die Beine bewegen, sitzen weit oben, so daß die beweglichen Teile nicht zu schwer werden. Die Muskelkraft wird durch ein leistungsfähiges Sehnensystem auf die untere Hälfte der Gliedmaßen übertragen. Im Gegensatz zu anderen schnell laufenden Tieren (zum Beispiel Windhunden oder Raubkatzen) haben Pferde eine relativ unbewegliche Wirbelsäule. Bei älteren Pferden kommt es manchmal sogar zu einer Verschmelzung der Rückenwirbel, die die Elastizität des Rückens teilweise oder vollständig aufhebt.

Das Hauptproblem im Zusammenhang mit schneller Fortbewegung auf hartem Boden ist die Erschütterung. Die Anatomie des Pferdes weist jedoch mehrere Merkmale auf, die helfen, dieses Problem zu überwinden. Die Hauptschubkraft kommt aus der Hinterhand, was bedeutet, daß das Gewicht und die Erschütterung hauptsächlich von der Vorhand aufgefangen werden. Die Schulterblätter des Pferdes sind am Brustkorb mit Muskeln aufgehängt, die einen Großteil der Erschütterung auffangen. Auch die Sehnen und Bänder der Vorderbeine wirken wie Stoßdämpfer. Wenn man sich die Aufzeichnung von einem Springturnier im Zeitlupentempo ansieht, fällt auf, wie die Fesselgelenke sich bei der Landung durchbiegen und dann wieder zurückfedern und so den Aufprall dämpfen. Dies ermöglicht ein System von Bändern, darunter das Unterstützungsband, das von der Rückseite des Röhrbeines bis zu zwei kleinen Knochen (den Gleichbeinen) im Fesselgelenk verläuft. Von dort aus verzweigt sich das Band an verschiedene Stellen an der Vorder- und Rückseite des Fesselgelenks und stützt es beim Durchfedern.

Im Hinterbein arbeiten das Sprunggelenk und das Knie zusammen, weil sie durch seitlich ansetzende Muskeln und Bänder miteinander verbunden sind. Auch diese Kombination wirkt als Stoßdämpfer. Außerdem haben Pferde ein weiteres körperliches Merkmal, das es ihnen ermöglicht, blitzschnell vor Gefahren fliehen zu können – ihre Fähigkeit, im Stehen «schlafen» oder zumindest ruhen zu können. Im Gegensatz zu Menschen und den meisten anderen Haustieren, bei denen nur ein Band zwischen der Kniescheibe und dem Unterschenkel verläuft, haben Pferde drei an der Kniescheibe ansetzende Bänder. Durch

ein Zusammenziehen der Oberschenkelmuskeln können Pferde ihre Kniescheibe gewissermaßen «einrasten», die Muskeln wieder entspannen und im Stehen ruhen.
Untersuchungen des Muskelgewebes von Pferden haben ergeben, daß sie wie fast alle anderen Tiere verschiedene Arten von Muskelfasern haben. Einige von ihnen (die schnell kontraktilen Muskelfasern) werden beansprucht bei Muskelarbeit, die ohne Sauerstoff (anaerob) abläuft, wie bei kurzen, extremen Kraftanstrengungen (Rennen, Flucht vor Gefahr). Die andere Art von Fasern (die langsam kontraktilen Muskelfasern) ist zuständig für langsame, länger andauernde Bewegungen, für die Sauerstoff notwendig ist (Ausdauerleistungen, Stehvermögen). Das Verhältnis von schnell zu langsam kontraktilen Fasern in den Muskeln jedes einzelnen Pferdes ist erblich festgelegt. Bei Rennpferden kann man also davon ausgehen, daß Flieger mehr schnell kontraktile und Steher mehr langsam kontraktile Muskelfasern besitzen. Wenn sich Muskeln unter Sauerstoffmangel kontrahieren, bildet sich Milchsäure. Die Ansammlung dieses Stoffes ist die Hauptursache für Muskelermüdung. Ein Pferd zu trainieren und in Form zu bringen, bedeutet daher vor allem, die Leistungsfähigkeit der verschiedenen Muskelfasern zu verstärken und ihre Toleranz gegenüber dem Aufbau von Milchsäure zu erhöhen. Spezielle Trainingsprogramme können daher bei der Entwicklung der für verschiedene Disziplinen nötigen Muskelfasern gute Dienste leisten.

Gesichtsfeld

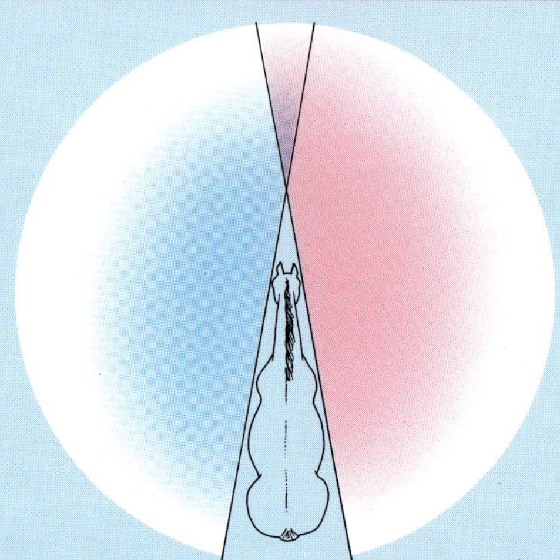

Das Gesichtsfeld des Pferdes. Der schattierte Bereich (**oben**) bezeichnet den Bereich, in dem das Pferd beidäugig sieht, und der, wie unschwer zu erkennen ist, sehr begrenzt ist.

Welches sind die natürlichen Gangarten des Pferdes?

Pferde haben vier unterschiedliche Gangarten – obwohl einige Zwischenformen möglich sind. Es sind dies Schritt, Trab, Galopp und Renngalopp. Im Schritt werden die Hufe in regelmäßiger Folge auf dem Boden aufgesetzt – die Fußfolge ist: links vorn, rechts hinten, rechts vorn, links hinten. Der Schritt ist eine Gangart im Viertakt; beim Schrittreiten auf hartem Boden sollten vier deutliche Hufschläge zu hören sein.
Der Trab ist eine Gangart im Zweitakt; die diagonal gegenüberliegenden Beinpaare werden gleichzeitig nach vorn gebracht. Die Fußfolge ist: links vorn und rechts hinten, rechts vorn und links hinten.
Im Galopp führt ein Vorderbein, während das andere Vorderbein und das diagonal gegenüberliegende Hinterbein gleichzeitig vorschwingen und das andere Hinterbein ihnen folgt. Der Galopp ist eine Gangart im Dreitakt mit folgender Fußfolge (im Linksgalopp): rechts hinten, links hinten und rechts vorn, links vorn. Nach dem Abstoßen des führenden Vorderbeins vom Boden folgt die Schwebephase.
Im Renngalopp verlängern sich die einzelnen Sprünge ebenso wie die Schwebephase. Gleichzeitig ist die Gangart zu schnell, als daß die Hufe noch diagonal auffußen könnten, wie es im ruhigen Galopp der Fall ist. Der Rhythmus des Galopps löst sich auf, so daß der Hinterhuf kurz vor dem ihm diagonal gegenüberliegenden Vorderhuf aufsetzt. Daraus ergibt sich (im Linksgalopp) die Fußfolge: rechts hinten, links hinten kurz vor rechts vorn, gefolgt von links vorn. Der Renngalopp ist demnach eine Gangart im Viertakt. Im ruhigen wie auch im Renngalopp führt auf einer geraden Linie das eine oder andere Vorderbein; in Wendungen ist es jedoch fast immer das innere. Das führende Vorderbein muß mehr Gewicht tragen und mehr Arbeit verrichten als das andere. Aus diesem Grund springen erschöpfte Pferde im schnellen Galopp häufig um.

Was können Pferde sehen?

Pferde haben große, vorstehende Augen, die an den Seiten des Kopfes sitzen. Dadurch haben sie einen sehr großen Sehbereich, ohne den Kopf bewegen zu müssen. Diesen Vorteil haben fast alle Pflanzenfresser; er ermöglicht es ihnen, Bewegungen von Raubtieren auch während des Grasens wahrzunehmen. Bei Raubtieren ist es genau umgekehrt – ihre eng stehenden Augen an der Vorderseite des Schädels ermöglichen ihnen das beidäugige Sehen, das für das Abschätzen von Entfernungen unerläßlich ist. Pferde können nur auf einem sehr begrenzten Bereich beidäugig sehen und Entfernungen deshalb nur schlecht abschätzen. Dafür fällt es ihnen außerordentlich leicht, weit entfernte bewegliche Objekte zu erkennen. Pferde haben zwei tote Winkel. Der eine liegt direkt hinter ihnen, der andere unmittelbar vor ihrer Nase. Sie können das Ende ihres Kopfes nicht sehen und benutzen zum Entdecken und Untersuchen von Nahrung und Gegenständen ihre Tasthaare.

Eine gewisse Kenntnis des Sehvermögens ist sehr nützlich für den Pferdebesitzer: Wenn man das Pferd nicht erschrecken möchte, empfiehlt es sich nicht, sich ihm von vorn oder von hinten zu nähern. Die Augen des Pferdes stehen etwas vor und sind daher sehr anfällig für Verletzungen; deshalb ist es eine natürliche Reaktion des Pferdes, seine Augen schützen zu wollen. Es ist gut möglich, daß das Scheuen vor Gegenständen (einem Kanaldeckel auf der Straße) oder plötzlichen Bewegungen (einem Vogel in einer Hecke) ein Selbstschutzreflex ist, der darin begründet ist, daß das Pferd vor seiner eigenen Nase nichts sehen kann, oder weil es nicht in der Lage ist, die Entfernung zu dem furchteinflößenden Gegenstand abzuschätzen.

Um etwas Ungewohntes besser betrachten zu können, bewegt das Pferd seinen Kopf gewöhnlich so, daß es das Objekt mit beiden Augen sehen kann.

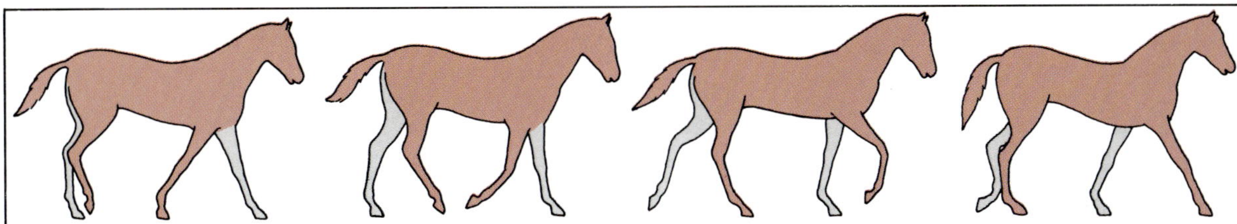

Schritt – Eine Gangart im Viertakt.

Trab – Eine Gangart im Zweitakt.

Galopp – Eine Gangart im Dreitakt.

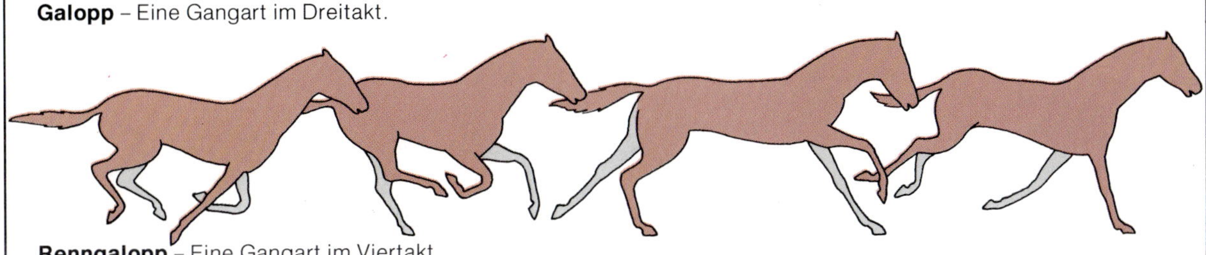

Renngalopp – Eine Gangart im Viertakt.

Verhalten und Sinnesorgane

Das Verhalten des Pferdes läßt sich leichter verstehen, wenn man weiß, wie seine Sinnesorgane funktionieren und wie es sich wild lebend verhalten würde.

Was sind die normalen Verhaltensweisen von Pferden, und wie werden sie durch die Domestikation beeinflußt?

Die Verhaltensweisen von wilden und verwilderten Pferden sind eingehend studiert worden. Pferde sind Herdentiere, die in der Natur in kleinen Herden von drei bis acht Stuten, ihren Fohlen und einem Hengst zusammenleben. Bei den Stuten gibt es eine festgesetzte Rangordnung, und die Leitstute bestimmt, wann die Herde rastet oder weidet – nicht der Hengst, dessen Aufgabe es ist, seine Stuten zu beschützen. Bei Wildpferden gibt es außerdem Herden von Junghengsten, bei denen kein Tier eine ausgesprochene Führerrolle innezuhaben scheint. Junghengste und Jungstuten verlassen die Herde gewöhnlich im Alter von zwei bis drei Jahren – die Stuten werden von einem fremden Hengst «entführt», und die jungen Hengste machen

Gesellschaft auf der Weide

Lipizzanerstuten mit Fohlen (oben). Diese Rasse hat ihren Namen von dem um 1580 gegründeten Gestüt Lipizza. Die Fohlen werden dunkel geboren; erst mit etwa sieben Jahren wird ihr Fell annähernd weiß. Obwohl es unter den Lipizzanern auch Braune und Rappen gibt, werden für die Ausbildung in der Spanischen Hofreitschule in Wien nur Schimmel ausgewählt.

Mustangfohlen. Diese nordamerikanischen Wildpferde (**rechts**) stammen von Andalusiern ab. Bevor die spanischen Eroberer im sechzehnten Jahrhundert in Mexiko landeten, gab es in Amerika keine Pferde. Den Spaniern entlaufene Pferde waren die Vorfahren der Mustangs.

sich auf, um eine eigene Herde zu gründen. Wilde Hengste haben es nicht nötig, ihr Territorium zu verteidigen, weil sie mit ihren Herden weite Strecken zurücklegen. Wildesel dagegen verhalten sich anders; die Hengste verteidigen ihren Lebensraum gegenüber Eindringlingen und paaren sich nur mit Stuten, die während der Paarungszeit ihr Revier betreten. Dem Menschen fällt es meist schwer, die Bedeutung dieses Dranges zur Bildung einer Herde zu verstehen. Doch die Tiere fühlen sich in der Gruppe nicht nur sicherer, sie genießen auch andere Vorteile, zum Beispiel die gegenseitige Fellpflege und das gemeinsame Vertreiben der Fliegen bei der Rast.

Wie wichtig ist den Pferden die Gesellschaft?

Diese Frage ist schwer zu beantworten, ohne das Tier zu vermenschlichen. Allerdings machen Pferde gewöhnlich einen «glücklicheren» Eindruck, wenn sie sich in Gesellschaft anderer Pferde befinden, und manche Pferde scheinen tatsächlich zu leiden, wenn man sie allein hält. Vielleicht vermissen sie den engen Kontakt und Annehmlichkeiten wie die gegenseitige Fellpflege. In diesem Fall kann es (besonders bei Jungtieren) zu körperlichem Verfall und Futterverweigerung kommen. Wenn kein zweites Pferd dazugestellt werden kann, hilft es vielleicht, dem einsamen Pferd ein anderes Tier zuzugesellen. Dazu eignen sich Schafe, Ziegen, Katzen, Kaninchen und sogar Hühner.

Wie reagiert ein Pferd, das sich fürchtet?

Die Reaktion eines Pferdes auf eine Gefahr – eine echte oder eine imaginäre – ist, zu fliehen. Aufgrund des toten Winkels und der Unfähigkeit, mit einem Auge Entfernungen abzuschätzen, reagieren Pferde oft mit einem Satz zur Seite, wenn sie eine plötzliche Bewegung oder einen ungewohnten Gegenstand wahrnehmen. Aus demselben Grund ist es wichtig, beim Umgang mit Pferden möglichst viel mit ihnen zu reden, damit sie stets wissen, wo man sich gerade befindet. Es empfiehlt sich auch, ein Pferd dort zu berühren, wo es die Hand sehen kann, und von dort aus zu den Körperteilen überzugehen, die es nicht sieht, anstatt es plötzlich anzufassen und womöglich zu erschrecken. Steigen kann ein Anzeichen für Furcht sein, Beißen und Schlagen mit den Vorderbeinen sind meistens eher Anzeichen von Aggression.

Was bedeutet «Temperament», und ist es durch die Zucht beeinflußbar?

Der Ausdruck «Temperament» bezeichnet das allgemeine Verhalten des Pferdes und seine Art, auf die Ansprüche seines Besitzers oder Reiters zu reagieren. Dazu gehören zum Beispiel die Umgänglichkeit und die Rittigkeit. Züchterische Maßnahmen haben einen entscheidenden Einfluß auf das Temperament. Manche Pferdeschläge (wie Cobs oder Kaltblüter zum Beispiel) sind von Natur aus phlegmatisch und gewöhnlich sehr umgänglich. Andere (zum Beispiel Vollblüter) sind leichter erregbar und verlangen ein größeres Maß an Erfahrung von ihrem Betreuer. Durch ungerechte Behandlung oder zu wenig Bewegung kann sich das Temperament jedoch auch verschlechtern. Viele Ponys haben ein schwieriges Temperament, weil sie von ihren Besitzern verdorben wurden.
Beim Kauf eines Pferdes ist es sehr wichtig, sich einen Eindruck von seinem Temperament zu verschaffen; und die Zeit, die man damit verbringt, beim Einfangen, Satteln oder Reiten zuzusehen, ist gut genutzt. Das ideale Temperament hängt davon ab, für welchen Zweck das Pferd gekauft wird, und auch vom Ausbildungsstand und Mut des Reiters. Ein Pferd, das sich nicht einfangen läßt, im Stall beißt oder schlägt, sich nicht verladen läßt oder beim Reiten steigt, ist keine Freude, sondern bedeutet harte Arbeit. Ein Vergnügen ist es jedoch, ein Pferd zu besitzen, das sich leicht einfangen läßt und ruhig und vernünftig ist, aber trotzdem fleißig und willig vorwärts geht.

Können Pferde Farben sehen?

Versuche haben ergeben, daß Pferde, im Gegensatz zu einigen anderen Tieren (wie zum Beispiel Rindern und Hunden, die nur verschiedene Grautöne wahrnehmen), Farben sehen können. Grün und Gelb können sie besonders leicht erkennen; aber es fällt ihnen schwerer, Rot und Blau von Grautönen derselben Intensität zu unterscheiden.

Was können Pferde hören?

Pferde haben ein hochentwickeltes Hörvermögen. Außerdem haben sie außerordentlich mobile Ohren, die, unabhängig voneinander drehbar, 360° abdecken, so daß Pferde Geräusche aus allen Richtungen auffangen können, ohne sich zu bewegen.
Pferde können höhere Töne wahrnehmen als Menschen, und sie unterscheiden nicht nur den Tonfall, sondern auch spezielle Wörter; außerdem können sie den Ursprung eines Geräusches wesentlich besser orten als Menschen. Aus diesem Grund ist es wichtig, beim Umgang mit

Pferden zu ihnen zu sprechen, denn um festzustellen, wo der Mensch sich befindet; benutzen sie in erster Linie ihr Hörvermögen.

Welche anderen Sinne sind wichtig für Pferde?

Pferde haben einen gutentwickelten Geruchs- und Geschmackssinn, der es ihnen ermöglicht, zwischen verschiedenen Pflanzen auf ihrer Weide zu unterscheiden. Sie merken genau, wenn man ihnen Futter in die Krippe schüttet, das sie nicht mögen, oder in dem irgendeine Arznei versteckt ist. Aus diesem Grund nehmen Pferde auch selten Giftpflanzen auf, es sei denn, sie wären gemäht und verwelkt. Hengste wittern eine rossige Stute, selbst wenn sie sich außerhalb ihrer Sichtweite befindet, und ihr Verhalten in diesem Fall (das Flehmen) zeigt sich bei Pferden beiderlei Geschlechts auch zu anderen Anlässen, wahrscheinlich um einen Geruch genauer untersuchen zu können. Das Beschnuppern eines fremden Pferdes oder seiner Exkremente (oft begleitet von einem lauten Ausstoßen der Atemluft) ist ein wichtiger Bestandteil des Sozialverhaltens und hilft auch Stuten und Fohlen, einander wiederzuerkennen. Der Geruchssinn dient auch dazu, unbekannte Gegenstände zu untersuchen, wobei auch hier oft lautstark die Atemluft ausgestoßen wird.
Auch der Tastsinn ist für Pferde sehr wichtig. Sie benutzen ihre besonders empfindlichen Nasen zum Untersuchen von unbekannten Objekten. Die langen Tasthaare in diesem Bereich dienen wahrscheinlich als Ausgleich dafür, daß Pferde direkt vor ihrer Nase nichts sehen können.

Welche Stalluntugenden gibt es, und wie entstehen sie?

Die Ursache fast aller Stalluntugenden ist Langeweile. Der natürliche Lebensraum des Pferdes ist das offene Land; und selbst wenn die Box sehr groß ist, lassen sich Pferde doch nicht gern für längere Zeit einsperren. Viele Pferde scharren oder treten gegen Türen und Wände. Auch das Holznagen oder Deckenreißen kann seine Ursache in Langeweile haben, ebenso wie das Weben. Das Krippensetzen oder Aufsetzkoppen und das Freikoppen können Koliken verursachen und lassen das Pferd sein Futter schlechter verwerten. Möglichkeiten, die Langeweile zu unterbrechen, sind: das Pferd in einen größeren Stall stellen, mehr Rauhfutter (Heu) geben, ein anderes Tier dazustellen oder das Pferd mehr bewegen. Außerdem können vorbeugende Maßnahmen ergriffen werden. Dazu gehören das Entfernen von Gegenständen, auf denen der Kopper aufsetzen kann, das Anstreichen von Holzteilen mit übelriechenden Farben bei Holzfressern oder das Aufsetzen von Gittern auf die obere Hälfte der Stalltür, um das Weben zu verhindern. Ständiges Herumlaufen in der Box tritt hauptsächlich bei nervösen Pferden auf und kann durch das Hinzustellen eines anderen Tieres behoben werden. Ein Pferd auf die Weide zu stellen, unterbricht seine Langeweile und kuriert viele Untugenden. Allerdings gibt es Holzfresser und Aufsetzkopper, die auch auf der Weide ihrer Leidenschaft frönen; und es besteht die Gefahr, daß andere Pferde dies nachahmen.

Haben Pferde noch andere Sinne?

Anscheinend können Pferde Vibrationen im Boden wahrnehmen. Irgendwie scheinen sie zu spüren, wenn sich ein fremdes Pferd nähert, denn schon bevor es zu sehen oder zu hören ist, bleiben sie mit allen vier Hufen auf dem Boden wie angewurzelt stehen. Es heißt sogar, daß Pferde die Angst ihres Reiters spüren! (Wahrscheinlicher ist, daß ihr feiner Geruchssinn den Angstschweiß wahrnimmt.)

Wie intelligent sind Pferde?

Die Intelligenz von Tieren zu beurteilen, ist nicht einfach. Im Gegensatz zu Menschen, die über ein Problem nachdenken und die sinnvollste Lösung dann in die Tat umsetzen, lösen die meisten Tiere ihre Probleme durch Ausprobieren. Man muß also bei der Beurteilung der Intelligenz nicht die Verstandeskräfte bewerten, sondern die Fähigkeit zur Problemlösung und das Erinnerungsvermögen an bereits Gelerntes. Wenn es um Probleme wie zum Beispiel das Öffnen eines Gatters geht, sind Pferde nicht dumm. Auch haben sie ein gutes Gedächtnis, das ihnen beim Heimfinden hilft. Außerdem lernen sie relativ leicht, und man kann ihnen beibringen, auf bestimmte Kommandos oder Hilfen in der gewünschten Weise zu reagieren.
Bei der Beurteilung der Intelligenz darf nicht übersehen werden, daß Pferde hochentwickelte Sinnesorgane haben. Ein gutes Beispiel hierfür war ein Pferd mit dem Namen «Kluger Hans», das durch Scharren mit dem Vorderhuf «zählte» und «addierte». Wenn allerdings der Mensch, der dem Klugen Hans seine Aufgaben stellte, die Antwort selbst nicht wußte, war das Pferd verwirrt. Schließlich wurde herausgefunden, daß der Kluge Hans genau die richtige Anzahl von Scharrbewegungen machte, weil er unbewußte Bewegungen oder Vibrationen wahrnahm, die vom Fragesteller ausgingen. Das konnte nicht passieren, wenn dieser die Antwort selbst nicht wußte. Dies ist ein Beweis für die Feinheit der Sinnesorgane und auch dafür, wie schwierig es ist, die Intelligenz eines Pferdes zu beurteilen.

Stalluntugenden

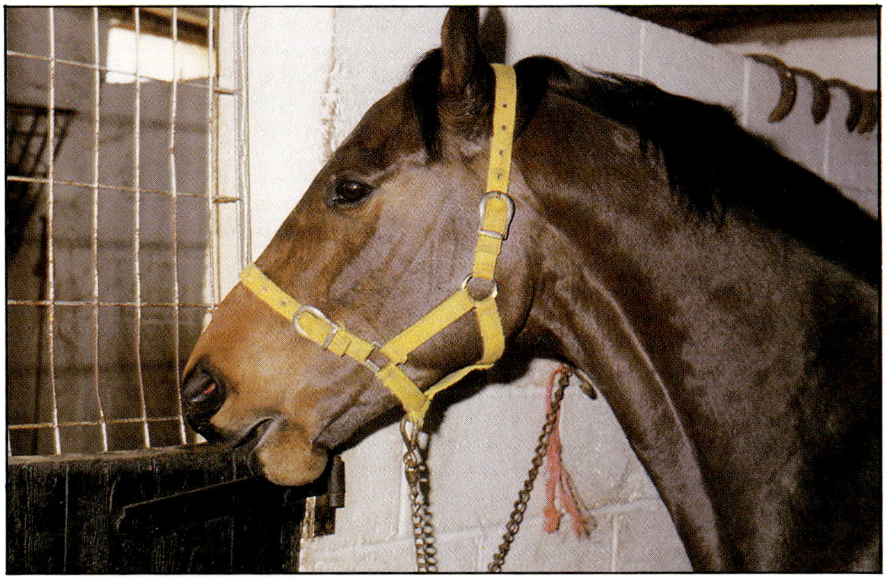

Aufsetzkoppen. Kopper (**links**) setzen ihre Zähne auf einem festen Gegenstand auf, spannen die Halsmuskeln an und schlucken Luft ab. Die häufigste Ursache hierfür ist Langeweile, aber Pferde können sich diese Unart auch voneinander abschauen. Manche Pferde, die Freikopper, lernen sogar, Luft zu schlucken, ohne die Schneidezähne aufzusetzen. Kopper sind häufig nervös und schwer in gutem Futterzustand zu halten – es empfiehlt sich daher nicht, ein Pferd mit diesem Mangel zu kaufen.

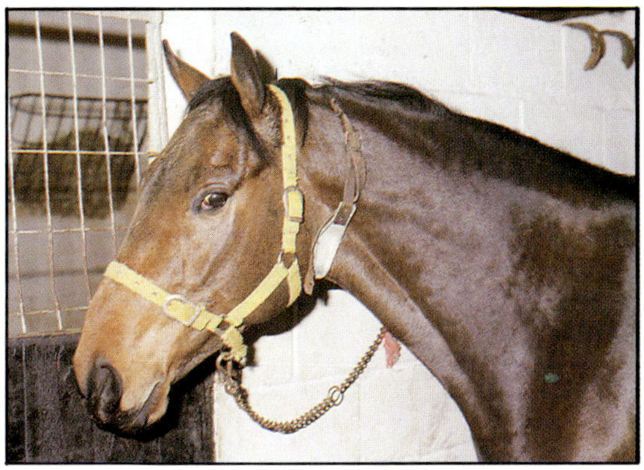

Übermäßige Abnutzung der Schneidezähne bei einem Aufsetzkopper (**links**). Sie erschwert die Altersbestimmung. Das Abschlucken von Luft stört die Verdauung, deshalb ist es schwer, einen Kopper in gutem körperlichem Zustand zu halten.

Ein Kopperriemen. Ein Lederriemen wird dem Pferd um den Hals geschnallt, um es am Koppen zu hindern (**oben**). Er übt Druck auf die Muskeln aus, die das Pferd anspannen muß, um Luft zu schlucken, was einige Pferde vom Koppen abhält. Eine zusätzliche Maßnahme ist das Entfernen aller vorstehenden Kanten, auf denen das Pferd die Zähne aufsetzen kann.

2

Die Unterbringung des Pferdes

Die erste Voraussetzung für die Haltung eines Pferdes oder Ponys ist ein sicherer und angemessener Platz für seine Unterbringung. Notwendig sind eine Weide und ein Witterungsschutz. Aber wieviel Zeit das Pferd im Stall oder auf der Weide verbringen soll, hängt von seiner Rasse, der Beanspruchung, der Jahreszeit und der Zeit seines Besitzers ab. Obwohl bestimmte Probleme – zum Beispiel die Wahl der Einstreu – individuell gelöst werden können, gibt es doch einige grundlegende Anforderungen an Stall und Weide, die erfüllt sein müssen, damit das Pferd vor Gefahren sicher ist und gesund bleibt. Das Erfüllen dieser Voraussetzungen hilft, Verletzungen und Krankheiten zu vermeiden.

Haltungsformen

Jeder angehende Pferdebesitzer muß sich genau überlegen, wie er sein Pferd halten will. Die örtlichen Gegebenheiten beeinflussen auch die Wahl des Pferdetyps.

Stall oder Weide?

Es ist wesentlich einfacher und auch weniger zeit- und kostenaufwendig, ein Pferd so lange wie möglich auf der Weide zu halten. Eine geeignete Weide muß ausreichend groß sein und dem Pferd Wasser und Unterstand bieten. Unter solchen Bedingungen braucht der Besitzer nur einmal am Tag nach dem Pferd zu sehen, das Wasser zu überprüfen, eventuell zuzufüttern, wenn nötig den Offenstall einzustreuen und nachzusehen, ob das Pferd gesund ist. Ob ein Pferd das ganze Jahr auf der Weide bleiben kann, hängt von seiner Rasse und den Wetterbedingungen ab. Robuste Ponys sind gewöhnlich widerstandsfähiger als Pferde und können bei unserem Klima gewöhnlich das ganze Jahr auf der Weide leben. Empfindlichere Pferde wie Araber, Vollblüter und deren Kreuzungen sollten im Winter zumindest nachts aufgestallt werden.

Die Stallhaltung erfordert mehr Zeit und ist teurer. Ausmisten, Füttern und Putzen nehmen jeden Tag mindestens eine Stunde in Anspruch, ganz abgesehen von der dringend notwendigen täglichen Bewegung des Pferdes. Wer keine eigenen Weiden hat, kann sein Pferd in einem Pensionsstall unterbringen. Pferde dürfen jedoch nicht nur im Stall stehen – regelmäßiger Weidegang verbessert den Zustand von Fell, Hufen und Temperament. Die Stallhaltung ist im Winter oft unumgänglich und für Turnierpferde oder geschorene Pferde auch notwendig. Nur bei reiner Stallhaltung kann der Leistung entsprechend gefüttert werden; denn ein Pferd, das hart arbeiten muß, braucht Kraftfutter, und nicht einen Bauch voll Gras.

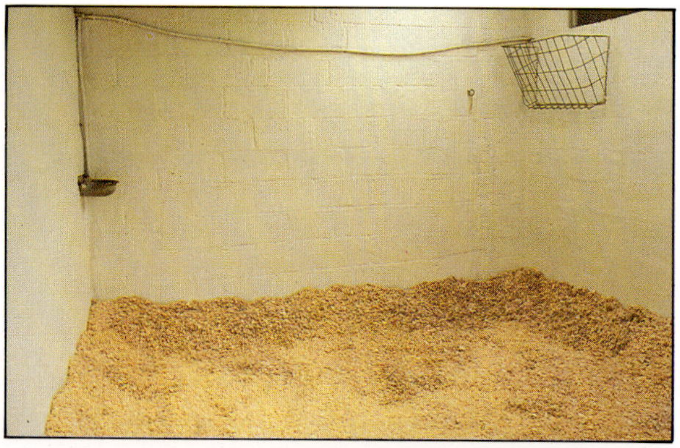

Geeignete Ställe und Koppeln. Die meisten Pferde werden sowohl im Stall als auch auf der Weide gehalten. Wichtige Voraussetzungen bei einem guten Stall sind angemessene Größe und gute Belüftung (ohne Zugluft), außerdem muß er leicht sauberzuhalten sein.
Gut geeignet ist eine Box mit gemauerten Wänden (**oben**). Sägespäne sind eine warme und weiche Einstreu. Eine Weide sollte möglichst dicht und gleichmäßig mit Futterpflanzen bewachsen sein. Wichtig sind auch ein Witterungsschutz und sichere Zäune, an denen sich die Pferde nicht verletzen können (**rechts**).

Welche Probleme können bei der Weidehaltung auftreten?

Ein auf der Weide gehaltenes Pferd sollte täglich auf Krankheiten oder Verletzungen überprüft werden (siehe Kapitel 4, 7 und 8). Auch der Futterzustand muß beobachtet werden, da Menge und Qualität des Weidegrases je nach Jahreszeit schwanken. Wenn das Gras nicht ausreicht, muß zugefüttert werden. Den Pferden muß eine Schutzhütte zur Verfügung stehen, und bei großer Kälte kann man ihnen wetterfeste Neuseelanddecken auflegen. Die Gefahr von Schlagverletzungen wird verringert, wenn die Pferde zumindest an den Hinterhufen keine Hufeisen tragen. Allerdings brechen die Hufe von Weidepferden leicht aus; es empfiehlt sich daher, die Vorderhufe beschlagen zu lassen – eventuell mit halbmondförmigen Eisen. Außerdem müssen auch Weidepferden regelmäßig die Hufe ausgeschnitten werden, und sie brauchen mehrmals im Jahr eine Wurmkur.

Welche Probleme können bei der Stallhaltung auftreten?

Im Stall gehaltene Pferde leiden häufiger unter Verdauungsproblemen als Weidepferde. Verstopfungskoliken sind besonders gefährlich, weshalb in vielen Ställen routinemäßig Kleiebreie oder andere abführende Futtermittel gegeben werden. Viele Pferde sind gegen Schimmelpilze im Heu oder Stroh allergisch. In engen, schlecht gelüfteten Pferdeboxen führt diese Allergie häufig zur COPD, einer Verschleimung der oberen Luftwege, die sich in Husten äußert. Dieses Symptom verschwindet jedoch wieder, wenn das Pferd auf die Weide gebracht wird. Bei der reinen Stallhaltung stellen sich auch oft Kreislaufprobleme ein, die zum Anschwellen der Beine und in seltenen Fällen auch zu Entzündungen der Lymphgefäße führen. Das verbreitetste Problem bei der Stallhaltung ist zweifellos die Langeweile. Sie kann zu Holznagen, Koppen, Weben, nervösem Herumlaufen in der Box und anderen Untugenden führen. Seltener kommt es vor, daß ein allein gehaltenes Pferd trauert und das Futter verweigert. Eine Ziege, ein Schaf oder ein anderer Mitbewohner der Pferdebox können dieses Problem lösen.

Soll das Pferd bei kombinierter Stall- und Weidehaltung tagsüber in den Stall, oder besser nachts?

Eine Kombination von Stall- und Weidehaltung ist ein idealer Kompromiß. Das Pferd bewegt sich auf der Weide, ist aber leichter sauberzuhalten, wenn es die Hälfte des Tages im Stall verbringt. Außerdem hat die Stallhaltung den Vorteil, daß man das Pferd vor dem Reiten nicht erst einfangen muß. Zudem bedeutet diese kombinierte Haltungsform eine erhebliche Zeitersparnis gegenüber der reinen Stallhaltung. Das Pferd muß nur morgens und abends gefüttert, getränkt, auf Verletzungen überprüft und hinein- oder herausgelassen werden.

Die beste Lösung ist, im Winter das Tier nachts in den Stall zu holen, damit es nicht der Kälte ausgesetzt ist, und es tagsüber hinauszulassen. Im Sommer ist es sinnvoller, das Pferd tagsüber im Stall zu halten und nachts hinauszulassen. Der Grund dafür ist, daß Pferde an heißen Tagen nicht grasen, sondern nur im Schatten stehen und versuchen, sich der Insekten zu erwehren. Auf sehr üppigen Weiden sollten die Pferde sowieso nur stundenweise grasen dürfen, vor allem wenn sie bereits unter chronischer Hufrehe leiden. Bei Pferden mit Sommerekzem ist es besonders wichtig, sie am späten Nachmittag und frühen Abend aufzustallen, da dies die Hauptflugzeit der Mücken ist, die diese Allergie auslösen.

Stallhaltung

Pferde können sowohl in Innen- als auch in Außenboxen untergebracht werden. Auf jeden Fall muß die Stallanlage bestimmte Voraussetzungen erfüllen.

Außenboxen mit Metallstreifen auf den Oberkanten der Türen, die das Holznagen verhindern (**oben**).

Wie sieht der ideale Stall aus?

Bei der Auswahl eines geeigneten Stalles müssen viele Faktoren in Betracht gezogen werden. Wichtig sind zum Beispiel die Entfernung zwischen dem Wohnort des Pferdebesitzers und dem Stall sowie die Entfernung zu den Weiden oder Reitwegen. Geachtet werden sollte auch auf geringen Verkehr in der unmittelbaren Nähe, die Zufahrtswege für Einstreu- und Futterlieferanten und Mistabholer, Lagerräume für Futter und Ausrüstung, Drainage und das Vorhandensein von Wasser- und Stromanschlüssen. Es ist entschieden billiger, ein altes Stallgebäude zu nutzen oder umzubauen, als ein neues zu errichten. Stallungen für Pferde müssen nicht «maßgeschneidert» sein. Viele alte Gebäude sind zu verwenden, sofern sie groß genug und stabil gebaut sind. Allerdings müssen sie warm, frei von Zugluft, hell, gut belüftet und trocken sein und dürfen keine vorstehenden Balken oder ähnliches enthalten, woran sich das Pferd verletzen könnte.

Welche Baumaterialien sind geeignet?

Neue Ställe sollten der Wärme wegen nach Süden gerichtet und in geschützten Lagen erbaut werden. Auch die Sicherheit spielt eine wichtige Rolle; deshalb sollte der Stall in Sichtweite eines Hauses liegen – am besten des eigenen. Für die Errichtung eines Stallgebäudes ist eine Baugenehmigung erforderlich; genaue Auskünfte geben die dafür zuständigen Baubehörden.

Alte Stallgebäude sind gewöhnlich aus Ziegelsteinen errichtet, und die Innenwände sind vielfach mit Holz verschalt. Neue Gebäude können aus Hohlblocksteinen oder aus zweischaligen Ziegelsteinwänden errichtet werden, deren Zwischenräume mit Styropor isoliert werden. Wegen der hohen Baukosten werden häufig Fertigboxen oder vorfabrizierte Trennwände eingebaut; sie werden auf ein Betonfundament gestellt und bieten sich als relativ preisgünstige Alternative an. Eine Verkleidung der Boxen mit 18 Millimeter dickem, wasserfest verleimtem Sperrholz oder einer entsprechenden Hartfaserplatte schützt die Wände vor Huftritten und dient als zusätzliche Isolierung. Die Trennwände zwischen den einzelnen Boxen sollten mindestens zwei Meter hoch sein.
Für das Dach eignen sich viele Materialien, aber an der Isolierung des Daches darf nicht gespart werden. Am besten ist, innen eine zweite Decke einzuziehen und den Zwischenraum mit Dämmstoff zu füllen. Die Deckenhöhe sollte mindestens 3 Meter betragen, das absolute Mindestmaß sind 2,5 Meter.

Außenboxen, durch Zwischenwände getrennt, sind für die Stallhaltung vorzüglich geeignet, weil Pferde viel frische Luft brauchen.

Wie groß sollte die Pferdebox sein?

Die erforderliche Boxengröße richtet sich nach dem Stockmaß des Ponys oder Pferdes. In zu kleinen Boxen, in denen meist auch schlechte Luft herrscht, können Pferde sich festlegen oder verletzen. Deshalb sollten die Boxen lieber etwas größer geplant werden als unbedingt nötig; allerdings dürfen sie auch nicht so riesig sein, daß es in ihnen kalt und zugig wird. Eine gute Größe ist 4,5 mal 3,5 Meter, bei einer Höhe von 3 Metern. Ponyboxen können etwas kleiner, und Abfohlboxen müssen wesentlich größer sein.

Welcher Fußboden ist geeignet?

Am wichtigsten sind Abflußrinnen, in denen die Jauche abfließen kann, bevor sie die gesamte Einstreu durchnäßt. In vielen älteren Ställen findet sich Kopfsteinpflaster, das schwer sauberzuhalten ist, aber den Vorteil hat, daß der Urin zwischen den Steinen gut abfließt. Betonfußböden sind eine gute Lösung, vorausgesetzt, sie sind leicht abgeschrägt und haben Jaucherinnen, die die Flüssigkeit in eine Ecke der Box oder – noch besser – in eine Jauchegrube außerhalb des Stalles leiten. Wenn mit Sägespänen, Sägemehl oder Torf eingestreut wird, muß der Abfluß abgedeckt werden, damit er nicht verstopft. Ein Betonfußboden sollte eine rauhe und griffige Oberfläche haben, damit auch beschlagene Pferde einen gewissen Halt finden – Stallböden dürfen nie ganz glatt sein. In Gegenden mit kalkhaltigen Böden können Pferde auch auf dem gewachsenen Boden stehen, denn der Kalk läßt die Jauche gut absickern.

Stalleinrichtung

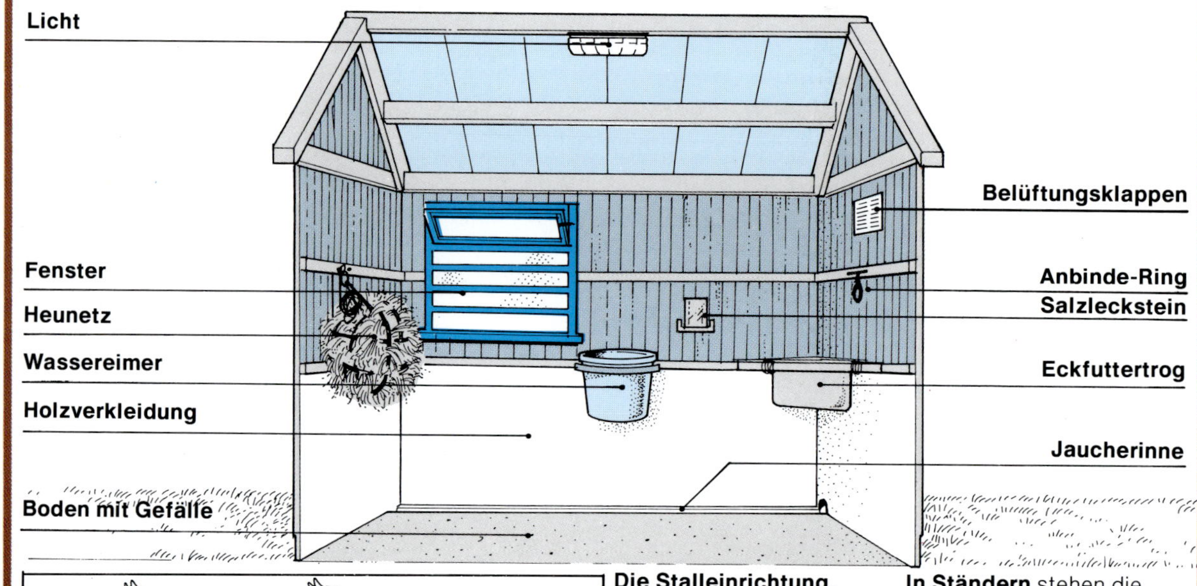

Die Stalleinrichtung. Die obere Hälfte der Tür, die Fenster und die Belüftungsklappen sorgen für frische Luft, ohne daß es zieht (**oben**). Wegen der leichteren Reinigung und der Sicherheit des Pferdes sollten sich so wenige Gegenstände in der Box befinden wie möglich.

In Ständern stehen die Pferde angebunden (**links**). Das Anbindeseil muß so lang sein, daß das Pferd bequem stehen und liegen kann. Damit es sich nicht mit den Beinen im Seil verfängt, wird es durch einen Ring geführt und mit einer hölzernen Anbindekugel beschwert.

Was gehört zur Grundausstattung einer Pferdebox?

Die Boxentür muß mindestens 1,5 Meter breit sein, damit auch ein gesatteltes oder aufgeschirrtes Pferd bequem hindurchgehen kann. Nur zu oft schlagen Pferde sich an zu engen Türen die Hüftknochen auf. Die Höhe der Tür sollte mindestens 2,5 Meter betragen; die Tür muß sich nach außen öffnen und in zwei Hälften unterteilt sein, weil die geöffnete obere Hälfte zur besseren Belüftung beiträgt. Die untere Türhälfte muß so hoch sein, daß das Pferd sie nicht überwinden kann; aber doch so niedrig, daß es hinausschauen kann. Wenn nötig, kann der Bereich der oberen Türhälfte mit Maschendraht verschlossen werden. Maschendraht mit einem Mittelausschnitt, der nur so groß ist, daß das Pferd den Kopf herausstrecken kann, verhindert das Weben. Ein Dachüberstand oberhalb der Tür verunmöglicht, daß es in die Box hineinregnet. Die Türen werden oben durch einen stabilen Schubriegel verschlossen. Ein zweiter, mit dem Fuß zu bedienender Klappriegel an der Unterkante der Tür ist eine sinnvolle Vorsichtsmaßnahme bei besonders geschickten Pferden, und ein verzinkter Metallstreifen auf der Oberkante der Halbtür verhindert das Holznagen.
Die Fenster sollten nach Süden gerichtet sein und in dieselbe Wand eingelassen werden wie die Tür. Sie liegen über Kopfhöhe des Pferdes, damit das Tier nicht unter Zugluft leidet. Aus demselben Grund werden Klappfenster an der Unterkante angeschlagen und nach innen geöffnet, so daß die Frischluft nach oben strömt. Maschendraht oder Gitterstäbe vor den Scheiben schließen Verletzungen aus. Auch die Lampen werden mit einem Drahtkorb geschützt, damit keine brennbaren Materialien mit heißen Glühbirnen in Berührung kommen können. Elektrische Leitungen müssen außerhalb der Reichweite von Pferden verlegt werden, ebenso die Lichtschalter, die wasserdicht sein müssen.

Welche zusätzlichen Einrichtungen sind sinnvoll?

Wer es für nötig erachtet, kann die Pferdebox mit weiteren Gegenständen ausstatten. Je weniger es sind, desto leichter ist es, die Box gründlich zu reinigen. Ein fest in die Mauer eingelassener Anbindering in einer Höhe von etwa 1,6 Metern ist eine nützliche Sache. Sicherheitshalber sollte das Pferd mit einem Stück Bindfaden an den Ring angebunden werden. Wenn es in Panik gerät, wird es eher den Bindfaden zerreißen als das Halfter und sich nicht verletzen.
Der Anbindering kann auch für das Heunetz verwendet werden, das etwa in Augenhöhe des Pferdes aufgehängt wird. Heu kann aber auch vom Boden gefüttert werden. An der Wand angebrachte Heuraufen über Kopfhöhe empfehlen sich nicht, weil den Tieren daraus ständig Heustaub in die Augen fällt. Eine an der Wand verschraubte Futterkrippe muß saubergehalten werden und erhöht die Verletzungsgefahr. Schüsseln, die zur Futterzeit in die Box gestellt werden, erfüllen durchaus ihren Zweck und lassen das Pferd in einer natürlichen Haltung fressen. Selbsttränken sparen zwar Arbeit, aber man hat keinen Überblick über die aufgenommene Wassermenge; ein mindestens 10 Liter fassender Wassereimer in einer Boxenecke ist eine bessere Lösung. Alle in der Box befindlichen Gegenstände müssen regelmäßig auf scharfe Kanten oder andere Gefahrenstellen untersucht werden.

Ist für ausreichende Belüftung gesorgt?

Wie wichtig die Belüftung einer Pferdebox ist, kann nicht oft genug betont werden. Es muß ständig frische, saubere Luft zugeführt werden, nicht nur damit das Pferd atmen und der Ammoniakgeruch des verrottenden Mistes abziehen kann, sondern auch damit die Menge der allergieauslösenden Pilzsporen aus Heu und Stroh möglichst gering gehalten wird. Einigen Aufschluß über den Zustand der Belüftung gibt der Geruch im Stall – er sollte frisch und angenehm sein. Eine Grundregel ist, viel frische Luft ans Pferd zu lassen und es gegebenenfalls mit Decken warmzuhalten. Die einströmende Frischluft muß allerdings reguliert und in eine bestimmte Richtung gelenkt werden, denn naßgeschwitzte Pferde können sich in zugigen Ställen eine Lungenentzündung zuziehen. Für einen Großteil der nötigen Frischluft ist schon gesorgt, wenn bei Außenboxen die obere Türhälfte offenbleibt. Das ist das ganze Jahr über möglich, abgesehen vielleicht von Zeiten mit starkem Frost. Auch Fenster sorgen für die Zufuhr von Frischluft. Sie müssen sich in derselben Boxenwand befinden wie die Tür, damit keine Zugluft entsteht. Technische Ratschläge über die richtige Größe und Lage von Lüftungsklappen für Wand und Dach erteilen die Stallbau-Fachleute.

Welche anderen Haltungsformen gibt es neben der Außenbox?

Neben Reihen von Außenboxen finden sich häufig Stallgebäude, in denen mehrere Boxen untergebracht sind. Sie sind meist durch Schiebetüren verschlossen, die sich auf die Stallgasse hin öffnen. Diese Ställe sind meistens sehr warm, und die Stallarbeit kann unter Dach ausgeführt werden. Allerdings sind diese Ställe häufig schlecht belüftet, und es kommt vielfach zu Erkrankungen der Atemwege.
Vereinzelt werden auch noch Pferde in Ständern gehalten, in denen sie angebunden stehen. Die Böden in den Ständern haben ein leichtes Gefälle nach hinten, damit der Urin ablaufen kann.

Welche Art der Einstreu ist geeignet?

Die Einstreu ist nötig, damit aufgestallte Pferde bequem liegen können. Außerdem sorgt sie dafür, daß das Pferd nicht direkt auf dem harten Boden liegt, und regt zum Urinieren an. Geeignet ist eine Vielzahl von Materialien, die entweder in Form der Wechselstreu (täglich erneuert) oder als Matratzenstreu verwendet werden, die bis zu mehreren Monaten in der Box verbleibt. Am häufigsten werden Pferdeboxen mit Stroh eingestreut, was zweifellos die beste Lösung ist, vorausgesetzt, es ist von guter Qualität und nicht schimmelig. Grundsätzlich wird Weizenstroh bevorzugt, weil die Grannen des Gerstenstrohs die Haut des Pferdes reizen können. Bei den heutigen Erntemethoden besteht dieses Problem zwar kaum noch; aber Pferde neigen dazu, eine Einstreu aus Gerstenstroh zu fressen. Haferstroh ist ungeeignet, weil Pferde große Mengen davon fressen. Es gibt eine wachsende Zahl von Pferden, die gegen die in mehr oder weniger großen Mengen im Heu und Stroh vorhandenen Schimmelpilze allergisch sind – sie benötigen eine andere Art der Einstreu.
Zerkleinertes Zeitungspapier ist sehr saugfähig und eine gute Einstreu, die allerdings nicht ganz billig ist. Sägespäne sind empfehlenswerter als Sägemehl, weil sich in letzterem durch den Urin nasse Stellen bilden und weil es sich leicht erhitzt, wenn es durchnäßt wird. Sehr beliebt ist auch Torf; er ist zwar relativ teuer und staubt leicht, aber er ist nicht feuergefährlich. Gelegentlich wird auch Laub als Einstreu verwendet, weil es billig ist. Es ist jedoch schnell durchnäßt und kann Verdauungsprobleme hervorrufen, wenn das Pferd größere Mengen davon aufnimmt.

Weizen- oder Roggenstroh ist eine gute und warme Einstreu. Es wird entlang der Wände etwas angehäuft, was verhindern soll, daß sich das Pferd festlegt.

Ausmisten
Den Stall sauberzuhalten, ist eine Verpflichtung, die nie vernachlässigt werden darf. Verschmutzte Einstreu und frischer Mist werden täglich entfernt, und gelegentlich wird die Box vollständig ausgemistet.

Muß die Box jeden Tag ganz ausgemistet werden?

Nein, denn das Anlegen einer Matratzenstreu bedeutet wesentlich weniger Arbeit. Dazu eignen sich sowohl Stroh, Torf, Späne und Sägemehl als auch zerkleinertes Zeitungspapier. Es werden nur der frische Mist und durchweichte Teile der Einstreu entfernt, die Oberfläche der Matratze wird geglättet und frisch bestreut. Wenn die Matratze 30 bis 40 Zentimeter hoch geworden ist, wird die Box ganz ausgemistet. Mit Sägespänen eingestreute Boxen werden alle sechs Monate ganz entleert. Die Matratzenstreu ist warm, aber in dem verrottenden Mist siedeln sich viele Pilze an. Mögliche Vorteile der Matratzenstreu gelten also nicht für Pferde, die unter chronischem Husten leiden – diese Tiere müssen auf staubarmer Wechselstreu gehalten werden. Hufprobleme, vor allem Strahlfäule, treten bei Pferden, die auf Matratzenstreu stehen, wesentlich häufiger auf; der Hufpflege muß also besondere Beachtung geschenkt werden.

Wie verhindert man übermäßiges Strohfressen?

Wenn das Strohfressen zum Problem wird, empfiehlt es sich, das Stroh mit einer sehr schwachen Lösung eines Desinfektionsmittels zu besprayen. Eine andere Möglichkeit ist, die Einstreu zu wechseln und zu Sägespänen, Torf oder Zeitungspapier überzugehen.
(A.d.Ü.: Auch Überstreuen mit etwas gebrauchtem Stroh aus der Box eines anderen Pferdes nützt. Die Pferde werden es nicht anrühren.)

Die Weide

Eine passende Weide zu finden, ist oft nicht ganz einfach, weil sie viele Voraussetzungen erfüllen muß.

Welche Voraussetzungen müssen gegeben sein?

Eine Pferdeweide muß sicher eingezäunt sein und darf keine Verletzungsgefahren aufweisen; es muß genügend Gras vorhanden sein, ebenso Wasser und ein Witterungsschutz. Ältere Weiden sind für Pferde besonders geeignet, denn sie mögen bodennahe Gräser und tiefverwurzelte Kräuter lieber als neu angesätes, üppiges Gras, das Verdauungsprobleme und Hufrehe auslösen kann. Auf älteren Weiden ist auch der Boden fester, so daß er bei feuchtem Wetter nicht so leicht von den Pferden zertrampelt wird wie bei Weiden, die vor kurzer Zeit gepflügt wurden. Wasser muß immer zur Verfügung stehen, entweder aus einem fließenden Gewässer, einer Wanne oder einem Eimer. Außerdem müssen die Tiere vor schlechtem Wetter Schutz finden; im Sommer reichen ein paar Bäume oder eine Hecke, die vor Wind und Regen schützen und den Tieren Schatten bieten. Pferde, die das ganze Jahr auf der Weide verbringen, brauchen einen Offenstall.

Wie groß soll die Koppel sein?

Eine Faustregel schreibt eine Mindestweidegröße von einem halben Hektar pro Pferd vor; besser ist natürlich ein Hektar pro Pferd. Obwohl Pferde Herdentiere sind und die Gesellschaft von Artgenossen genießen, sollten doch nicht zu viele Tiere auf kleinen Flächen gehalten werden, weil die Verwurmungsgefahr dadurch erheblich steigt. Im Sommer ist ein Überbestand an Pferden nicht weiter schlimm, vorausgesetzt, die Tiere werden jeden Monat entwurmt. Die Weidefläche sollte nach Möglichkeit in zwei Hälften unterteilt werden, die man abwechselnd benutzt, damit sich das jeweils ungenutzte Stück wieder erholen kann.

Eine gute Koppel hat stabile und sichere Zäune (kein Stacheldraht) (**links**). Gute Pflege der Weide – Abmähen von Unkraut, Eggen, tägliches Absammeln des Pferdemistes, gemeinsame Beweidung mit Schafen oder Rindern und rechtzeitiges Umstellen der Pferde – sorgt für eine dichte und gleichmäßige Grasnarbe.

Eine ungeeignete Koppel hat schwache und gefährliche Zäune (**kleines Foto**). Die Weide wurde über längere Zeit von zu vielen Pferden begangen, was dazu führt, daß der Boden bei feuchtem Wetter stark zertreten wurde. Diese Koppel muß gepflügt, neu angesät und vernünftig eingezäumt werden, ehe sie wieder als Pferdeweide dienen kann.

Darf man Pferde zusammen mit Schafen, Rindern oder Eseln weiden lassen?

Pferde werden von den Würmern der Schafe und Rinder nicht befallen, und umgekehrt ist es ebenso. Es ist daher eine gute Idee, Koppeln abwechselnd von Pferden und anderen Großtieren (außer Eseln) beweiden zu lassen. Dadurch wird die Verwurmung der Koppel geringer, denn im Körper des Pferdes gehen die Würmer anderer Tierarten zugrunde; ebenso können die Würmer des Pferdes im Verdauungstrakt von Wiederkäuern nicht überleben. Gelegentlich kommt es allerdings vor, daß die Pferde von Hautdasselfliegen befallen werden, unter denen sonst nur Rinder zu leiden haben.

Pferde sind schlechte Weidenutzer. Sie fressen nicht an Stellen, an denen sie Kot oder Urin abgesetzt haben, und beweiden mit Vorliebe nur die besten Teile der Koppel. Rinder und Schafe weiden gleichmäßiger und können die Grasnarbe einer Pferdekoppel entschieden verbessern. Esel allerdings leiden häufig unter Lungenwürmern – obwohl bei ihnen vielfach keinerlei Symptome auftreten. Pferde, die mit Eseln auf derselben Weide stehen, fangen oft an zu husten, weil sie sich mit diesen Würmern infiziert haben. Es empfiehlt sich also nicht, für Pferde und Esel dieselbe Weide zu benutzen.

Welche Zäune eignen sich am besten?

Der beste Koppelzaun besteht aus hölzernen Pfosten und Querriegeln; er ist allerdings sehr teuer, und die Pferde nagen am Holz oder scheuern sich daran und brechen Pfosten oder Riegel durch. Drei Querriegel reichen aus. Der obere sollte auf einer Höhe von 1,5 Meter angebracht sein, was die meisten Pferde vom Springen abhält. Die Pfosten werden 60 Zentimeter tief eingegraben und die oberen Riegel angeschraubt (nicht genagelt). Der untere Querriegel muß mindestens 30 Zentimeter vom Boden entfernt sein, damit sich kein Pferdebein darunter einklemmen kann. Für Ponys kann der untere Riegel etwas niedriger liegen. Um Kosten zu sparen, kann man den mittleren Querriegel durch einen straff gespannten, glatten Draht oder Elektrodraht ersetzen. Der obere Querriegel kann auch aus Kunststoff sein – es gibt zum Beispiel ein weißes Zaunband, in das oben und unten zwei stabile Drähte eingearbeitet sind. Man kann natürlich auch alle drei Holzriegel durch straff gespannte Drähte oder Elektrodrähte ersetzen; aber wenn sie sich lockern und durchhängen, können sich die Pferde in ihnen verfangen.

Holzzäune müssen regelmäßig mit Holzschutzmittel gestrichen werden, damit sie nicht verrotten (und um den Pferden den Geschmack daran zu verderben). Auch eine dichte Hecke ist eine gute Absperrung – Lücken allerdings finden die Pferde immer. Es empfiehlt sich also, innerhalb einer bestehenden Hecke einen Zaun zu ziehen und die Hecke nur als Witterungsschutz zu betrachten. Beim Neueinzäunen einer Weide empfiehlt es sich, die Anpflanzung einer Schutzhecke außerhalb des Zaunes in Erwägung zu ziehen.

Vor der ersten Beweidung wird die Koppel abgegangen und dabei jeder Gegenstand eingezäunt, gegen den ein galoppierendes Pferd prallen könnte (zum Beispiel Spanndrähte der Masten von Überland- oder Telefonleitungen).

Stacheldraht, Maschendraht und hölzerne Staketenzäune sind für Pferde völlig ungeeignet.

Der Zaun auf der Abbildung oben ist für Pferde völlig ungeeignet, während der Zaun rechts die Pferde sowohl vor Ausbrüchen als auch vor Verletzungen schützt. Wenn ein Zaun schwache Stellen hat, werden die Pferde sie mit Sicherheit finden und sich hindurchzwängen.

Koppeltore müssen stabil und sicher zu verschließen sein. Sie sollten sich nicht in einer Ecke der Koppel befinden, damit hinausgelassene Pferde nicht von ranghöheren Tieren in die Ecke gedrängt werden.

Was gehört noch zur guten Pferdeweide?

Ein Tor ist erforderlich, das mindestens drei Meter breit sein sollte und ebenso hoch sein muß wie der Zaun. Es sollte sich nicht in einer Ecke der Koppel befinden, weil es sonst passieren kann, daß neu auf die Weide kommende Pferde von ranghöheren Tieren in die Ecke gedrängt werden. Außerdem sollte das Tor nicht in Vertiefungen oder feuchten Teilen der Koppel errichtet werden, denn besonders zu den Futterzeiten im Winter warten die Pferde hinter dem Tor und zertrampeln den Boden. Hinter dem Tor aufgeschütteter Kies kann dieses Problem lösen. Wenn ein Wasseranschluß vorhanden ist, kann eine Selbsttränke installiert werden; wenn nicht, muß das Wasser zur Weide gebracht werden. Pferde trinken durchschnittlich etwa 36 Liter am Tag. Am Zaun können hölzerne Futterkrippen angebracht werden; aber sinnvoller sind abnehmbare Futterkrippen, die täglich an anderen Plätzen aufgehängt werden, denn so wird der Boden an den Futterplätzen nicht allzusehr zertreten.

Ist ein Offenstall notwendig?

Ponys und Pferde, die das ganze Jahr über auf der Weide stehen, brauchen unbedingt einen Offenstall, um sich bei schlechtem Wetter unterstellen zu können. Außerdem bleibt im Offenstall das Rauhfutter trocken, und es wird weniger verschwendet. Ein Offenstall für ein Pferd sollte mindestens so groß sein wie eine normale Box, besser noch etwas größer, und seine Türöffnung muß der vorherrschenden Windrichtung abgewandt sein. Bei einem Offenstall für mehrere Pferde darf der Eingang nicht zu schmal sein, damit ranghöhere Tiere den anderen nicht den Zutritt verwehren oder sie im Stall in die Enge treiben. Aus diesem Grund empfehlen sich zwei Eingänge an den beiden Enden einer Stallseite. Ein fester Boden ist unbedingt nötig, denn Pferde können nicht ausruhen, wenn sie in kaltem Morast stehen. Eine weiche Einstreu regt die Pferde zum Liegen an.

Was bedeutet «pferdemüde» im Zusammenhang mit Weiden?

Weiden, die viele Jahre lang ausschließlich von Pferden begangen wurden, sind meistens hochgradig verwurmt, was sich natürlich auf den Gesundheitszustand der Tiere auswirkt. Für Fohlen sind solche Weiden besonders gefährlich – es können tödliche Darmschäden entstehen. Das erklärt, warum Ponys, die in Großstadtnähe auf kleinen Weiden dahinvegetieren, oft in einem sehr schlechten körperlichen Zustand sind. Ihre Weiden sehen «müde» aus. Ein Großteil des Grases ist abgenagt bis auf den nackten Boden, und der Rest der Koppel ist mit langem Gras und Unkraut bedeckt. Durch gute Pflege sind selbst solche Weiden noch zu retten. In besonders schweren Fällen ist es jedoch einfacher, das Grundstück zu pflügen – wodurch die Wurmeier eigentlich zugrunde gehen sollten – und dann eine für Pferde geeignete Grasmischung auszusäen.

Wie kann man die Weide verbessern?

Weiden werden verbessert durch Schonung, durch Abgrasen von Wiederkäuern, durch das Absammeln des Pferdemistes, durch das Mähen oder Ausgraben von Unkraut und durch Düngung. Der Zustand der Weide hängt ab von der Zahl der Pferde und davon, ob sie als Dauerweide genutzt wird oder nicht. Das Abschleppen mit einer Kettenegge ist besonders sinnvoll: Maulwurfshaufen werden wieder eingeebnet und abgestorbenes Gras herausgezogen. Für einzelne Unkräuter wie Ampfer oder Disteln verwendet man entsprechende Giftsprays, allgemeine Unkrautvertilger sollte man meiden. Sprays werden mittels einer Rückenspritze direkt aufgetragen, dabei sind die Angaben der Hersteller peinlich genau zu beachten. Jäten, Mähen und Schneiden von überständigem Gras während des Sommers ergibt eine bessere Weide für den Herbst. Stickstoffdünger sind unnötig, weil sie ein für Pferde zu üppiges Gras hervorbringen. Zur Verbesserung des Bodens können Kalk, Schlacke oder Pottasche aufgebracht werden. Auf vielen Gestüten werden die Weideflächen stark gekalkt, um den Boden alkalisch zu machen und das Wachstum von Pflanzen anzuregen, die Kalium enthalten und damit das Knochenwachstum der Tiere verbessern.

Welche Gräser sind geeignet – muß man auf Giftpflanzen achten?

Im Gegensatz zu Rindern bevorzugen Pferde die tiefwurzelnden Gräser alter Weiden. Bei der Neuansaat einer Weide ist es deshalb wichtig, eine Grasmischung auszuwählen, die speziell für Pferde zusammengestellt wurde. Im Landhandel kann man sich beraten lassen. Pferde mögen besonders gern wohlschmeckende Gräser, zum Beispiel winterharte Gräser wie den Ausdauernden Lolch, Wiesenlieschgras, Wiesenschwingel und Weißklee. Auf einer älteren Weide finden sich zwischen diesen Gräsern zwangsläufig auch weniger wohlschmeckende Gräser wie Knäuelgras, hartstengeliges Weidegras und hohes Schwingelgras. Obwohl Pferde Klee mögen, dürfen sie nicht zuviel davon fressen, weil er sehr gehaltvoll ist. Kalk fördert den Kleewuchs, während Stickstoffdünger den Graswuchs verbessert. Pferde fressen viele sogenannte Unkräuter, die ihnen nicht schaden. Giftig ist allerdings das Jakobs-Kreuzkraut, das chronische Leberschäden verursacht. Pferde fressen es nur, wenn sie nichts anderes mehr finden oder wenn es abgemäht wurde und verwelkt ist. Die Pflanzen, deren Blüten aussehen wie gelbe Gänseblümchen, sind zur Blütezeit im Juli und August leicht zu erkennen und sollten nach Möglichkeit immer ausgegraben und verbrannt werden.

Pferde haben einen ausgezeichneten Geruchs- und Geschmackssinn und meiden **Giftpflanzen** im allgemeinen instinktiv, es sei denn, sie haben sonst nichts anderes zu fressen (**links**). Das Jakobs-Kreuzkraut verbreitet sich besonders leicht auf heruntergekommenen Weiden und verursacht schwere Leberschäden.

Diese Koppel ist nicht ideal für Pferde. Sie ist von verschiedenen wertlosen Pflanzen bedeckt, und das bißchen Gras, das noch vorhanden war, haben die Pferde fast restlos aufgefressen. Sie müssen entweder auf eine andere Weide gestellt werden oder Zusatzfutter bekommen. Es sind fast immer Pferde, die unter solch schlechten Bedingungen gehalten werden, die aus ihren Koppeln ausbrechen, um sich besseres Futter zu suchen.

Welche anderen Pflanzen sind giftig?

Glücklicherweise fressen Pferde nur ganz selten giftige Pflanzen, abgesehen vom Jakobs-Kreuzkraut, das gelegentlich Probleme verursacht. Aber auch überhängende Zweige der sehr giftigen Eibe oder des Goldregens können zum Problem werden, und auch der vielfach als Hecke gepflanzte Liguster ist sehr giftig. Zu Vergiftungserscheinungen führen außerdem Hecken- und Gehölzpflanzen wie die Schwarze und die Weiße Zaunrübe, Tollkirsche und Bittersüßer Nachtschatten sowie einige Pflanzen, die in der Nähe von Gewässern wachsen, zum Beispiel Wasserschierling und Wasserfenchel. Pferde vergiften sich weniger durch frische Pflanzen, sondern eher durch geschnittene Zweige von Hecken, die auf die Koppel geworfen wurden. Auch Eicheln führen zu Problemen, wenn die Pferde große Mengen davon fressen (darunter leiden besonders die Ponys im New Forest); und auch Adlerfarn ist giftig, wenn die Pferde über einen längeren Zeitraum davon fressen. Gelegentlich nehmen Pferde auch Johanniskraut auf, eine Pflanze, die eine Chemikalie enthält, die die Haut überempfindlich auf Sonnenlicht reagieren läßt, so daß es zu Sonnenbrand und vorzeitiger Hautalterung kommt.

Besteht die Gefahr, daß Pferde giftige Chemikalien aufnehmen?

Pferde haben einen ausgezeichnet entwickelten Geschmacks- und Geruchssinn und nehmen nur sehr selten freiwillig giftige Substanzen auf. Es kann allerdings zur Bleivergiftung kommen, wenn sie an bleihaltigen Anstrichen lecken. Verätzungen von Lippen oder Zunge können auftreten, wenn Pferde an Holz lecken, das mit Kreosot gestrichen wurde.

Vergiftungen durch Organophosphate, wie sie durch die starke Überdosierung von Wurmmitteln oder Insektiziden entstehen können, äußern sich in nervösen Symptomen, wie zum Beispiel Muskelzuckungen. Auch Pilzgifte können nervöse Beschwerden auslösen; diese Art der Vergiftung kann auftreten, wenn Pferden verschimmeltes Futter vorgesetzt wird. Schimmeliges Kraft- oder Rauhfutter, vor allem Silage, darf auf keinen Fall verfüttert werden.

Stallarbeit

Pferde sind Gewohnheitstiere. Am besten bekommt es ihnen, wenn sie jeden Tag zur gleichen Zeit besucht, bewegt und gefüttert werden. Die tägliche Stallarbeit ist nicht weiter schwierig, obwohl es für den Neuling natürlich nicht leicht ist, sich zwischen den verschiedenen Futtermitteln, Gerätschaften, Ausrüstungsgegenständen für das Pferd und allem anderen Zubehör zurechtzufinden. Hat sich jedoch erst einmal eine gewisse Routine eingestellt, braucht man nicht mehr lange, um festzustellen, ob das Weidepferd gesund ist und genügend Futter und Wasser hat. Um ein Pferd im Stall gesund zu erhalten, muß regelmäßig ausgemistet und geputzt und natürlich auch mehrmals am Tag gefüttert und getränkt werden.

Ausrüstung

Die Gerätschaften zum Füttern und Ausmisten gehören ebenso in jeden Stall wie ein Satz Putzzeug für jedes Pferd.

Welche Gerätschaften sind notwendig?

Eine Grundaustattung an Geräten zum Füttern, Ausmisten und Putzen ist unumgänglich. Dem Pferd muß immer frisches Wasser zur Verfügung stehen, entweder in einem Eimer oder in Form einer Selbsttränke. Heu wird entweder aus einem Heunetz verfüttert oder aus einer an der Wand befestigten Raufe. Die Heuraufe ist allerdings weniger empfehlenswert, vor allem wenn sie über Augenhöhe des Pferdes angebracht ist, denn dann müssen die Pferde in einer unnatürlichen Haltung fressen, und es fällt ihnen ständig Staub in die Augen. Entgegen der weitverbreiteten Auffassung kann Heu durchaus vom Boden verfüttert werden; denn für Pferde ist es nur natürlich, vom Boden zu fressen, wobei nicht so viel Heustaub aufgewirbelt wird und das Pferd außerdem den Kopf so hält, daß eventuell vorhandener Nasenausfluß besser abfließen kann. Für die Verabreichung von Kraftfutter sind fest installierte Fut-

Grundausstattung

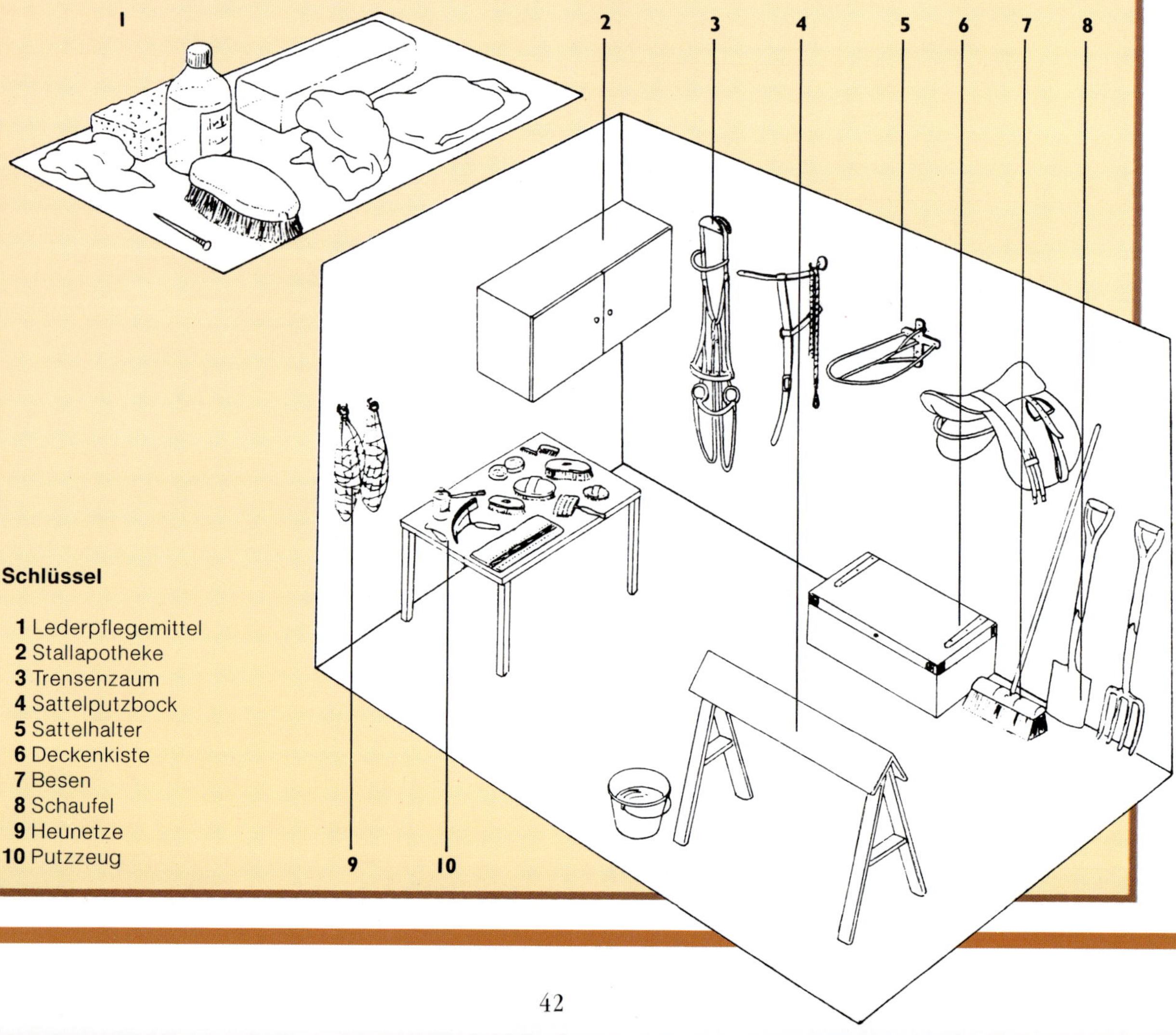

Schlüssel

1 Lederpflegemittel
2 Stallapotheke
3 Trensenzaum
4 Sattelputzbock
5 Sattelhalter
6 Deckenkiste
7 Besen
8 Schaufel
9 Heunetze
10 Putzzeug

terkrippen praktisch, aber es kann auch zur Futterzeit eine Holz-, Plastik- oder Metallschüssel in die Box gestellt werden.

Das Putzzeug

Nötig sind ein Hufkratzer, eine harte Wurzelbürste, eine Kardätsche und ein Mähnenkamm. Ein Eisenstriegel empfiehlt sich zum Abstreifen der Kardätsche und für Weidepferde im Winterfell ein Plastikstriegel zum Entfernen von Erdkrusten. Außerdem werden zwei Schwämme benötigt: einer für Nüstern und Augen und einer für den After. Zusätzliche wichtige Utensilien sind ein weiches Tuch sowie Huffett und Pinsel. Ein zusammengedrehtes Stroh- oder Heubündel kann man verwenden, um das Pferd nach dem Putzen damit zu massieren, was den Blutkreislauf anregt. Zusätzlich empfehlen sich noch ein Schweißmesser und eine Waschbürste.

Geräte zum Ausmisten

Unbedingt erforderlich sind ein Besen, eine Schaufel und eine vierzinkige Forke, welche der Heugabel vorzuziehen ist. Wer den Pferdemist mehrmals am Tag entfernt, ist mit einem Korb, einem Eimer oder auch einem Wäschekorb aus Plastik besser bedient als mit einer Schubkarre. Für das gründliche Ausmisten empfiehlt sich natürlich die Schubkarre. Für die Einstreu aus Torf oder Sägespänen wird noch eine Harke oder ein Rechen benötigt. Zur gründlichen Reinigung der Pferdeboxen ist ein Hochdruckreiniger empfehlenswert.

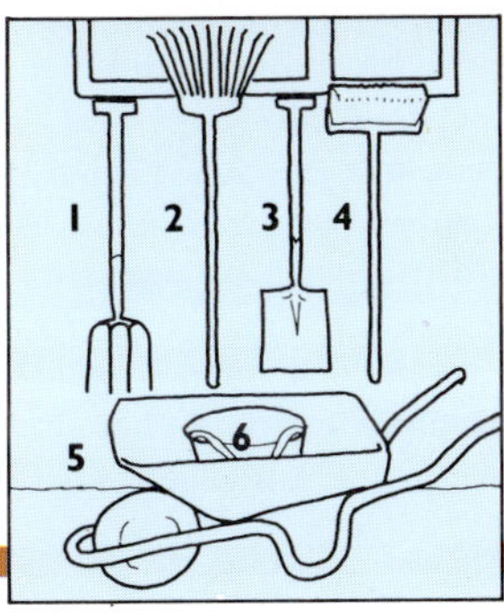

Geräte zum Ausmisten Die Einstreu des Pferdes muß immer sauber und trocken gehalten werden (**oben**). In regelmäßigen Zeitabständen wird die Box vollständig ausgemistet, in der Zwischenzeit werden nur der Pferdemist und feuchte Streu entfernt. Zu den benötigten Geräten gehören 1 eine Forke, 2 eine Harke, 3 eine Schaufel, 4 ein Besen, 5 eine Schubkarre, 6 ein Eimer oder Korb. Zur **Boxeneinrichtung** gehören Heuraufe, Futterkrippe, Anbinde-Ring und Selbsttränke (**oben rechts**). Die Krippe wird nach jeder Fütterung gesäubert, und auch die Selbsttränke muß regelmäßig gereinigt werden.

Die Stallarbeit

Domestizierte Pferde müssen jeden Tag ihres Lebens versorgt und gepflegt werden. Man sollte sich Zeit dafür nehmen und versuchen, alle Arbeiten täglich zur gleichen Zeit auszuführen.

Wieviel fressen Weidepferde?

Im Gegensatz zu Rindern und Schafen, die große Futtermengen aufnehmen und dann wiederkäuen, haben Pferde im Vergleich zu ihrer Körpergröße relativ kleine Mägen (ihr Fassungsvermögen beträgt etwa ein Viertel der Mägen einer Kuh). Aus diesem Grund fressen sie nur kleine Mengen auf einmal. Bei wildlebenden Pferden, denen nur wenig Gras zur Verfügung steht, kann dies natürlich trotzdem bedeuten, daß sie den ganzen Tag über grasen müssen. Hauspferde auf gepflegten Weiden grasen hauptsächlich in den Morgenstunden. Die Zeiten der Nahrungsaufnahme verschieben sich allerdings je nach Jahreszeit. Im Sommer grasen die Pferde gewöhnlich tagsüber und ruhen in der Nacht. Im Winter sind die Nächte zu kalt zum Ruhen; die Pferde bleiben in Bewegung und suchen Futter, um dann während des Tages, wenn es wärmer ist, zu ruhen.

Wie oft am Tag sollte ein Pferd gefüttert werden?

Wegen ihrer relativ kleinen Mägen können Pferde keine großen Futtermengen auf einmal aufnehmen. Es ist daher wichtig, ihnen über den Tag verteilt mehrere kleine Portionen zu geben. Auf der Weide gibt es in dieser Hinsicht keine Probleme, und jedes Pferd kann so viel fressen, wie es mag. Wenn das Pferd ganz oder teilweise im Stall gehalten wird, sollte ihm immer Heu zur Verfügung stehen, es sei denn, es ist zu dick. Die erforderliche Kraftfuttermenge hängt ab von der Größe des Pferdes, seiner Arbeitsleistung und der Jahreszeit. Die Gesamtration sollte auf drei Mahlzeiten am Tag aufgeteilt werden – bei größeren Mengen besser auf vier Mahlzeiten. Gefüttert wird jeden Tag zur gleichen Zeit. Ein Reitpferd bekommt gewöhnlich früh am Morgen eine kleine Ration (mindestens anderthalb Stunden vor der Arbeit). Die Hauptfuttermenge wird nach der Arbeit gegeben, eine weitere Fütterung erfolgt am Spätnachmittag. Wenn nötig, kann am späten Abend noch einmal Kraftfutter vorgelegt werden.

Ein Überfüttern mit Kraftfutter kann eine Kolik verursachen. Gieriges Herunterschlingen des Futters führt zu Schlundverstopfung oder Verdauungsbeschwerden. Abhilfe schaffen große Steine oder Ziegel, die in die Krippe gelegt werden und das Pferd am Herunterschlingen des Futters hindern.

Wieviel Heu braucht ein Pferd oder Pony?

Die erforderliche Menge hängt von der Größe des Tieres, seiner Arbeitsleistung und der Jahreszeit ab sowie davon, ob es im Stall steht oder auf der Weide, und bei Weidehaltung von der Qualität des Grases. Heu dient nur als Erhaltungsfutter; wenn das Pferd eine Leistung erbringen soll, braucht es zusätzliches Kraftfutter. In vielen Fällen – zum Beispiel bei edlen Pferden, die im Kaltstall überwintern – gehört zum Erhaltungsfutter auch eine gewisse Menge Kraftfutter. Einer Faustregel zufolge braucht ein Pferd mit einem Stockmaß von 1,60 Metern etwa 11 bis 13 Kilogramm Futter am Tag. Bei schwerer Arbeit müßten 4,5 bis 6,5 Kilogramm davon Kraftfutter sein. Ein Pony mit einem Stockmaß um 1,25 Meter bekommt täglich 2 bis 4 Kilogramm Heu und darf zusätzlich auf die Weide; ein Pony um 1,45 Meter Stockmaßhöhe erhält bei gleicher Haltung 3 bis 5 Kilogramm Heu. Ein Pony, das im Stall oder auf einer sehr mageren Weide gehalten wird, erhält die doppelte Heuration und zusätzlich Kraftfutter.

Die Qualität des Heues ist von entscheidender Bedeutung. Sie hängt ab von den in ihm enthaltenen Gräsern, der Reife zur Zeit der Ernte sowie den Erntebedingungen. Gutes, trocken eingebrachtes Wiesenheu ist für Pferde am besten geeignet. Einen gewissen Eindruck von der Qualität des Heues vermittelt der Geruch; gutes Heu riecht süß. Muffiges und staubiges Heu darf nicht verfüttert werden, es kann bei allergischen Pferden zu Pilzbefall und Atemwegerkrankungen führen. Frisch geerntetes Heu darf frühestens nach einer Lagerzeit von sechs bis acht Wochen verfüttert werden, längstens aber ein bis anderthalb Jahre.

Das richtige Füttern ist eine Fertigkeit, die sich erlernen läßt: Jedes Tier soll genau das bekommen, was es braucht. In der Praxis sollen die Pferde (außer vor der Arbeit) immer Heu zur Verfügung haben. Die Heuration wird normalerweise aufgeteilt und das Heunetz dreimal täglich neu gefüllt – eine kleine Menge am Morgen und der größte Teil der Ration am Abend. Verschmutztes Heu in der Box bedeutet, daß die Rationen zu groß sind. Außerdem sollte

Futtermittel

Hier sind einige der vielen **Futtermittel für Pferde abgebildet:**

1 Heu
2 Reformhafer
3 Gerste
4 Maisflocken
5 Pelletiertes Alleinfutter
6 Weizenkleie
7 Quetschhafer
8 ganzer Hafer
9 Rübenschnitzel

Heu ist zwar das am häufigsten als Erhaltungsfutter verwendete Rauhfutter, aber es gibt noch andere, ebensogute Formen von konserviertem Gras, deren Nährwert geringeren Schwankungen unterliegt. Eine genügend große Rauhfuttermenge ist für die Verdauung des Pferdes unerläßlich.
Die Belastung des Körpers durch Wachstum, Trächtigkeit oder harte Arbeit muß ausgeglichen werden, indem dem Erhaltungsfutter sowohl proteinhaltige Futtermittel als auch Energieträger zugesetzt werden. Obwohl es mittlerweile pelletierte Allein- und Zusatzfutter gibt, ist die Fütterung des Pferdes immer noch eher eine Kunst als eine Wissenschaft.

nicht vergessen werden, daß auch Weidepferde im Sommer Heu bekommen müssen, wenn ihre Koppeln von der Sonne verdorrt sind.

Warum brauchen Pferde Kraftfutter?

Obwohl Heu und Gras normalerweise ausreichen, um den Protein- und Nährstoffbedarf eines Pferdes zu decken, kann es doch vorkommen, daß ein Pferd einfach nicht genug davon fressen kann, um die durch regelmäßige Arbeit entstehenden Bedürfnisse zu befriedigen. Diese zusätzliche Kraft beziehen sie aus dem Futter, das sie zusätzlich zu Gras und Heu bekommen und das deshalb Kraftfutter genannt wird. Kraftfutter ist auch nötig bei Pferden, die tragen, säugen oder noch wachsen. Bei Pferden, die arbeiten, muß entsprechend der Leistung zugefüttert werden. Wenn sie zu viel Futter (vor allem Hafer) bekommen und wenig arbeiten müssen, kann es passieren, daß sie «der Hafer sticht» oder daß sie an einer Entzündung der Lymphgefäße oder an Kreuzverschlag erkranken. Diese Krankheiten werden im achten Kapitel noch genauer erläutert.

Welches Kraftfutter ist das beste?

Schon von alters her ist Hafer das verbreitetste Pferdefutter. Gequetschter Hafer ist leicht verdaulich und ein guter Energieträger. Er darf jedoch nicht lange gelagert werden, denn sein Nährwert verringert sich beträchtlich, wenn er nicht innerhalb von drei Wochen verbraucht wird. Auch Gerste eignet sich für Pferde, sie darf allerdings nur gequetscht verfüttert werden. Durch Gerste werden Pferde nicht so «heiß» wie durch Hafer. Gekochte Gerste (ganze Körner vier bis sechs Stunden lang kochen) wird manchmal nach Jagden an erschöpfte Pferde verfüttert, um eine Abwechslung in den Speiseplan zu bringen oder um schlechte Fresser anzuregen. Weizen eignet sich für die Pferdefütterung nur in Form von Kleie.

Wieviel Kraftfutter ist angemessen?

Diese Mengenangaben sind als Richtwerte zu betrachten: Ein vorwiegend im Gelände gerittenes Pony von 1,45 Meter Stockmaßhöhe benötigt zwischen 0,9 und 1,8 Kilogramm Hafer am Tag, aufgeteilt auf mehrere Rationen. Bei schwerer Arbeit (regelmäßiger Teilnahme an Reitjagden oder Vielseitigkeitsprüfungen) kann die Haferration bis auf 5,5 Kilogramm pro Tag gesteigert werden. Um die Fütterung zu erleichtern, wurden pelletierte Futtermittel in den Handel gebracht, in denen Rauhfasern, Energieträger wie verschiedene Getreidesorten und oft auch Vitamine und Minerale enthalten sind. Diese Pellets gibt es in verschiedenen Zusammensetzungen, die die Anforderungen unterschiedlich geforderter Pferde erfüllen sollen. Zum Beispiel enthalten die Pellets für Reitpferde und -ponys wesentlich weniger Protein als das stark proteinhaltige Fohlenfutter (es wird schon vor dem Absetzen aus einer Krippe zugefüttert, an die die Stute nicht herankann), das so viel Protein enthalten muß, wie der schnell wachsende Körper braucht.

Welche Vorteile hat die Pelletfütterung?

Der wichtigste Vorteil dieser Futtermittel ist, daß sie ein ausgewogenes Nährstoffverhältnis haben und es dem Pferdehalter somit ersparen, eine Vielzahl von Futtermitteln selbst zusammenstellen zu müssen. Ein weiterer Vorteil ist der immer gleichbleibende Nährwert. Er vereinfacht die Fütterung; und Probleme, wie sie mit den beträchtlichen Nährwertschwankungen in verschiedenen Heu- oder Getreidelieferungen auftreten, werden vermieden.
Die leichte Verwendbarkeit ist ein weiterer großer Vorteil. Pelletiertes Futter ist auch in kleinen Mengen erhältlich, läßt sich leicht lagern und restlos verfüttern. Erzeugnisse, deren Protein- und Nährstoffgehalt auf einen bestimmten Zweck abgestellt ist – zum Beispiel Futter für Rennpferde, Zuchtpferde, Fohlen, Reitpferde und viele andere –, lassen sich mit Heu oder anderen Futtermitteln zur gewünschten Ration kombinieren. Es gibt auch pelletierte Futtermittel, die als Alleinfutter bezeichnet werden. In ihnen ist die Heuration bereits enthalten. Bei der Fütterung von Pellets müssen die vom Hersteller empfohlenen Mengenangaben genau beachtet werden.

Welche anderen Futtermittel gibt es?

Ein Pferd in guter Kondition, gesund und an seinem Futter interessiert zu halten, ist eine Kunst, keine Wissenschaft. Weizenkleie wird gewöhnlich mit dem Hafer vermischt (1 Teil Kleie auf 3 Teile Hafer). Sie ist sehr proteinhaltig, aber arm an Nährstoffen, wirkt feucht verfüttert leicht abführend und wird oft als Mash abgegeben – Weizenkleie mit kochendem Wasser übergießen, abkühlen lassen und handwarm verfüttern –, vor allem an erschöpfte oder kranke Pferde, die zusammen mit Mash manchmal sogar Medikamente aufnehmen.

Am wenigsten Heu wird bei einer Fütterung aus einem **Heunetz** vergeudet (**links**). Wird das Heu einfach auf den Boden gelegt, vermischt es sich mit der Einstreu, so daß das Pferd entweder keine volle Heuration erhält oder gezwungen ist, von der Einstreu zu fressen. Heu, das auf die Koppel gelegt wird, wird von den Pferden zertreten, und ein großer Teil davon ist vergeudet.

Eine trockene **Futterkammer** (**oben rechts**). Das Kraftfutter wird in Kisten aufbewahrt, deren Deckel fest schließen, um Ungeziefer fernzuhalten.

Um Stallpferde weiterhin für ihr Futter zu interessieren, kann man kleinere Mengen Obst und Gemüse hinzufügen, zum Beispiel Äpfel, Möhren, Rote Bete, Zuckerrüben usw. Rauhfutter ist für eine problemlose Verdauung unbedingt nötig. Häcksel (gehacktes Heu oder Stroh) kann bei Pferden, die viel Kraftfutter bekommen, in kleinen Mengen (bis zu 0,5 Kilogramm) dem Hafer beigemischt werden, damit er gründlicher gekaut und besser verdaut wird.
Maisflocken und Rübenschnitzel-Pellets empfehlen sich für Pferdehalter, die ihre Tiere zwar in guter Verfassung halten, aber lieber keinen Hafer verfüttern wollen. Maisflocken haben einen hohen Nährstoffgehalt, dürfen aber nicht in großen Mengen verfüttert werden; und Rübenschnitzel-Pellets müssen vor dem Verfüttern unbedingt 24 Stunden lang in viel Wasser eingeweicht werden, damit es nicht zur Schlundverstopfung kommt.
Bei schlechten Fressern hilft es, gelegentlich geringe Mengen Melasse über das Futter zu geben. Lebertran sorgt für ein glänzendes Fell, aber Pferde mögen ihn nicht; es gibt jedoch eine Vielzahl von fertigen Lebertranprodukten, in denen er gesüßt ist. Auch Leinsaat läßt das Fell glänzen und wird aus diesem Grund an Schaupferde abgegeben. Da sie in rohem Zustand ein Gift enthält, sollte sie allerdings vor dem Verfüttern geschrotet und etwa 10 Minuten lang gekocht werden.

Dürfen Pferde Silage fressen?

Wegen der ständig steigenden Kosten und der Schwierigkeiten, gutes Heu in kleinen Ballen zu bekommen, ist die Nachfrage nach Alternativen in letzter Zeit stark gestiegen. Trockengrün und Luzerne sind fast überall erhältlich, und ihr Nährwert ist fast so hoch wie der frischer Pflanzen. Das getrocknete Grün wird zu Mehl zermahlen (und vor dem Verfüttern eingeweicht) oder zu Heubriketts verarbeitet, die trocken verfüttert werden. An dieses vielfach unterschätzte Futtermittel müssen die Pferde langsam gewöhnt werden. Aber auch Silage fressen Pferde sehr gern, allerdings wird ihr Kot dadurch etwas weich. Beim Landhändler gibt es verschiedene Sorten vakuumverpackter Silagen, die zwar relativ teuer, aber auch sehr nahrhaft sind. Sie haben den Vorteil, daß in ihnen keine Pilzsporen enthalten sind, wie sie im Heu fast immer vorkommen – was bedeutet, daß sie sich ausgezeichnet für heuallergische Pferde eignen.
Pferde fressen auch Silage aus großen Silos; das Problem dabei ist jedoch, daß es bei größeren Mengen, die der Luft ausgesetzt sind, zu einer Verseuchung mit Bakterien kommen kann, die beim Pferd zu Botulismus führen. Für Pferde empfiehlt sich also nur Silage aus luftdicht verpackten Säcken, die nach dem Öffnen schnell verbraucht werden müssen.

Wieviel Futter braucht das Pferd?

Futtermengen abzuwiegen ist wenig sinnvoll, denn außer bei Fertigfutter muß die Futtermenge abhängig von der Futterqualität variieren (das gilt besonders für Heu). Beim Zuteilen der Futterration müssen zwei Dinge beachtet werden: der Erhaltungsbedarf und der erhöhte Bedarf bei besonderen Anforderungen, zum Beispiel Arbeitsleistung, Wachstum, Trächtigkeit oder Säugen. Die für den reinen Erhaltungsbedarf erforderliche Futtermenge hängt ab von Größe, Rasse und Typ des Pferdes. Entscheidend ist auch die Jahreszeit – im Sommer sollte eine gute Weide den Erhaltungsbedarf aller Pferderassen decken. Im Winter dagegen ist das Gras spärlicher und entschieden weniger nahrhaft, und es müssen Heu, Trockengrün oder Silage zugefüttert werden. Die Erhaltungsration für ein Stallpferd zusammenzustellen, ist einfacher, denn dabei spielen die Jahreszeiten eine wesentlich geringere Rolle als bei Pferden, die tagsüber oder das ganze Jahr über auf der Weide sind. Einen Anhaltspunkt gibt folgende Fütterungsempfehlung: Ein im Stall gehaltenes Reitpony mit einem Stockmaß von 1,45 Meter, das zum Spazierenreiten benutzt wird, braucht als Erhaltungsration am Tag etwa 3,5 bis 4,5 Kilogramm Heu und 1 bis 1,5 Kilogramm Kraftfutter.

Für Mash wird Kleie mit kochendem Wasser übergossen. Weizenkleie hat keinerlei Nährwert; trokken verfüttert (mit anderem Getreide vermischt) wirkt sie stopfend, aber in Form von Mash hat sie eine abführende Wirkung und wird an Pferde verfüttert, die kränkeln oder Boxenruhe haben müssen.

Wann müssen die Rationen erhöht werden?

Mehr Futter – vor allem mehr Kraftfutter – muß gegeben werden, wenn die Pferde regelmäßig schwere Arbeit leisten; dann reicht das Erhaltungsfutter nicht mehr aus. Auch Jungpferde haben einen höheren Nährstoffbedarf, und um das Körperwachstum zu unterstützen, werden Fohlen und Jährlinge mit stark proteinhaltigen Futtermitteln ernährt. Auch Zuchtstuten brauchen gegen Ende der Trächtigkeit (in den letzten drei Monaten) und während des Säugens (sechs Monate) mehr Futter. Außerdem erhöht sich der Nährstoffbedarf der Pferde im Winter je nach ihrer Haltungsform, schon um den Körper warm zu halten. Geschorene und empfindliche Pferde – zum Beispiel Araber und Vollblüter – brauchen mehr Futter, um mit der Kälte fertigzuwerden. Für robuste Ponys und weniger edle Pferde gilt dies gewöhnlich nicht.

Sind Mineral- und Vitaminzusätze notwendig?

Um gesund zu bleiben und ein glänzendes Fell zu behalten, brauchen Pferde Vitamine und Minerale. Mehr zu verabreichen, als der Körper braucht, ist jedoch sinnlos, und Pferde auf der Weide brauchen solche Futterzusätze nur, wenn sie krank sind. Pferde, die im Stall gehalten werden, haben keine Möglichkeit, Vitamine und Minerale aus dem Gras und dem Boden aufzunehmen; das heißt, sie müssen in der Futterration enthalten sein. Pelletiertes Fertigfutter enthält normalerweise alle notwendigen Stoffe, und seine Verwendung ist wahrscheinlich die einfachste Lösung des Problems. Selbst zusammengestellte Futterrationen sollten durch ein Vitamin- und Mineralpräparat angereichert werden. Besonders wichtig ist die Deckung des Salz- und Kalziumbedarfs. Kleine Mengen Kochsalz – ein Teelöffel voll – können ins Futter gegeben werden, oder es wird ein Salzleckstein an der Wand befestigt bzw. in die Krippe gelegt.

Höchstleistungen stellen besonders bei stark schwitzenden Pferden eine extreme Belastung des Körpers dar, vor allem, wenn sie in großer Hitze verlangt werden. Diese Tiere benötigen mehr Salz als Pferde, die leichte Arbeit verrichten.

Kalzium ist besonders wichtig für Pferde im Wachstum und wird am einfachsten in Form von Kalkstein abgegeben. Kleine tägliche Portionen gewähren ein gutes Knochenwachstum. (A.d.Ü.: Dasselbe bewirkt Klee- oder Luzerneheu als Futter.)

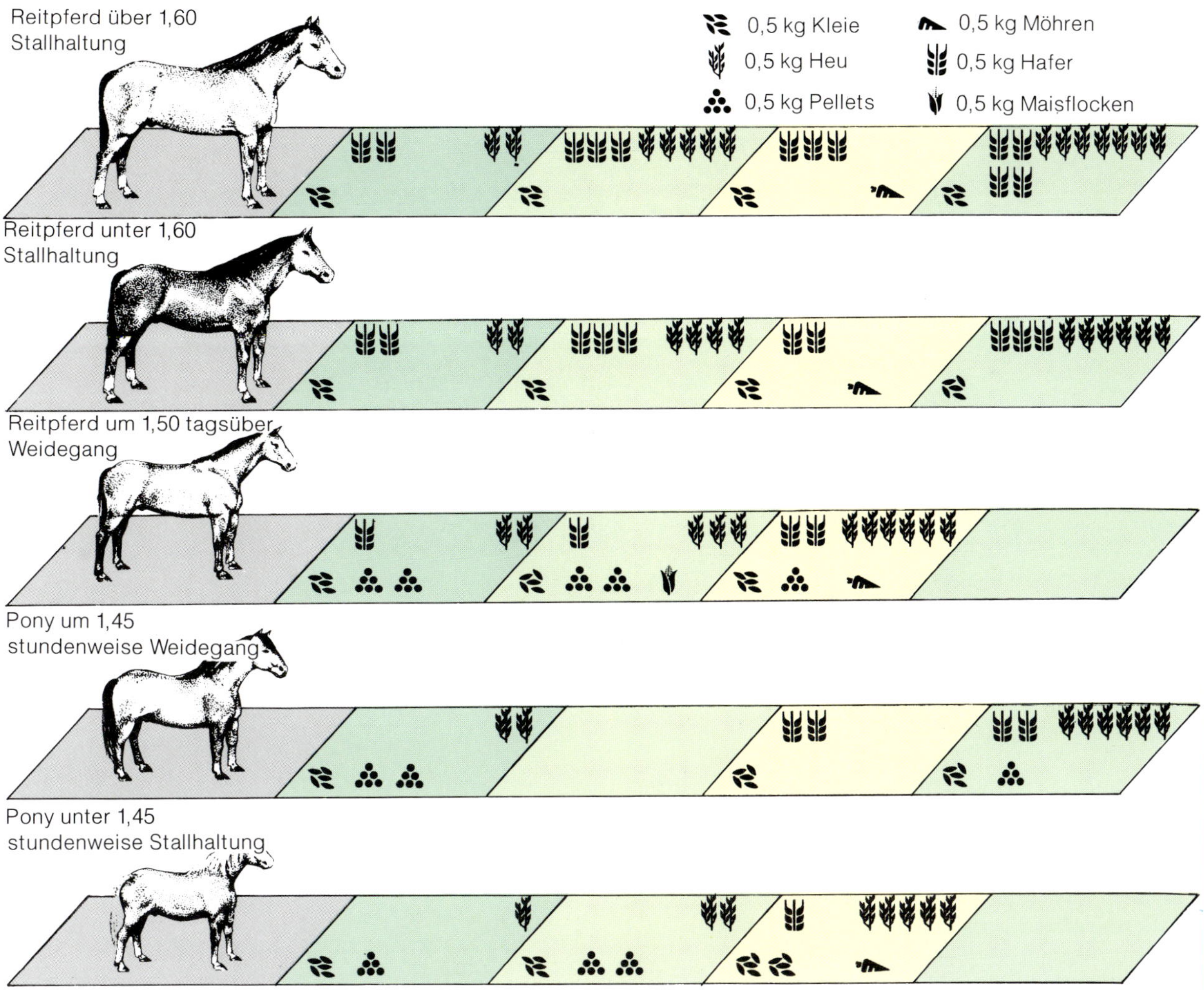

Wieviel Wasser braucht ein Pferd?

Grundsätzlich sollte Pferden immer frisches, sauberes Wasser zur Verfügung stehen, sei es im Stall oder auf der Weide. Einen gewissen Teil ihres Wasserbedarfs decken Pferde über das Futter, was bedeutet, daß die tatsächlich aufgenommene Flüssigkeitsmenge nicht nur von der Größe des Pferdes, der Lufttemperatur und der Arbeitsleistung abhängt, sondern auch von der Ernährung. Vor oder während der Arbeit dürfen keine größeren Wassermengen gegeben werden; besser tränkt man vor dem Füttern und nach dem Reiten. Nach einer großen Anstrengung werden im Abstand von etwa 15 Minuten wiederholt kleine Mengen nicht zu kalten Wassers aus einem Eimer angeboten – das Pferd darf sich nicht sofort am kalten Wasser aus der Selbsttränke satt saufen. Ein normal großes Pferd trinkt ungefähr 35 bis 45 Liter am Tag, bei großer Hitze auch bis zu 70 Liter.

Fütterungsempfehlungen für unterschiedlich gehaltene Pferde und Ponys (**oben**).

Für das Kraftfutter empfiehlt sich eine **Futterkrippe** (**unten**), die wie Tränkeimer oder Selbsttränke regelmäßig gesäubert werden muß.

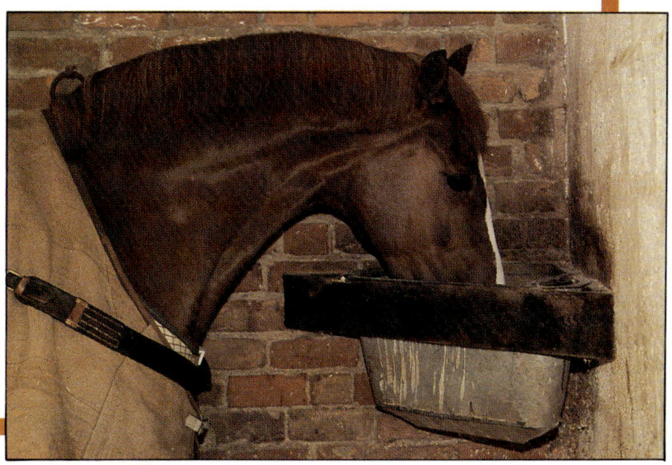

Die Pflege

Das Putzen des Pferdes soll nicht nur sein Aussehen verbessern, sondern dient auch Gesundheit und Wohlbefinden. Stallpferde stellen in bezug auf die Pflege andere Ansprüche als Weidepferde.

Können Erde oder Matsch der Haut schaden?

Erstaunlicherweise scheinen Pferde Matsch zu lieben, denn sie wälzen sich gern darin. Vielleicht liegt es daran, daß die getrocknete Schlammschicht über dem dicken Winterfell zusätzlich wärmt. Getrockneter Matsch scheint Weidepferden jedenfalls nicht zu schaden. Wenn er jedoch wieder naß wird, reizt er die Haut; und es kann zu Hautentzündungen kommen, die durch Bakterien (vor allem *Dermatophilus*) hervorgerufen werden und zu Krustenbildung an Rücken und Beinen führen. Um dies zu verhüten, muß man den getrockneten Schlamm bei Weidepferden, die während der Wintermonate häufig naß werden, regelmäßig abbürsten. Grundsätzlich ist es sinnvoller, den Matsch trocknen zu lassen und dann abzubürsten, als ihn in feuchtem Zustand abzuwaschen.
Häufiges Waschen der Pferdebeine entzieht dem Fell das natürliche Fett; in kalten und feuchten Wintern kann es auch zu Hautreizungen und Entzündungen kommen, vor allem in der Fesselbeuge (Mauke). Dieses nässende Ekzem heilt nur schlecht, weil die Wunden bei jeder Bewegung des Pferdes wieder aufreißen; unter Umständen müssen die entzündeten Fesselbeugen über einen längeren Zeitraum mit Salbe behandelt und bandagiert werden.
Auch Sand und Erde unter dem Sattelzeug führen zu Problemen, und selbst beim flüchtigen Putzen vor dem Reiten muß immer auf peinliche Sauberkeit der Sattel-, Gurt- und Trensenlage geachtet werden. Auch hier werden Schweiß und Schmutz erst abgebürstet, wenn sie angetrocknet sind.

Wie oft sollen Pferde geputzt werden?

Regelmäßiges Putzen dient nicht nur der Sauberkeit, sondern massiert auch die Haut, regt den Kreislauf an und verbessert den Zustand des Fells. Damit Stallpferde sich wohl fühlen, sollten sie mindestens einmal am Tag gründlich geputzt werden. Zusätzlich können sie noch einmal »übergeputzt« werden, was von der Rasse (und dem Zustand des Fells) sowie der Arbeitsleistung abhängt. Weidepferde werden vor dem Reiten übergeputzt und gelegentlich auch im Winter, damit das Langhaar nicht zu sehr verfilzt.

Wie wird geputzt?

Vor dem Reiten wird das Pferd nur »übergeputzt«. Dazu gehören das Auskratzen der Hufe, Bürsten von Sattel- und Gurtlage, Mähne und Schweif (mit Kardätsche und Wurzelbürste) sowie das Abwischen von Nüstern, Augen und After mit feuchten Schwämmen.

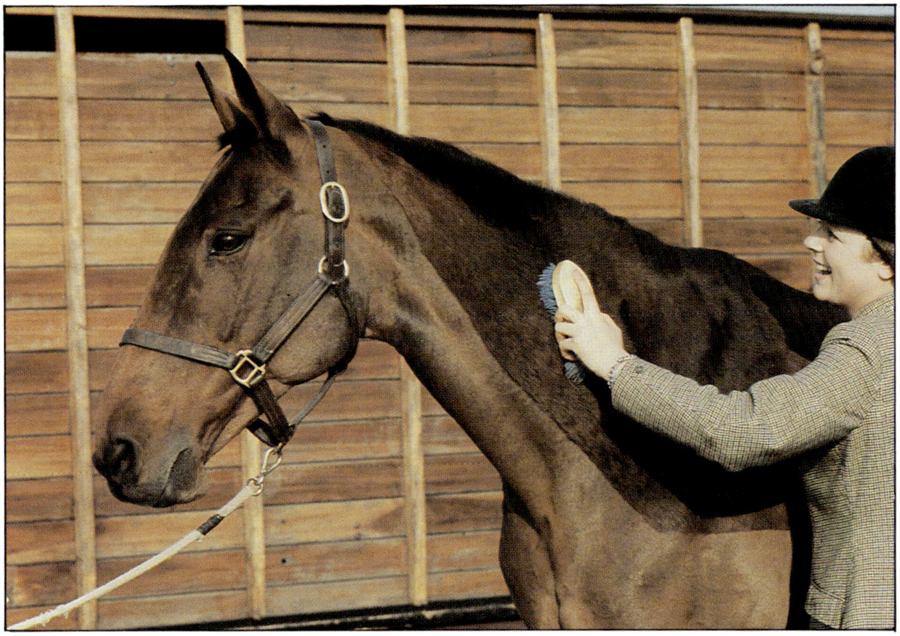

Regelmäßiges Putzen ist wichtig für Gesundheit und Wohlbefinden des Pferdes. Die **Kardätsche**, mit der man das Fell von Stallpferden bürstet, wird zum Entfernen von Staub und Haaren immer wieder am Striegel abgestreift (**links**).

Wurzelbürste, Kardätsche und Gummistriegel (**oben**).

Das lange **Winterfell** ungeschorener oder im Freien lebender Pferde wird mit der Wurzelbürste von getrocknetem Schlamm oder Schweißspuren befreit (**oben rechts**).

Das Bürsten mit der Kardätsche massiert die Haut und entfernt Staub und Fett aus dem Fell (**unten rechts**). Bei Weidepferden darf die Kardätsche im Winter nicht benutzt werden, weil sie dem Fell zuviel von dem wärmenden Fett entzieht.

Gründlich geputzt wird das Pferd, wenn es nach der Arbeit wieder trocken ist. Zuerst werden die Hufe ausgekratzt, wobei man vom Ballen zur Zehe arbeitet und alle Erde aus der Sohle und den Strahlfurchen entfernt. Dann werden trockener Schlamm und Schweiß mit der Wurzelbürste oder dem Plastikstriegel entfernt (sie dürfen am Kopf des Pferdes nicht benutzt werden; er wird mit der Kardätsche geputzt). Die Hauptarbeit besteht im Putzen des Pferdes mit der Kardätsche. Der ganze Körper des Pferdes wird, dem Haarstrich folgend, gründlich gebürstet. Ab und zu wird die Kardätsche am Striegel abgestreift. Zum Schluß fährt man mit einem weichen Tuch über den Körper des Pferdes, um den letzten Staub zu entfernen und das Fell zum Glänzen zu bringen. Wer es ganz richtig machen will, kann nun noch die Muskeln des Pferdes massieren. Dazu wird ein fest zusammengedrehtes Heu- oder Strohbüschel mit festem Druck in Haarrichtung über die bemuskelten Körperteile gezogen (alle Körperteile ausser Kopf, Bauch und untere Gliedmaßen). Später am Tag, wenn die Dekken gerichtet oder aufgelegt werden, kann das Pferd noch einmal schnell mit der Kardätsche übergeputzt werden.

Darf man Fell und Schweif mit Shampoo waschen?

Das Waschen mit Shampoo entfernt einen Großteil des natürlichen Fettes, das das Fell wasserabweisend macht. Es empfiehlt sich daher nicht, Fell oder Langhaar regelmäßig mit Shampoo zu waschen. Gelegentliches Waschen vor einem Turnier oder ähnlichem schadet aber nicht. Es sollte immer medizinisches oder Pferdeshampoo verwendet werden – nicht etwa ein Haushaltsreiniger oder ähnliches. Besonders schmutzige Körperstellen an den Flanken oder im Schweif können bei Bedarf mit Wasser und Kernseife gewaschen werden.

Das Waschen des Schweifes dient der Verschönerung des Pferdes vor einem Turnier o.ä. (**oben**). Das Shampoo muß vollständig ausgespült werden.

Die Nüstern und Augen werden mindestens einmal täglich mit einem sauberen, feuchten Schwamm ausgewischt (**oben**). Der Schwamm wird nur für diesen Zweck benutzt.

Wie pflegt man Mähne und Schweif?

Ein Mähnenkamm sollte ausreichen, um das Verkletten von Mähnen- und Schweifhaaren zu verhindern. Sehr dikke, hochstehende Mähnen können ausgedünnt werden: Die längsten Haare an der Unterseite werden einzeln oder paarweise ausgerissen, entweder mit den Fingern oder indem man sie um den Kamm wickelt. Auch wenn die Schweifrübe zu dicht behaart ist und die Haare ständig kotverschmutzt sind, können sie verzogen werden – immer nur wenige auf einmal und von der Unterseite zu den Seiten hin.

Damit der Schweif hübscher aussieht, kann auch eine Bandage angelegt werden, nachdem die Haare mit der Waschbürste angefeuchtet wurden. Sie darf allerdings nie über Nacht am Pferd belassen werden; denn wenn sie so eng ist, daß sie nicht abrutscht, ist sie auch so eng, daß sie die Schweifrübe abschnürt und es zu schweren Schäden kommt.

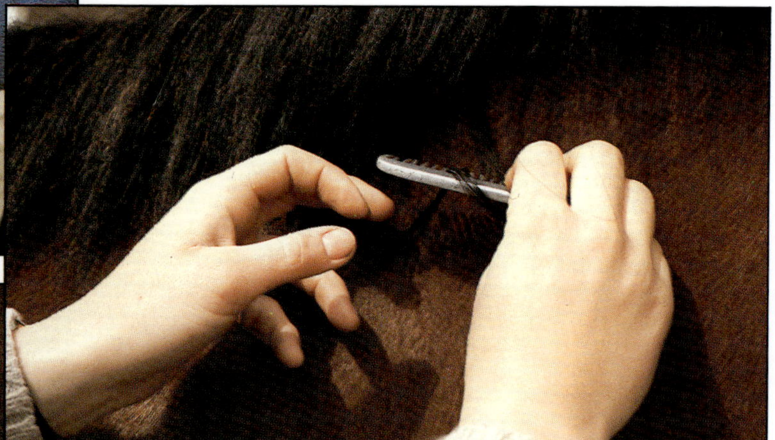

Das Ausdünnen der Mähne durch Verziehen (**oben**). Zwei oder drei Haare werden um den Kamm gewickelt und mit einem Ruck ausgezogen.

Soll der Schweif geschnitten werden?

Der Schweif des Pferdes dient dazu, die Fliegen zu vertreiben. Damit das Pferd gepflegter aussieht, kann man die Schweifspitzen unterhalb der Sprunggelenke gerade abschneiden.

Weniger edle Pferde haben oft einen üppigen Fesselbehang. Wenn diese Haare zu sehr verfilzen oder das Pferd unter Mauke leidet, können sie mit einer Schere gestutzt werden. Wenn eine Schermaschine benutzt wird, muß besonders darauf geachtet werden, daß der in den Fesselhaaren sitzende Sporn nicht verletzt wird.

Hufpflege. So säubert man einen Hinterhuf (**oben**). Die dem Pferd zugewandte Hand umfaßt das Röhrbein; das Fesselgelenk wird auf dem Oberschenkel abgestützt, und mit dem Hufkratzer in der anderen Hand wird die Sohle gesäubert.

Das Auftragen von **Huffett** (**unten**). Es verhindert das Austrocknen des Hufhorns und läßt das Pferd gepflegter aussehen.

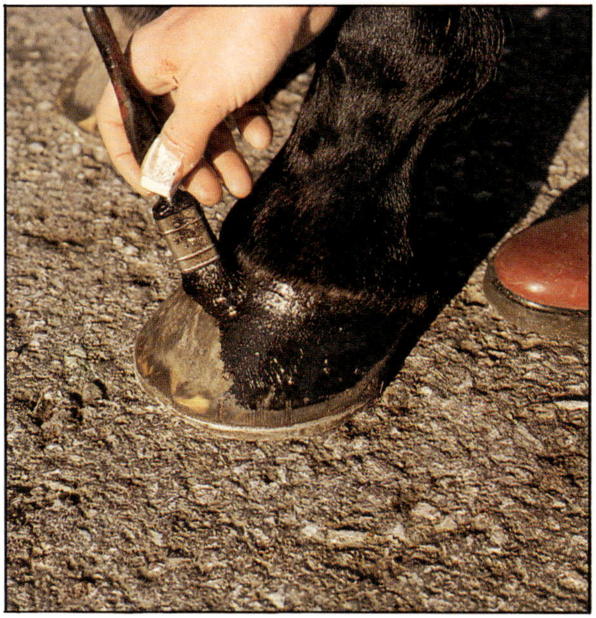

Wie oft sollten die Hufe gesäubert werden?

Es empfiehlt sich, ein Pferd schon früh an das Aufheben der Hufe zu gewöhnen. Wenn man sich ruhig nähert, mit dem Pferd spricht und vor dem Aufheben des Hufes mit der Hand am Pferdebein entlangfährt, heben die meisten Pferde die Hufe hoch, ohne sich zu ängstigen. Vor allem bei beschlagenen Pferden können sich Erde, Mist oder Stroh in den Strahlfurchen und der Sohle ansammeln. Wenn die Hufe nicht regelmäßig gesäubert werden, kann die Feuchtigkeit des eingetretenen Mistes das Horn erweichen und anfällig für Strahlfäule oder Hufkrebs machen. Bei Stallpferden sollten die Hufe mindestens einmal am Tag ausgekratzt werden, außerdem vor und nach dem Reiten, damit man sichergehen kann, daß sich keine Steine im Huf festgesetzt haben. Aber auch bei Weidepferden müssen die Hufe regelmäßig von Erdklumpen und Steinen befreit werden, vor allem, wenn sie beschlagen sind.

Wie hält man die Hufe gesund und verhindert das Austrocknen und die Bildung von Rissen?

Gesunde Hufe enthalten eine gewisse Menge an Feuchtigkeit, die sie elastisch erhält. Wenn sie austrocknen, werden sie spröde, und es kann zu Hornspalten kommen, oder die Tragränder brechen aus. Bei Stallpferden hilft regelmäßiges Einfetten mit Huföl oder -fett. Das Fett wird nach dem Einweichen mit Wasser auf die noch feuchten Hufe aufgetragen. Ponys leiden seltener unter spröden Hufen, bei ihnen ist Einfetten meistens nicht nötig. Bei Pferden mit besonders sprödem Hufhorn können zusätzliche Minerale (Zink) und Aminosäuren (Biotin und Methionin) Abhilfe schaffen.

Das Scheren des Winterfells läßt das Pferd weniger schnell schwitzen und schneller trocknen. Beim hier gezeigten Trace-clip werden der Unterhals, der Bauch und ein Teil der Hinterbeine geschoren. Diese Schur eignet sich für Pferde, die nur leichte Arbeit leisten und auch im Winter auf die Weide sollen. Zum Scheren wird gewöhnlich eine elektrische Schermaschine benutzt.

Hunter-clip. Zum Schutz vor Verletzungen werden die Beine nicht geschoren.

Warum werden Pferde geschoren?

Das Fell eines Pferdes dient dazu, seinen Körper warmzuhalten, und ist aus diesem Grund im Winter wesentlich dicker als im Sommer. Der Nachteil ist, daß ein Pferd im dicken Winterpelz bei schwerer Arbeit übermäßig stark schwitzt. Deshalb werden Pferde, die im Winter hart arbeiten müssen, zumindest teilweise geschoren, und der Schweiß kann schneller wieder trocknen.

Welche Art der Schur empfiehlt sich?

Die verschiedenen Möglichkeiten sind auf der Abbildung dargestellt. Vollständig geschoren werden nur Pferde, die große Leistungen erbringen müssen (zum Beispiel Rennpferde). Beim Hunter-clip bleibt das Fell in der Sattellage und an den Beinen unangetastet, denn es bietet einen zusätzlichen Verletzungsschutz. Um den Rücken des Pferdes warm zu halten, empfiehlt sich der Blanket-clip, bei dem das Fell dort stehenbleibt, wo normalerweise die Pferdedecke liegt. Am wenigsten Fell wird beim Trace-clip abgeschoren (man spricht vom hohen und vom flachen Trace-clip, je nachdem, ob der Hals mitgeschoren wird oder nicht). Er erleichtert das Putzen, denn das Fell ist nur an den Körperstellen geschoren, an denen besonders viele Schweißdrüsen sitzen.

Muß das Pferd nach dem Scheren eingedeckt werden?

Ob ein Pferd leicht friert oder nicht, hängt unter anderem von der Dicke seiner Haut ab. Robuste Ponys und weniger edle Pferde können mit einem flachen Trace-clip auch ohne Decke im Stall und bei mildem Wetter auch auf der Weide gehalten werden. Bei schlechtem Wetter brauchen aber auch sie eine Decke. Dünnhäutige, geschorene Pferde brauchen im Stall eine Decke, eventuell sogar zwei, und auf der Weide empfiehlt sich für sie eine Neuseelanddecke (eine warme, wasserdichte Jutedecke). Vollständig geschorene Pferde müssen immer eingedeckt werden, außer bei der Arbeit und bei reiner Stallhaltung im Sommer.

Scheren

Verschiedene Arten der **Schur**. Welche Art gewählt wird, hängt von der geforderten Arbeitsleistung ab und davon, wie stark das Pferd schwitzt. Ein Pferd mit einem Trace-clip kann auch im Winter mit einer warmen Decke ins Freie gelassen werden.

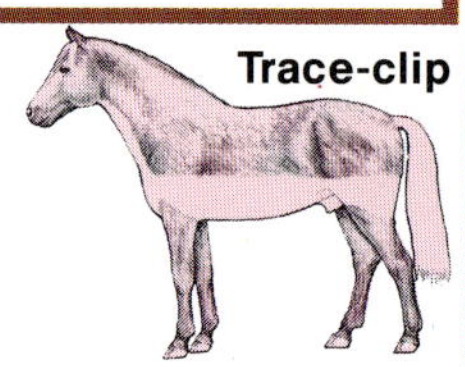

Trace-clip

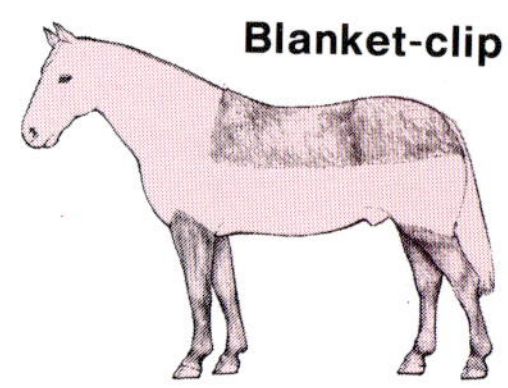

Blanket-clip

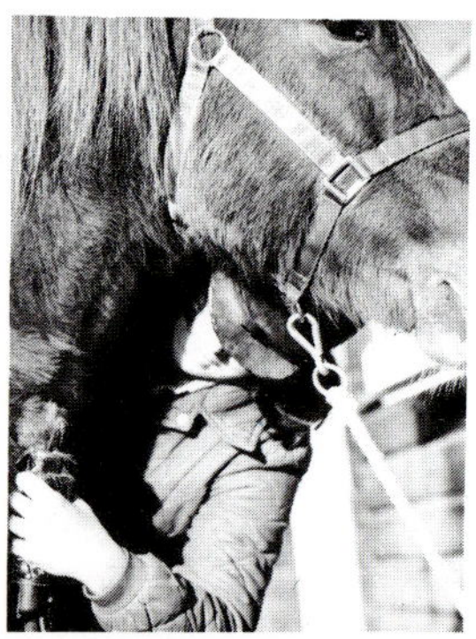

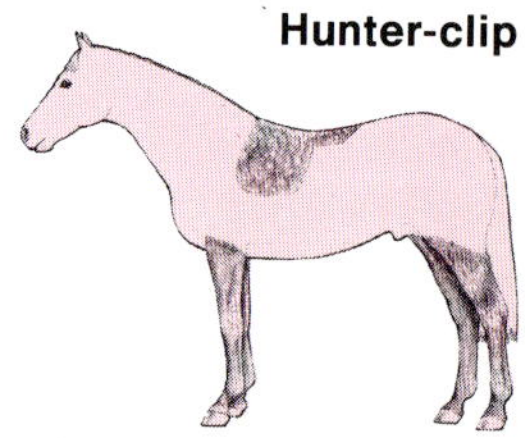

Hunter-clip

Sattelzeug

Es gibt viele verschiedene Sattel- und Zaumzeugarten. Für den Anfänger empfehlen sich ein Vielseitigkeitssattel und ein Trensenzaum, die jedoch beide genau passen müssen.

Welcher Sattel ist der richtige?

Die Sattelform richtet sich nach den Ansprüchen des Reiters. Es gibt viele verschiedene Satteltypen, für Springreiter, Vielseitigkeitsreiter und Dressurreiter sowie Sättel für das Reiten im Damensitz, für Rennen und Spezialsättel für Pferde mit mehr als drei Gangarten. Für den Anfänger empfiehlt sich ein Vielseitigkeitssattel. Die Größe des Sattels wird vom Vorder- zum Hinterzwiesel gemessen; die Standardgrößen sind 15 bis 17 Zoll (38 bis 43 Zentimeter).

Wie beurteilt man die Paßform des Sattels?

Ein guter Sattel sollte gleichmäßig auf dem Pferderücken aufliegen und darf keinen Druck auf den Widerrist ausüben. Die Sattelkammer darf nicht so eng sein, daß der Widerrist gedrückt wird; aber auch nicht so breit, daß der Sattel an dieser Stelle aufliegt. Von hinten muß man beim aufliegenden Sattel durch die Sattelkammer hindurchsehen können wie durch einen Tunnel, was auch gilt, wenn ein Reiter im Sattel sitzt. Einen neuen Sattel läßt man am besten von einem erfahrenen Sattler anpassen.

Welches ist der geeignetste Sattelgurt?

Es gibt im Grunde vier verschiedene Sattelgurttypen: aus Gurtstoff, aus Leder, aus Nylon und die Schnurengurte. Abgesehen von der Wahl des Materials muß auch auf andere Faktoren geachtet werden – auf Sicherheit und Reinigungsmöglichkeiten und darauf, ob es leicht zu Scheuerstellen kommen kann. Früher wurden häufig zwei Stoffgurte verwendet für den Fall, daß einer davon reißt. Doch diese Gurte werden leicht morsch und sind schwer sauberzuhalten, deshalb werden sie heute kaum noch benutzt. Am besten geeignet sind wahrscheinlich Ledergurte, denn sie sind stabil und mit Sattelseife leicht sauberzuhalten; allerdings müssen sie von Zeit zu Zeit geölt werden, damit sie nicht scheuern. Für den täglichen Gebrauch empfehlen sich die kräftigen und pflegeleichten Nylongurte. Auch gegen Schnurengurte ist nichts einzuwenden (sie eignen sich besonders für Pferde, die nicht geschoren wurden). Zum Schutz vor Gurtdruck oder Scheuerstellen kann der Sattelgurt mit einem Gurtschoner aus Lammfell oder ähnlichem überzogen werden, was besonders bei fetten, untrainierten Pferden ratsam ist.

Es gibt viele verschiedene Sattelformen. Der Springsattel (links) hat weit vorgezogene, dick gepolsterte Pauschen, in denen das Knie beim Reiten mit kurz geschnallten Steigbügelriemen guten Halt findet. Die tiefe Sitzfläche sorgt dafür, daß das Gewicht des Reiters immer an der richtigen Stelle einwirkt.

Ein dreifach gefalteter Ledergurt (rechts) ist eine stabile Sache; er muß allerdings sehr gut gepflegt werden.

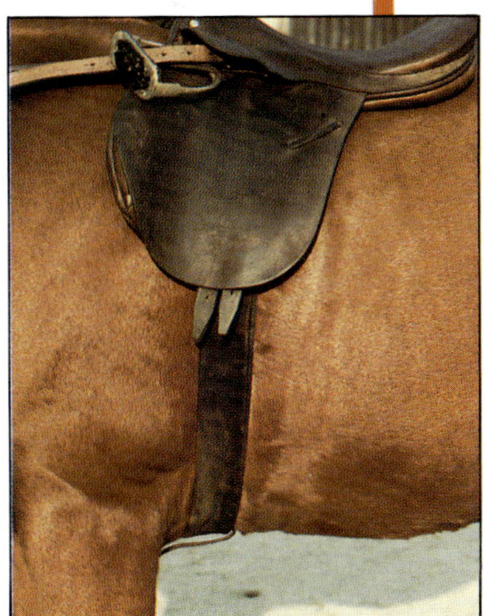

Kandarenzäumung. Das Pferd trägt Kandaren- und Trensengebiß.

Trensenzäumung mit Englischem Reithalfter.

Welche Zäumung ist am besten?

Es gibt verschiedene Zäumungsarten: Trensenzäumung, Kandarenzäumung und gebißlose Zäumungen. Am verbreitetsten ist die Trense; die Kandare gehört nur in Kennerhände. Die Zäumung ermöglicht dem Reiter, auf sein Pferd einzuwirken und je nach Art der Zäumung entweder Druck oder eine Hebelwirkung auf einen oder beide Maulwinkel, die Zunge, die Laden, den Nasenrücken und das Genick auszuüben.

Gebisse können aus verschiedenen Materialien hergestellt sein. Edelstahl eignet sich am besten und ist am teuersten. Verchromte Gebisse können abblättern, und Nickel und andere weichere Materialien werden mit der Zeit schartig und verletzen das Maul. Auch Gebisse aus Gummi werden häufig verwendet; sie sind weicher als Metallgebisse. Das verbreitetste Gebiß ist das Trensengebiß, das auch zum Einreiten von Jungpferden benutzt wird. Erst wenn eine feinere oder stärkere Einwirkung nötig ist, ist ein anderes Gebiß angebracht; aber die meisten Pferde lassen sich mit dem einen oder anderen Trensengebiß gut reiten.

Es gibt eine Vielzahl von Trensenformen. Die einfachste besteht aus einem einmal gebrochenen Gebißteil mit lose angebrachten Ringen; dieses Gebiß übt Druck auf die Maulwinkel, die Zunge und die Laden aus. Bei manchen Pferden klemmt sich die empfindliche Haut der Maulwinkel an den Trensenringen ein; dann empfiehlt es sich, ein Olivenkopfgebiß zu benutzen, dessen Trensenringe scharnierartig am Gebiß befestigt sind. Der Gebißteil der Trense kann gebrochen oder ungebrochen sein – die Schärfe der Einwirkung hängt ab vom Material, der Dicke, der Form und der Verarbeitung des Gebisses. Eine relativ dicke Wassertrense wirkt milder als eine dünne Renntrense, und eine Trense mit gedrehter Gebißstange wirkt wesentlich schärfer als beispielsweise eine Gummitrense.

Welche anderen Zäumungen gibt es?

Die Kandarenzäumung läßt eine verfeinerte Einwirkung zu und ist in den höheren Dressurklassen gefordert. Die Kandare sollte nur bei Pferden verwendet werden, die vollständig an den Hilfen stehen, das heißt, die mit einem Trensengebiß gezäumt alle Reiterhilfen sofort und korrekt befolgen. Das obere Gebiß, die Unterlegtrense, ist sehr dünn; das untere, die Kandare, hat die Form eines H, und diese Kombination ermöglicht eine feine Einwirkung durch Druck auf die Zunge, die Laden, den Unterkiefer (über die Kinnkette) und das Genick (durch die Hebelwirkung).

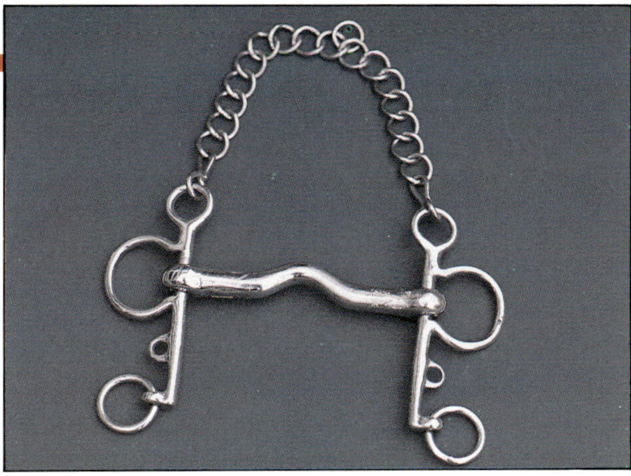

Das Pelham. Es kann mit vier Zügeln ebenso verwendet werden wie mit zwei Zügeln; sie werden in die sogenannten Pelhamriemchen eingeschnallt.

Welche anderen Gebisse gibt es?

Das Pelham hat Ähnlichkeit mit der Kandare und vereint gewissermaßen die Wirkung von Trense und Kandare. Es gibt verschiedene Arten von Pelhams, die unterschiedlich starken Druck auf die Laden und über die Kinnkette auf den Unterkiefer ausüben. Gewöhnlich wird das Pelham mit vier Zügeln verwendet; aber man kann auch die beiden Gebißringe einer Seite mit einem sogenannten Pelhamriemchen verbinden und nur je einen Zügel einschnallen, wodurch die Wirkung des Gebisses allerdings unpräziser wird, weil es auf diese Weise nicht mehr gleichzeitig auf Maulwinkel und Kinnkettengrube einwirken kann. Das Pelham sieht man häufig bei jungen Ponyreitern, die ihre Tiere anders nicht halten können. Das Kimblewick, auch häufig Springkandare genannt, hat eine ähnliche Wirkung und wird oft zu demselben Zweck verwendet. Das Hackamore ist eine gebißlose Zäumung, die Druck auf Nasenbein, Unterkiefer und Genick ausübt. Das Hackamore ist eine sehr scharfe Zäumung, die nur von erfahrenen Reitern auf Problempferden angewandt werden sollte und für den täglichen Gebrauch nicht geeignet ist.

Ist ein Reithalfter nötig?

Ein Reithalfter befindet sich an fast jedem Zaumzeug: Meistens soll es nur das Aussehen des Pferdes verschönern, obwohl sich ein Englisches Reithalfter auch dazu eignet, ein feststehendes Martingal einzuhaken. Außerdem kann man den Nasenriemen des Englischen Reithalfters mit Lammfell überziehen, damit das Pferd den Boden nur sieht, wenn es den Kopf senkt. Das Hannoversche Reithalfter soll das Pferd am Aufsperren des Maules hindern; es ist schmaler als das Englische und wird unterhalb der Gebißringe verschnallt. Das Englische Reithalfter mit Zusatzriemen erfüllt denselben Zweck und kann außerdem zusammen mit einem feststehenden Martingal verwendet werden. Das Mexikanische Kreuzhalfter hat zwei sich auf dem Nasenrücken kreuzende Riemen und wird für denselben Zweck wie das Hannoversche Reithalfter eingesetzt, ist aber wirkungsvoller.

Wozu dient das Martingal?

Das Martingal soll die Kopfbewegungen des Pferdes nach oben hin begrenzen. Ein Vorteil des gleitenden Ringmartingals ist, daß die Zügel immer aus der richtigen Richtung auf das Pferdemaul einwirken, unabhängig davon, wo der Reiter seine Hände hält. Außerdem kann man sich am Halsriemen des Martingals im Notfall gut festhalten. Ein feststehendes Martingal verläuft vom Sattelgurt zum Englischen Reithalfter. Es wird bei Pferden verwendet, die stark mit dem Kopf schlagen, und in vielen Reitschulen sind die Anfängerpferde damit ausgerüstet. Das Irische Martingal besteht aus einem kurzen Lederriemen mit je einem Ring an beiden Enden und soll verhindern, daß die Zügel bei einem Sturz des Reiters über den Kopf des Pferdes gestreift werden. Es wird in der Regel nur bei Rennpferden verwendet.

Feststehendes Martingal. Es besteht aus einem verstellbaren Lederriemen, der am Gurt befestigt zwischen den Vorderbeinen hindurch zum Nasenriemen des Reithalfters führt. Ein Halsriemen hält das Martingal an seinem Platz. Es soll das Kopfschlagen verhindern, das Pferd kontrollierbarer machen, vor allem aber verhindern, daß der Reiter vom Genick des Pferdes im Gesicht getroffen wird.

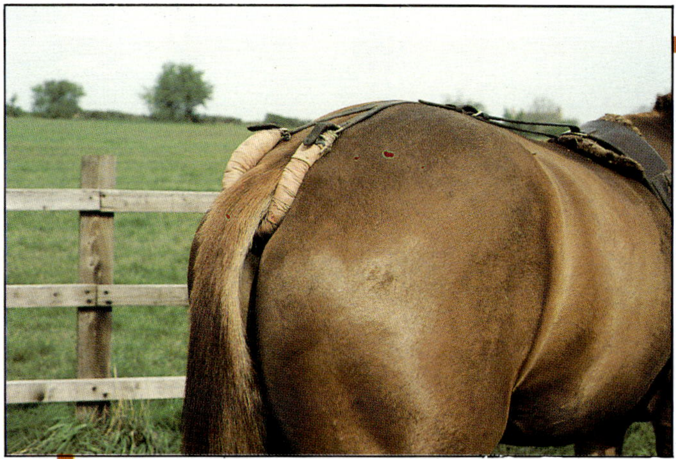

Schweifriemen. Er soll verhindern, daß Sattel oder Longiergurt nach vorn rutschen, und wird vor allem bei kleinen Ponys verwendet.

Der Sattel rutscht – was tun?

Zuerst überprüfen, ob der Sattel gut paßt und ausreichend gepolstert ist. Dies ist besonders wichtig bei Pferden mit wenig Widerrist oder Pferden, die stark abgenommen haben. In beiden Fällen kann eine dicke Sattelunterlage aus Lammfell, Filz oder Schaumgummi dafür sorgen, daß der Sattel nicht länger zur Seite rutscht. Bei sehr dünnen oder schmalbrüstigen Pferden kann der Sattel leicht nach hinten rutschen. Abhilfe schafft ein Vorderzeug, das entweder aus einem Halsriemen besteht, der am Gurt und an den kleinen Ringen des Sattels befestigt ist, oder aus einem breiten Riemen, der vor der Brust des Pferdes verläuft und rechts und links im Gurt festgeschnallt ist. Bei kleinen Ponys rutscht der Sattel oft über den Widerrist nach vorn auf den Hals, vor allem, wenn das Tier den Kopf senkt, um zu grasen. Dagegen hilft ein Schweifriemen, der den Sattel an seinem Platz hält.

Wie entsteht Satteldruck?

Unter Satteldruck versteht man eine Schwellung der Haut, hervorgerufen durch drückende oder scheuernde Teile des Sattels. Zu Satteldruck kommt es hauptsächlich auf dem Widerrist, aber auch entlang der Wirbelsäule. Druckstellen neben der Wirbelsäule können entstehen, wenn der Sattel für ein schmaleres Pferd gedacht und zu eng ist. In jedem Fall muß die Ursache behoben werden. Um das Pferd während des Heilungsprozesses weiter reiten zu können, legt man eine Sattelunterlage oder ein Stück Schaumgummi unter den Sattel, in das an der verletzten Stelle ein Loch geschnitten wurde.

Was tun bei Verletzungen des Mauls?

Zuerst muß überprüft werden, ob das Gebiß breit genug ist – ein Trensengebiß sollte (wenn man es im Pferdemaul geradezieht) auf jeder Seite 0,5 Zentimeter weit überstehen. Auch die Backenstücke des Zaumzeuges müssen die richtige Länge haben, sie dürfen das Gebiß nicht hochziehen. Bei manchen Pferden ist die Haut der Maulwinkel sehr empfindlich, für sie muß ein Gebiß mit besonders milder Wirkung ausgewählt werden; und wenn es doch einmal zu Verletzungen kommen sollte, muß sofort eine Heilsalbe aufgetragen werden. Verletzungen der Maulwinkel heilen nur schwer und brechen immer wieder auf, wenn sie nicht behandelt werden. Von den Gebißringen verursachte Druckstellen können durch auf das Gebiß gezogene Gummischeiben vermieden werden.

Wenn ein Pferd auf dem Zügel liegt oder das Gebiß nicht annimmt, sind Zahnprobleme eine häufige Ursache dafür. Zu Verletzungen kommt es, wenn die Schleimhaut im Innern des Mauls durch starken Zug am Zügel gegen die scharfkantigen Backenzähne gequetscht wird. Außerdem hat ein Pferd Schmerzen im Maul, wenn ein zu scharfes Gebiß verwendet wird – dabei muß betont werden, daß Pferde, denen das Gebiß Schmerzen bereitet, nur noch stärker pullen; ein Pferd, das pullt, sollte also eher mit einem milderen Gebiß geritten werden als mit einem schärferen.

Welche weiteren Ausrüstungsgegenstände sind ratsam?

Decken werden gebraucht, um geschorene Pferde warm zu halten. Bei Bedarf kann unter der Pferdedecke noch eine Wolldecke aufgelegt werden. Ein gepolsterter Deckengurt aus Leder oder Stoff hält die Decken an ihrem Platz; er ist der einfachen, ungepolsterten Ausführung vorzuziehen, weil er den Widerrist vor Druckschäden schützt. Wasserdichte Neuseelanddecken dienen Weidepferden als Witterungsschutz, und zum Abkühlen nach der Arbeit können leichte Abschwitzdecken oder Tücher aufgelegt werden.

Auf einem Transport sollten Pferde spezielle Gamaschen tragen. Es gibt aber auch viele andere Arten von Beinschützern, die die Pferde vor äußeren Verletzungen, aber auch vor den Folgen ihrer eigenen fehlerhaften Bewegungen schützen sollen. Zu ihnen gehören Streichkappen, Knie- und Sprunggelenkschützer, Springglocken und verschiedene Arten von Gamaschen.

Bewegung

Die Bewegung ist ein wichtiger Teil im Leben eines Pferdes, von besonderer Wichtigkeit ist sie für Stallpferde. Dauer und Intensität der Arbeit hängen ab von der Rasse des Pferdes, der geforderten Leistung und den Haltungsbedingungen.

Wieviel Bewegung braucht ein Pferd?

Pferde müssen regelmäßig bewegt werden, damit der Blutkreislauf, vor allem in den Beinen und Hufen, seine volle Leistung erbringen kann. Pferde, die längere Zeit im Stall stehen müssen, leiden häufig unter geschwollenen Beinen, die entstehen, wenn sich Flüssigkeit im Gewebe ansammelt (Ödem). Das Minimum an täglicher Bewegung besteht in 15- bis 20minütigem Führen. Beim Reiten hängt die Dauer der Belastung davon ab, wie fit das Pferd ist. Um es fit zu machen, muß es täglich trainiert werden, wobei die geforderte Leistung allmählich gesteigert wird. Bei einem gut durchtrainierten Pferd muß der gesunde Verstand über die benötigte Leistung entscheiden. Zum Beispiel sollte ein Pferd, das hart gearbeitet hat, nicht am nächsten Tag wieder zwei Stunden lang Leistung erbringen müssen; es genügt, wenn man es zwanzig Minuten lang herumführt, um eventuelle Steifheiten zu beseitigen oder angelaufene Beine wieder abschwellen zu lassen. Um ein Pferd fit zu halten, muß man es täglich etwa zwei Stunden lang führen oder reiten. Regelmäßiges Reiten empfiehlt sich allerdings, um die Haut in der Sattel- und Gurtlage abzuhärten.

Leiden Pferde, wenn sie nicht bewegt werden?

Sowohl der Kreislauf als auch die Verdauung werden durch die Bewegung angeregt. Pferde, die viel im Stall stehen, neigen zu Verstopfung und leichten Kreislaufstörungen (angelaufene Beine). Außerdem langweilen sie sich und können sich Stalluntugenden, wie zum Beispiel Weben, Koppen und Herumwandern in der Box, angewöhnen.

Longieren

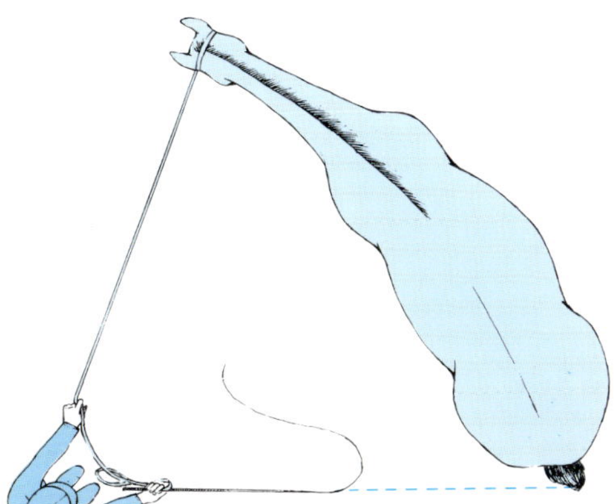

Longenausbildung. Der Ausbilder, der auf Höhe der Pferdeschulter steht, läßt das Pferd den Zirkel allmählich vergrößern; die Peitsche in seiner rechten Hand zeigt auf die Sprunggelenke des Pferdes. Das Ziel ist, das Pferd auf Kommando schrittgehen, traben und anhalten zu lassen.

Normalerweise sind drei Ringe am gepolsterten Nasenteil des **Kappzaums** angebracht. Die Longe wird in den mittleren Ring eingehakt. Nach dem Longieren kann das Pferd noch am langen Zügel ausgebildet werden, wobei der Ausbilder hinter dem Pferd hergeht.

Schadet es Pferden, wenn sie nur hin und wieder geritten werden?

Viele Pferdehalter sind nicht in der Lage, ihre Pferde regelmäßig zu bewegen, und kommen in der Woche kaum zum Reiten, sondern fast nur am Wochenende. Das ist nicht weiter schlimm, vorausgesetzt, sie gehen davon aus, daß ihre Pferde untrainiert sind, und überfordern sie nicht. Allerdings sollten sie sich auch der Probleme bewußt sein, die aus der mangelnden Bewegung entstehen können. Sie treten meistens auf, wenn die Pferde nicht ihrer geringen Arbeitsleistung entsprechend gefüttert werden. Das verbreitetste Problem ist der Kreuzverschlag, auch Lumbago oder Schwarze Harnwinde genannt. Zum Kreuzverschlag kommt es, wenn ein gut trainiertes Pferd einmal nicht arbeiten muß, aber trotzdem seine volle Ration bekommt. Dieses Leiden trat früher vor allem bei Zugpferden auf und ist auch als Feiertagskrankheit bekannt. Zu Muskelerkrankungen kann es natürlich auch kommen, wenn ein untrainiertes Pferd plötzlich überfordert wird. Ein weiteres Problem, das entstehen kann, wenn das Pferd zuviel Futter bekommt und zuviel steht, ist eine Entzündung der Lymphgefäße – eine Kreislaufstörung, bei der ein oder beide Hinterbeine unförmig anschwellen.

Wie konditioniert man ein Pferd?

Um ein Pferd fit zu machen, muß man es regelmäßig trainieren. Ein untrainiertes Weidepferd wird in den ersten zwei Wochen nur leicht – im Schritt – bewegt. Während der nächsten zwei bis drei Wochen kann ruhig getrabt und galoppiert werden, wobei die Länge und Dauer der Anforderungen allmählich gesteigert wird. Es dauert ungefähr sechs Wochen, bis ein Pferd einigermaßen fit ist. Pferde, die für einen Wettkampf in Bestform sein sollen, müssen täglich ausgiebig trainiert werden. Zum Training gehören lange Ausritte, auch im Schritt, und andere Übungen, die die Ausdauer fördern, unterbrochen von Anforderungen an die Geschwindigkeit (Jagdgalopp oder Springen).

Longiergurt. Ein breiter Leder- oder Stoffgurt, an dem die Ausbindezügel befestigt werden. Ein Schweifriemen verhindert, daß der Gurt nach vorn rutscht. Der Longiergurt empfiehlt sich vor allem zum Einlongieren junger Pferde.

Ein Pferd einzufangen kann eine Aufgabe für zwei Personen sein, wenn es sich um ein besonders freiheitsliebendes Tier handelt. Pferde und Ponys, die sich schlecht einfangen lassen, sollten auf der Weide stets ein Halfter tragen.

Kann das Longieren Pferden schaden?

Das Longieren ist eine Möglichkeit, ein Pferd zu bewegen, ohne es zu reiten; es trägt dabei einen Kappzaum und läuft auf einem Zirkel um den Ausbilder herum. Der Longierplatz sollte so groß wie möglich sein und einen griffigen Bodenbelag haben. Um ein Pferd korrekt zu longieren, bedarf es einiger Erfahrung – das Laufen an der Longe kann für das Pferd sehr anstrengend sein, und die Dauer der Übungen sollte allmählich gesteigert werden. Pferde, die einige Tage lang vergleichsweise wenig gearbeitet haben, sollten anfangs nur kurze Zeit longiert werden. Ein zu kleiner Longierzirkel belastet die Gliedmaßen über Gebühr, und Pferde mit fehlerhaften Beinstellungen können sich selbst verletzen. Von erfahrenen Personen vorgenommen, ist die gründliche Longenausbildung sinnvoll für die Kräftigung der Muskeln und die Gelöstheit des Pferdes. Außerdem kann man sehr übermütige oder schwierige Pferde vor dem Reiten ablongieren, ebenso wie Pferde mit Rückenproblemen.

Warum ist Schwimmen ein gutes Training für Pferde?

Da Pferde recht gut schwimmen können, ist es eine gute Idee, ihnen diese Möglichkeit zu bieten, wenn sie «sauer» geworden sind oder das Interesse an ihrer Arbeit verloren haben. Beim Schwimmen werden besonders die Hinterhand, das Herz und die Lunge beansprucht, und es stellt eine gute Methode dar, lahme oder verletzte Pferde fit zu halten.

Ein spezielles **Schwimmbecken** für Pferde werden sich wohl nur wenige Pferdehalter leisten können, doch im Trainingsprogramm vieler Rennpferde ist Schwimmen ein wichtiger Bestandteil.

Werden auch Pferde reisekrank?

Durch den Aufbau ihres Verdauungssystems können Pferde nicht erbrechen, und wahrscheinlich wird ihnen während eines Transportes nicht übel. Allerdings gibt es viele Pferde, die auf Reisen sehr nervös sind und die unter Umständen sogar ein Beruhigungsmittel benötigen, damit es nicht zu Verletzungen kommt. Auf sehr langen Reisen (vor allem mit dem Flugzeug) tritt bei Pferden manchmal auch Transporttetanie auf. Es kommt zu Muskelzuckungen und Krämpfen, hervorgerufen durch Kalziummangel. Die genauen biochemischen Abläufe, die diese Krankheit auslösen, sind noch nicht näher erforscht.

Muß unterwegs gefüttert oder getränkt werden?

Bei kurzen Fahrten ist beides unnötig. Allerdings lenkt ein gut gefülltes Heunetz das Pferd ab und wirkt beruhigend. Auf Fahrten, die länger als zwei Stunden dauern, sollte man ab und zu anhalten und dem Pferd Wasser anbieten.

Wie werden Pferde verladen?

Ein verladefrommes Pferd zu besitzen, ist ein großer Vorteil. Verladeübungen, bei denen das Pferd im Transporter gefüttert wird, sind keinesfalls vertane Zeit. Ein an das Verladen gewöhntes Pferd sollte sich problemlos am Halfter in den Transporter oder Anhänger führen lassen. Falls mit Schwierigkeiten zu rechnen ist, sollte das Pferd aufgetrenst werden, denn mit der Trense kann man wesentlich besser einwirken. Am besten nimmt man sich die Zeit, das Pferd zu überreden, mit Leckerbissen zu locken und viel zu loben, bevor man anfängt, in die Trickkiste zu greifen. Hat man keinen Helfer, kann eine Longe, die in den rechten Halfter- oder Trensenring eingeschnallt, um das Hinterteil des Pferdes herumgelegt und mit dem Führzügel in die Hand genommen wird, Wunder wirken. Wenn zwei Helfer da sind, können sie zwei Longen an je einer Seite des Anhängers anbinden und die Enden hinter dem Pferd kreuzen, damit ihm nur der Ausweg nach vorn bleibt. Bei zögernden Pferden hilft es manchmal, die Vorderhufe nacheinander aufzuheben und auf die Verladerampe zu setzen – zusätzlich kann noch jemand von hinten nachtreiben.

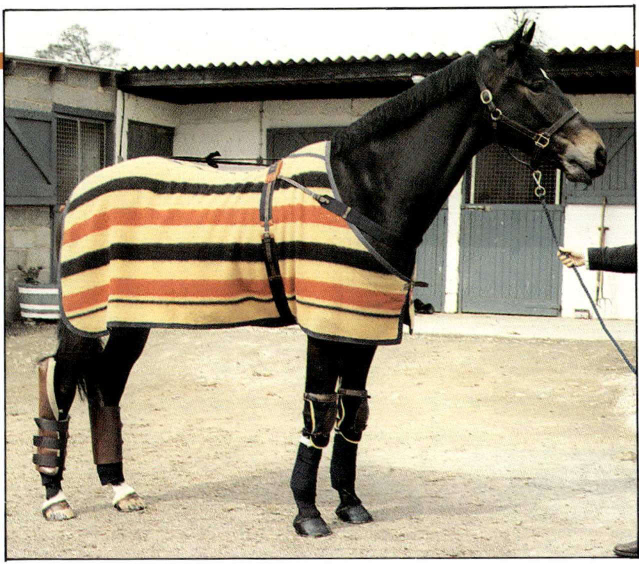

Wenn dies nicht funktioniert, kann man die Hinterbeine des Pferdes auch mit einem stacheligen Besen berühren; die meisten Pferde werden dadurch so überrascht, daß sie mit einem Satz in den Anhänger springen. Wenn auch das nicht klappt, können sich zwei Helfer, die im Umgang mit Pferden erfahren sind, um die Hinterhand des Pferdes an den Händen fassen und versuchen, es die Rampe hinaufzuschieben. Die letzte Möglichkeit ist, dem Pferd mit einem unter den Stirnriemen geklemmten Tuch die Augen zu verbinden, es im Kreis zu führen und dann in den Anhänger. Dabei besteht allerdings die Gefahr, daß das Pferd seitlich von der Verladerampe abrutscht und sich verletzt.

Wie werden Pferde auf dem Transport geschützt?

In Anhängern lehnen sich Pferde oft gegen die Rückwand, um mehr Halt zu haben; dabei kommt es leicht zum Abbrechen der Schweifhaare. Das Anlegen einer Bandage um die Schweifrübe ist also zu empfehlen. Wenn Pferde um ihr Gleichgewicht kämpfen, kommt es vor, daß sie mit einem Huf das gegenüberliegende Bein verletzen. Vor solchen Verletzungen schützen Transportgamaschen oder über weichen Bandagierkissen angelegte Bandagen, die bis über den Fesselkopf reichen. Für längere Reisen empfehlen sich auch Springglocken als Schutz vor Ballen- und Kronentritten. Für sehr unruhige Pferde gibt es auch gepolsterte Kopfschützer. Um die Verletzungsgefahr zu verringern, dürfen Pferde in Transportern oder Anhängern nie angebunden werden, bevor nicht die Trennwände oder Querstangen in Position sind und die hintere Verladeklappe geschlossen wurde.

Das Ausladen auf dem Turnierplatz. Den Transporter an einem ruhigen und möglichst schattigen Platz parken und das Pferd rechtzeitig vor der Prüfung ausladen (**links**).

Stallhalfter (**kleines Foto links**) gibt es in verschiedenen Ausführungen aus Leder und Nylon.

Für den **Transport** ausgerüstetes Pferd (**oben**). Es trägt eine wollene Decke und einen Deckengurt. Die Vorderbeine schützen dicke Wollbandagen und Knieschützer, die Hinterbeine Wollbandagen und extra lange Transportgamaschen.

Ein **«Knieschützer»** am Vorderfußwurzelgelenk. Er besteht aus stabilem, mit Leder verstärktem Filz und wird mit Lederriemen befestigt (**unten rechts**).

Eine **«Yorkshire-Streichkappe»** aus grobem Gewebe, die Streichverletzungen verhindern soll (**unten**).

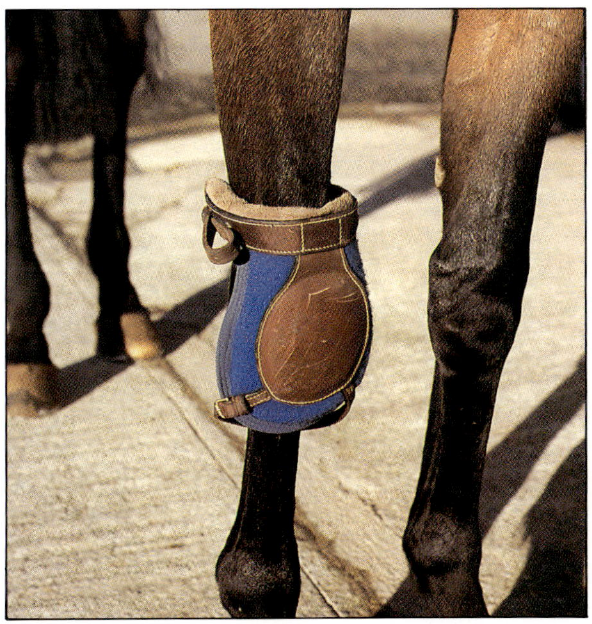

4

Die Gesunderhaltung des Pferdes

Um ein Pferd gesund zu erhalten, müssen zusätzlich zur täglichen Pflege in regelmäßigen Zeitabständen noch andere Maßnahmen ergriffen werden. Dazu gehören das Ausschneiden und Beschlagen der Hufe sowie die Überprüfung der Zähne. Der wichtigste Beitrag zur Gesunderhaltung des Pferdes ist zweifellos die systematische Wurmbekämpfung. Auch für die Krankheitsvorsorge ist der Pferdebesitzer zuständig, und die Tetanus- und Influenzaschutzimpfungen dürfen nie vernachlässigt werden. Es empfiehlt sich, über die durchgeführten Maßnahmen Buch zu führen und auf einem Jahreskalender vorzumerken, wann welche Behandlung fällig ist.

Zeichen guter Gesundheit

Nur wenn man sein Pferd und sein normales Verhalten genau kennt, kann man feststellen, wann es sich nicht wohl fühlt.

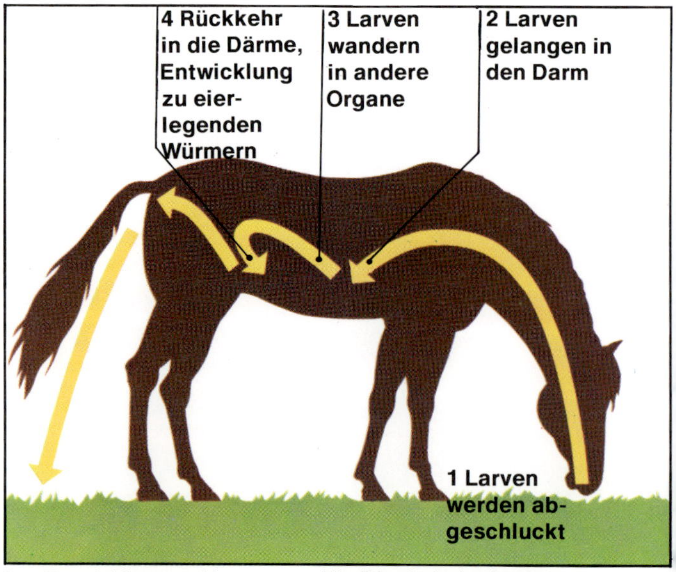

Der Entwicklungszyklus des schädlichsten Pferdeparasiten – des **Blutwurms** (Strongylus vulgaris) (**oben**).

Alle Pferde beherbergen eine gewisse Anzahl von Würmern. Um sie unter Kontrolle zu behalten, müssen Pferde regelmäßig entwurmt werden (**rechts**).

Woran merkt man, daß das Pferd gesund ist?

Ein gesundes Pferd ist munter, aufmerksam und in guter körperlicher Verfassung. Das Fell ist glatt und glänzend (außer bei Weidepferden im Winter), und die Haut ist elastisch und läßt sich leicht auf dem darunterliegenden Gewebe verschieben; übermäßig viele Schuppen werden nicht abgesondert. Die Augen leuchten, und die Bindehäute sowie die Schleimhäute in Maul und Nüstern haben eine rosige Farbe. Normalerweise steht ein Pferd tagsüber; sollte es doch einmal liegen, wird es sich beim Herannahen eines Menschen schnell erheben. Stehende Pferde sollten alle Beine gleichmäßig belasten, obwohl es durchaus vorkommen kann, daß ein Hinterbein entlastet wird, jedoch nie ein Vorderbein. Die Gliedmaßen müssen frei von übermäßiger Wärme oder Schwellungen sein. In der Bewegung sind gleichmäßige Tritte zu beobachten und eine ausgewogene Verteilung des Körpergewichts auf alle vier Beine.

Das Pferd sollte mit Freude fressen und das Futter gut kauen. Ungefähr achtmal am Tag wird Kot abgesetzt; die «Äpfel» sollen weder hart noch weich wie ein Kuhfladen sein, sondern aus feuchten Bällen bestehen, die aufbrechen, wenn sie auf den Boden fallen. Die Farbe des Kotes hängt von der Ernährung ab – bei Weidepferden ist der Kot etwas weicher als bei Stallpferden. Der Urin ist entweder farblos oder hellgelb, etwas dickflüssig und wird mehrmals am Tag abgesetzt. Die Atmung sollte regelmäßig sein; in der Ruhe sind 8 bis 12 Atemzüge in der Minute zu beobachten, am besten, indem man sich seitlich hinter das Pferd stellt und auf das Heben und Senken des Brustkorbes achtet. In der Ruhe sollte das Pferd nicht schwitzen (außer vielleicht an sehr heißen Tagen). Die normale Körpertemperatur liegt zwischen 37,5 und 38,2°C. Der Ruhepuls beträgt 36 bis 42 Schläge in der Minute.

Wann und wie oft sind Wurmkuren notwendig?

Alle Pferde leiden unter Wurmbefall. Sie infizieren sich beim Grasen, wenn sie die aus Wurmeiern ausgeschlüpften Larven aufnehmen. Würmer können im Innern des Pferdes lange Zeit überleben, deshalb müssen alle Pferde regelmäßig entwurmt werden, auch wenn sie im Stall gehalten werden. Während der Weidezeit im Sommer nehmen Pferde mehr Wurmlarven auf und müssen deshalb relativ oft entwurmt werden. Im Winter sind die Wurmkuren nicht ganz so wichtig, weil sich die Tiere nicht ständig neu infizieren. Wurmkuren töten die Würmer nicht nur ab und verhindern körperliche Schäden, sie helfen auch, die Verwurmung des Weidelandes geringer zu halten. Damit eine Wurmkur Sinn hat, müssen sämtliche Pferde einer Koppel gleichzeitig behandelt werden. Alle Pferde müssen mindestens zweimal im Jahr entwurmt werden, auch Stallpferde; Weidepferde entwurmt man am besten alle sechs bis acht Wochen, abhängig vom verwendeten Präparat. Besonders wichtig ist, Fohlen und Jungpferde regelmäßig zu entwurmen, weil sie noch keine Abwehrkräfte gegen Würmer entwickelt haben. Durch Würmer hervorgerufene körperliche Schäden können das Pferd für den Rest seines Lebens beeinträchtigen und behindern auch das Wachstum. Fohlen sollten alle vier bis sechs Wochen entwurmt werden.

Welche Schäden richten Würmer an?

Die ausgewachsenen Würmer leben hauptsächlich in den Därmen des Pferdes. Sie ernähren sich von seiner Nahrung und den Verdauungssäften, nehmen ihm also Nährstoffe weg. Außerdem schädigen sie die Darmschleimhaut, was zu Verdickungen führt, die die Absorption von Nährstoffen erschweren. Bei starkem Wurmbefall führt schon dies zu schlechter Futterverwertung und entsprechend schlechtem Futterzustand.

Die Larvenstadien vieler Würmer und auch ausgewachsene Wurmarten schädigen innere Organe und rufen eine Vielzahl von Problemen hervor. Die vom Standpunkt des Pferdebesitzers aus schwersten Probleme entstehen durch wandernde Larven der Blutwürmer *(Strongylus vulgaris)*. Diese Larven verlassen die Därme und wandern in die großen Blutgefäße, die die Eingeweide versorgen, wo es zu schweren Schädigungen der Gefäßwände kommt. Dadurch kann die Blutzufuhr zu den Därmen verringert oder sogar vollständig unterbrochen werden. Gefäßschäden durch momentanen oder überstandenen Blutwurmbefall bewirken Schmerzen in den mangelhaft durchbluteten Darmabschnitten und sind die Hauptursache für Koliken. Bei der Verwurmung von Fohlen treten solche Beschwerden gelegentlich erst Jahre später auf.

Wandernde Wurmlarven können in großen Blutgefäßen auch Verstopfungen oder Ausbuchtungen der Gefäßwände (Aneurysmen) bewirken. Besonders häufig kommt dies in der Vorderen Gekrösearterie (dem Haupt-Blutgefäß der Eingeweide) vor, was zu schweren Koliken führt. In seltenen Fällen gelangen die Larven auch in andere große Blutgefäße und können dort tödliche Blutungen auslösen.

Woran erkennt man eine Verwurmung des Pferdes?

Anzeichen für Wurmbefall sind schlechter Futterzustand, stumpfes Fell, aufgeblähter Bauch, mangelnde Leistungsfähigkeit, Blutarmut und Koliken. Lungenwürmer verursachen außerdem Husten. Um den Grad der Verwurmung festzustellen und ein Bekämpfungsprogramm aufstellen zu können, kann eine Kotuntersuchung durchgeführt werden. Eine Kotprobe wird vom Tierarzt analysiert und die Zahl der Wurmeier pro Gramm Kot ermittelt. Mit diesem Ergebnis läßt sich die Zahl der ausgewachsenen, eierlegenden Würmer in den Därmen des Pferdes recht gut schätzen. Zu tolerieren sind bis zu 200 Wurmeier in einem Gramm Kot. Kürzlich wurde auch eine Methode der Blutuntersuchung ermittelt, die es ermöglicht, noch unreife Würmer im Körper des Pferdes nachzuweisen; auch diese Untersuchung kann dazu dienen, Würmer als Ursache für den schlechten Zustand des Pferdes auszuschließen oder zu bestätigen, und auch, um zu überprüfen, ob die Wurmbekämpfung erfolgreich ist.

Welche Wurmkur hilft am besten?

Es gibt eine erstaunliche Vielzahl von Wurmmitteln, bei denen stets die Gebrauchsinformationen des Herstellers beachtet werden müssen. Im Grunde kann man die Wurmmittel in die älteren Präparate aufteilen, die billiger sind, nur ausgewachsene Würmer töten und relativ häufig verwendet werden müssen, und die neueren Präparate, die teurer sind, nicht so oft angewendet werden müssen und sowohl ausgewachsene als auch unreife Würmer abtöten. Wurmkuren gibt es als Pulver, das unter das Futter gemischt wird; als Paste, die aus einer Spritze direkt ins Maul gegeben wird, und als Flüssigkeit, die nur vom Tierarzt mit der Nasenschlundsonde verabreicht werden kann. Welche Art man bevorzugt, hängt oft nur von der eigenen Vorliebe ab. Bewiesen ist, daß die Würmer mit der Zeit gegen das verwendete Wurmmittel resistent werden. Deshalb muß der Wirkstoff von Zeit zu Zeit gewechselt werden – es ist sinnlos, Jahr für Jahr dieselbe Wurmkur zu verwenden.

Welche Wurmarten schädigen Pferde?

Pferde leiden unter einer Vielzahl von Wurmarten. Einige von ihnen sind relativ harmlos, und selbst eine große Zahl von ihnen ruft keine Schäden hervor. Andere Arten verursachen schwere körperliche Schäden. Blutwürmer zum Beispiel können für junge Fohlen tödlich sein.

Gibt es noch andere Parasiten, die mit Wurmmitteln bekämpft werden können – Dassellarven zum Beispiel?

Ausgewachsene Dasselfliegen *(Gastrophilus intestinalis)* schlüpfen im Spätsommer, überleben aber nur wenige Tage. In dieser Zeit umschwirren die ausgewachsenen Weibchen die Pferde und werfen im Flug klebrige Eier ab, die im Fell des Pferdes haftenbleiben. Die Angriffe der Insekten beunruhigen die meisten Pferde sehr stark. Die Eier werden in schneller Folge abgelegt, meist an der unteren Hälfte der Vorderbeine, aber auch oberhalb der Vorderfußwurzelgelenke und gelegentlich auch rund um das Maul. Aus den am Maul abgelegten Eiern schlüpfen Larven, die ins Maul eindringen; gleichzeitig schlüpfen Larven aus den Eiern, die das Pferd von seinen Beinen abgeleckt hat und die sich nun gleichfalls im Maul befinden. Von dort aus bohren sich die Larven in die Schleimhäute und wandern in den Magen. Dort saugen sie sich an den Magenwänden fest und ernähren sich vom Mageninhalt. Die Parasiten bleiben zehn bis zwölf Monate im Magen und werden dann mit dem Kot ausgeschieden, verpuppen sich und werden zu ausgewachsenen Dasselfliegen. Über das Ausmaß der durch Dassellarven verursachten Schäden sind sich die Experten nicht einig – bei manchen Pferden wurden unzählige Larven im Magen gefunden, ohne daß Schäden festzustellen waren. Sicher ist jedoch, daß die Larven Geschwüre an der Magenschleimhaut verursachen und daß bei einem starken Befall die Produktion von Verdauungssäften sowie die Verdauung gestört sind. Ob ein

Scheuern. Zur Linderung von Juckreiz scheuern Pferde sich an Zäunen, Torpfosten oder wie auf dem Bild ganz links an einem Lichtmast.

Die Folge des Scheuerns (**links**). Die Ursache des Juckreizes muß ermittelt und entsprechend behandelt werden.

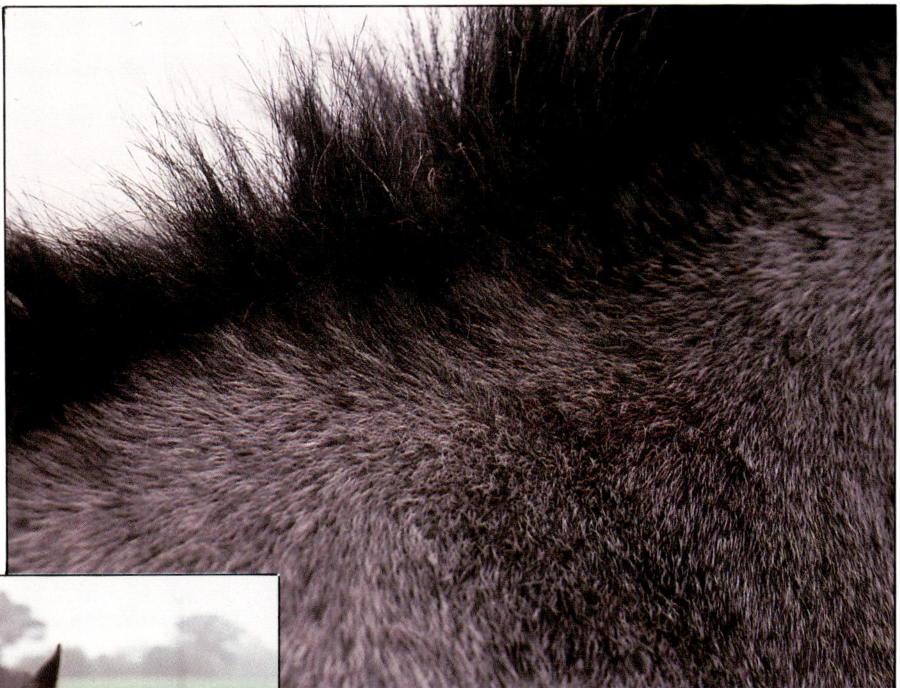

Sommerekzem. Die allergische Reaktion auf die Bisse bestimmter Mücken führt zu starken Hautreizungen, die immer schlimmer werden und hauptsächlich Mähne (**oben**) und Schweifrübe (**rechts**) betreffen. Dieses Leiden kann man verhindern, indem man empfindliche Tiere abends, während der Hauptflugzeit der Mücken, in den Stall holt.

Läuse kommen bei Pferden und Ponys im Winter und Frühjahr relativ häufig vor (**links**). Sie verursachen Juckreiz, und durch das ständige Scheuern kommt es zu Haarausfall.

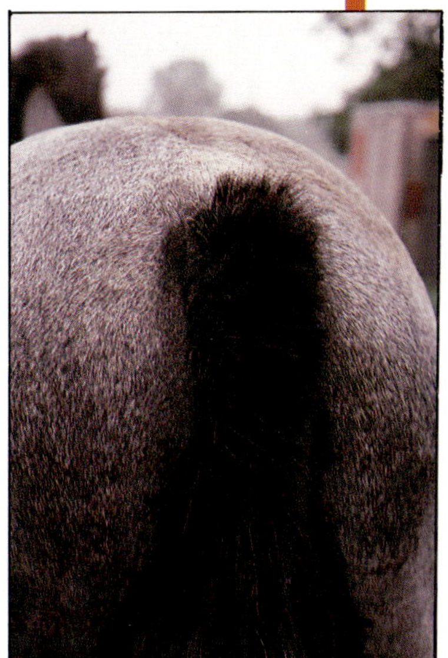

Pferd Dassellarven im Magen hat oder nicht, kann man von außen nicht sehen, und nicht alle Wurmkuren wirken auch gegen diese Parasiten. Es empfiehlt sich also, mindestens zweimal im Jahr ein Präparat zu wählen, das auch gegen Dassellarven wirkt. Nach der Wurmkur kann man die Larven, die etwa einen Zentimeter lang und rötlichbraun sind, im Kot finden. Um dem Befall vorzubeugen, ist es notwendig, die gelblichen Eier an den Pferdebeinen durch kräftiges Bürsten mit einer harten Wurzelbürste zu entfernen. Wenn die Eier dicht an dicht sitzen, kann es nötig sein, die Beine zu scheren. Wenn täglich neue Eier angeheftet werden, kann man die Beine auch einmal wöchentlich mit einer zweiprozentigen Karbollösung abwaschen, wodurch die Eier abgetötet werden.

Vorbeugende Maßnahmen

Infektionskrankheiten verbreiten sich unter Pferden sehr leicht, und viele dieser Krankheiten sind äußerst gefährlich. Ein ausreichender Impfschutz ist unerläßlich.

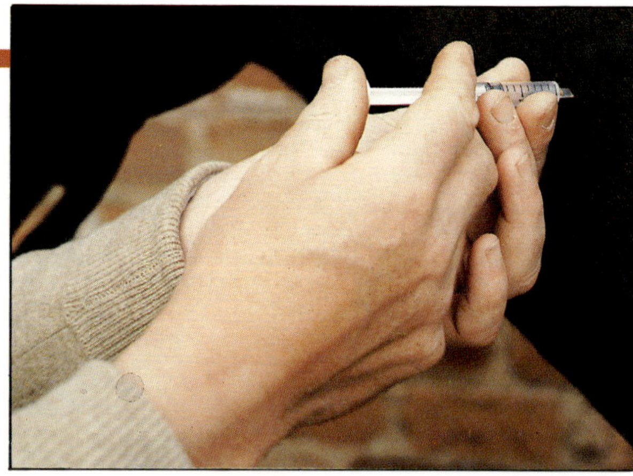

Ist die Influenza-Impfung notwendig, und wenn ja, wann muß sie durchgeführt werden?

Die Pferde-Influenza ist eine hochgradig ansteckende Krankheit, die die Gesundheit des Pferdes nicht nur kurzfristig stark beeinträchtigt, sondern auch bleibende Schäden an Lunge, Herz und Nerven verursachen kann. Die Krankheit tritt epidemieartig auf und verbreitet sich durch Tröpfcheninfektion. Wie bei der Grippe des Menschen gibt es verschiedene Erreger, und die auf die Erkrankung oder Impfung folgende Immunität ist nicht hundertprozentig. Aber in jedem Fall bietet die Impfung einen sehr guten Schutz; und die wenigen geimpften Tiere, die wirklich erkranken, überwinden die Influenza wesentlich schneller. Die erste Influenza-Schutzimpfung können Fohlen im Alter von drei Monaten erhalten. Zur Grundimmunisierung sind zwei Injektionen im Abstand von vier bis sechs Wochen nötig, gefolgt von einer dritten sechs Monate später. Die Wiederholungsimpfungen sind einmal jährlich fällig. Sinnvoll ist, eine zusätzliche Wiederholungsimpfung vornehmen zu lassen, wenn es in der näheren Umgebung zu einem Ausbruch der Krankheit gekommen ist.
Um den Ausbruch von Influenza-Epidemien weitestgehend zu verhindern, lassen viele Veranstalter nur geimpfte Pferde an Wettkämpfen teilnehmen. Wichtig ist, daß der Impfpaß des Pferdes korrekt ausgefüllt ist, daß die Impfungen zum richtigen Zeitpunkt wiederholt wurden, und daß der Impfpaß eine eindeutige Beschreibung des Pferdes enthält.

Müssen Pferde gegen Tetanus geimpft werden?

Pferde mit offenen Wunden können durch die Injektion von Tetanusantitoxin vor dem Wundstarrkrampf geschützt werden; die Wirkung der Injektion hält allerdings nur drei Wochen an. Um das Pferd wirksam vor einer Tetanusinfektion zu schützen und den Aufwand und die Kosten einer Injektion zu sparen, die bei jeder kleinen Verletzung fällig ist, wird dringend empfohlen, alle Ponys und Pferde mit Tetanustoxoid dauerhaft zu immunisieren. Vor dem dritten Lebensmonat können Fohlen noch nicht geimpft werden; mit drei Monaten erhalten sie zwei Injektionen im Abstand von vier bis sechs Wochen, gefolgt von einmal jährlich vorgenommenen Wiederholungsimpfungen.

Welche Infektionskrankheiten drohen Pferden außerhalb ihres eigenen Stalles – zum Beispiel auf einem Turnier?

In der Regel ziehen sich Pferde bei Veranstaltungen hauptsächlich Infektionen der Atemwege zu. Es gibt verschiedene Viren, die Husten und grippeähnliche Symptome hervorrufen. Die häufigste Erkrankung ist die Equine Rhinopneumonitis (hervorgerufen durch den Herpesvirus Typ I), bei der ein wäßriger Nasenausfluß, Husten und hohe Temperatur auftreten. Die Krankheit verläuft im allgemeinen relativ harmlos, kann aber immer wieder auftreten, weil es zu keiner Immunität kommt. Gegen diese Erkrankung gibt es eine Schutzimpfung. Die Equine Influenza oder Pferdegrippe ist gefährlicher, weil sie oft schwerwiegende Nachwirkungen hat. Aber auch andere Viren (Adenoviren und Reoviren) sowie bakterielle Infektionen (zum Beispiel Druse und andere Streptokokkeninfektionen) können durch den Kontakt mit fremden Pferden übertragen werden und führen zu Erkrankungen der Atemwege.

Die Verhütung von Krankheiten wie Tetanus und Influenza durch **Impfungen** ist für alle Pferde unbedingt zu empfehlen (**links**). Um eine sichere Immunität zu gewährleisten, müssen regelmäßig Wiederholungsimpfungen durchgeführt werden.

Gurtdruck entsteht durch das Scheuern des Sattelgurtes, durch das es zu Verletzungen und Infektionen kommt (**rechts**). Sie werden verhindert, wenn man getrockneten Schmutz und Schweiß regelmäßig aus dem Fell bürstet und den Gurt sauber hält. Für Pferde mit empfindlicher Haut empfiehlt sich ein Gurtschoner aus weichem Material.

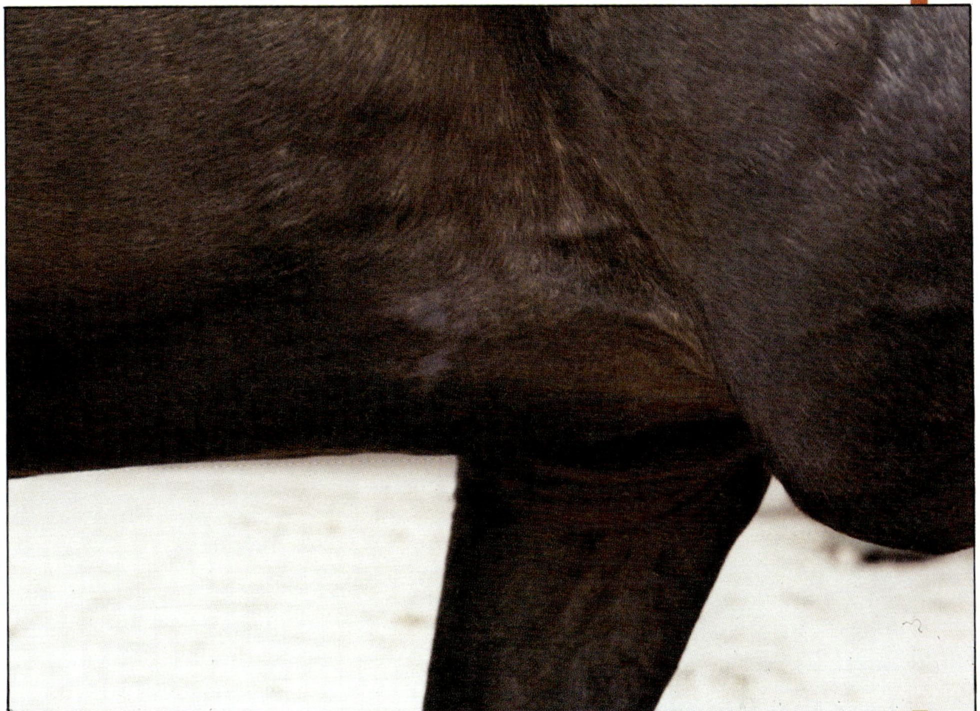

Gibt es Hauterkrankungen, denen man vorbeugen kann?

Pferde können unter verschiedenen Hauterkrankungen leiden, von denen einige verhütet werden können, wozu besonders Sattel- und Gurtdrücke zählen. Hautpilzerkrankungen kommen bei Pferden relativ häufig vor und werden durch infiziertes Putz- oder Sattelzeug, gelegentlich auch durch den Kontakt mit befallenen Rindern übertragen. Die ersten kahlen Stellen erscheinen gewöhnlich in der Sattel- oder Geschirrlage. Die Erkrankung ist sehr ansteckend. Sattel- und Putzzeug eines befallenen Pferdes müssen von anderen Ausrüstungsgegenständen getrennt aufbewahrt und mit einem starken, fungizid wirkenden Desinfektionsmittel gereinigt werden. (Den Tierarzt nach einem geeigneten Mittel fragen, denn viele Desinfektionsmittel wirken nicht gegen Pilze.) Durch das Putzzeug können auch Läuse und Räudemilben übertragen werden. Es empfiehlt sich daher nicht, einen Satz Putzzeug für mehrere Pferde zu benutzen. Um Fesselekzeme und durch Regen verursachte Hautentzündungen zu vermeiden, sollte der getrocknete Schlamm auf dem Fell von Weidepferden im Winter regelmäßig abgebürstet werden. Mauke verhindert man, indem man die Fesselbeugen bei kaltem, regnerischem Wetter nicht naß macht (wäscht).

Welche Hautprobleme werden von Insekten verursacht?

Pferde leiden unter vielen von Insekten verursachten Hautproblemen. Das Sommerekzem zum Beispiel wird durch die Stiche bestimmter Mücken ausgelöst, die im Sommer hauptsächlich in der Abenddämmerung aktiv sind. Dieses Problem ist eine große Belastung für den Pferdehalter, der unbedingt dafür sorgen muß, daß das Pferd den Insekten nicht ausgesetzt ist. Dazu wird es zwischen vier Uhr nachmittags und Mitternacht in den Stall geholt, darf nicht auf feuchten Wiesen grasen, muß mit Insektenschutzmittel eingerieben und auch im Stall vor Insekten geschützt werden (Fliegenfänger, Vapona-Strips oder elektrische Insektenvernichter). Eine andere allergische Reaktion gegen Insektenstiche ist der Quaddelausschlag (Urtikaria), der auch durch zeitweilige Stallhaltung und Verwendung von Insektenschutzmitteln verhindert werden kann. Bei Pferden, die gemeinsam mit Rindern grasen, kommt es vor, daß Hautdasselfliegen ihre Eier auf ihnen ablegen und die sich daraus entwickelnden Larven sich in die Haut bohren, den Körper durchwandern und im darauffolgenden Jahr auf dem Rücken wieder hervorkommen. Die Hautdassel- oder Biesfliegen befallen für sich allein lebende Pferde gewöhnlich nicht; es empfiehlt sich also, Pferde und Rinder auf getrennte Weiden zu schicken. Bei Pferden unter zwei Jahren kommt es häufig zu Warzenbildung. Sie werden durch ein Virus verursacht und heilen gewöhnlich von selbst ab. Es ist jedoch ratsam, befallene Pferde möglichst wenig anzufassen.

Zähne und Zahnpflege

Die Zähne des Pferdes werden häufig vernachlässigt, obwohl sie Verdauungsbeschwerden und große Schmerzen verursachen können.

Müssen die Zähne des Pferdes regelmäßig untersucht werden?

Um sein Futter verdauen zu können, muß das Pferd es mit den Zähnen zermahlen; dazu sind gesunde Zähne erforderlich. Aber auch viele reiterliche Probleme wie Einseitigkeit, Hartmäuligkeit und manchmal auch Kopfschlagen können durch Zahnschmerzen verursacht werden. Aus diesem Grund ist es ratsam, die Zähne regelmäßig untersuchen zu lassen. Wenn das Pferd nicht unter speziellen Zahnproblemen leidet, reicht es im allgemeinen aus, die Zähne einmal jährlich untersuchen zu lassen, am besten, wenn der Tierarzt sowieso zum Impfen kommt.
Probleme treten hauptsächlich an den Backenzähnen (Molaren und Prämolaren) auf. Sie sollten sich durch die mahlenden Bewegungen beim Kauen gleichmäßig abreiben. Oft passen die Zähne des Ober- und Unterkiefers aber nicht genau aufeinander, und es bilden sich scharfkantige Zahnhaken, die Zunge und Maulschleimhaut verletzen. Manchmal stehen die oberen Backenzähne im Kiefer weiter vorn als die unteren; und da der erste obere Backenzahn kein Gegenüber hat, bildet sich an seiner Vorderkante ein scharfer Haken. Er führt häufig dazu, daß das Pferd einseitig oder hartmäulig wird, weil es Schmerzen hat. Die scharfen Kanten werden vom Tierarzt mit einer Raspel entfernt. Außerdem sorgt das Begradigen der Kaufläche für eine bessere Zerkleinerung des Futters.
Der erste der vorderen Backenzähne des Hauspferdes – der sogenannte Wolfszahn – ist oft sehr klein oder fehlt völlig. Meistens findet man diese Zähne nur im Oberkiefer, und wenn sie vorhanden sind, sind sie so scharfkantig, daß sie die Maulschleimhaut verletzen; gelegentlich liegen sie direkt unter der Zahnfleischoberfläche, die schnell wund wird. In beiden Fällen kann es zu Problemen beim Reiten kommen. Aus diesem Grund werden Wolfszähne meistens unter örtlicher Betäubung vom Tierarzt gezogen.

Warum kommt es bei älteren Pferden leichter zu Zahnproblemen?

Die Zähne sehr junger und sehr alter Pferde müssen häufiger untersucht werden. Die ersten bleibenden Zähne, die bei Jungpferden die Milchzähne ersetzen, sind oft sehr scharfkantig. Bei älteren Pferden ist es besonders wichtig, daß sie ihr Futter gut zerkleinern können. Eine ungleichmäßige Abnutzung der Mahlflächen kommt bei ihnen häufiger vor. Die Zahnstellung kann sich verändert haben, oder es sind Zähne ausgefallen, und die fehlende Reibung durch gegenüberliegende Zähne läßt scharfe Vorsprünge und Kanten entstehen. Eine unebene Kaufläche kann auch dazu führen, daß sich Futterreste in den Zähnen ansammeln und es zu Zahnfäule (Karies) kommt. Bei älteren Pferden sollten die Zähne mindestens zweimal im Jahr überprüft werden.

Die weichen kurzen Milchzähne eines **Jährlings** (**ganz links**).

Bei Jungpferden kommt es häufig zu Zahnproblemen, wenn die Milchbackenzähne durch bleibende Zähne ersetzt werden, was im Alter von zwei bis vier Jahren der Fall ist.

Alte Pferde haben lange, verfärbte Schneidezähne (**links**). Bei ihnen kann es zu Kaubeschwerden kommen, wenn sich die Backenzähne ungleich abnutzen.

Zahnaltersbestimmung

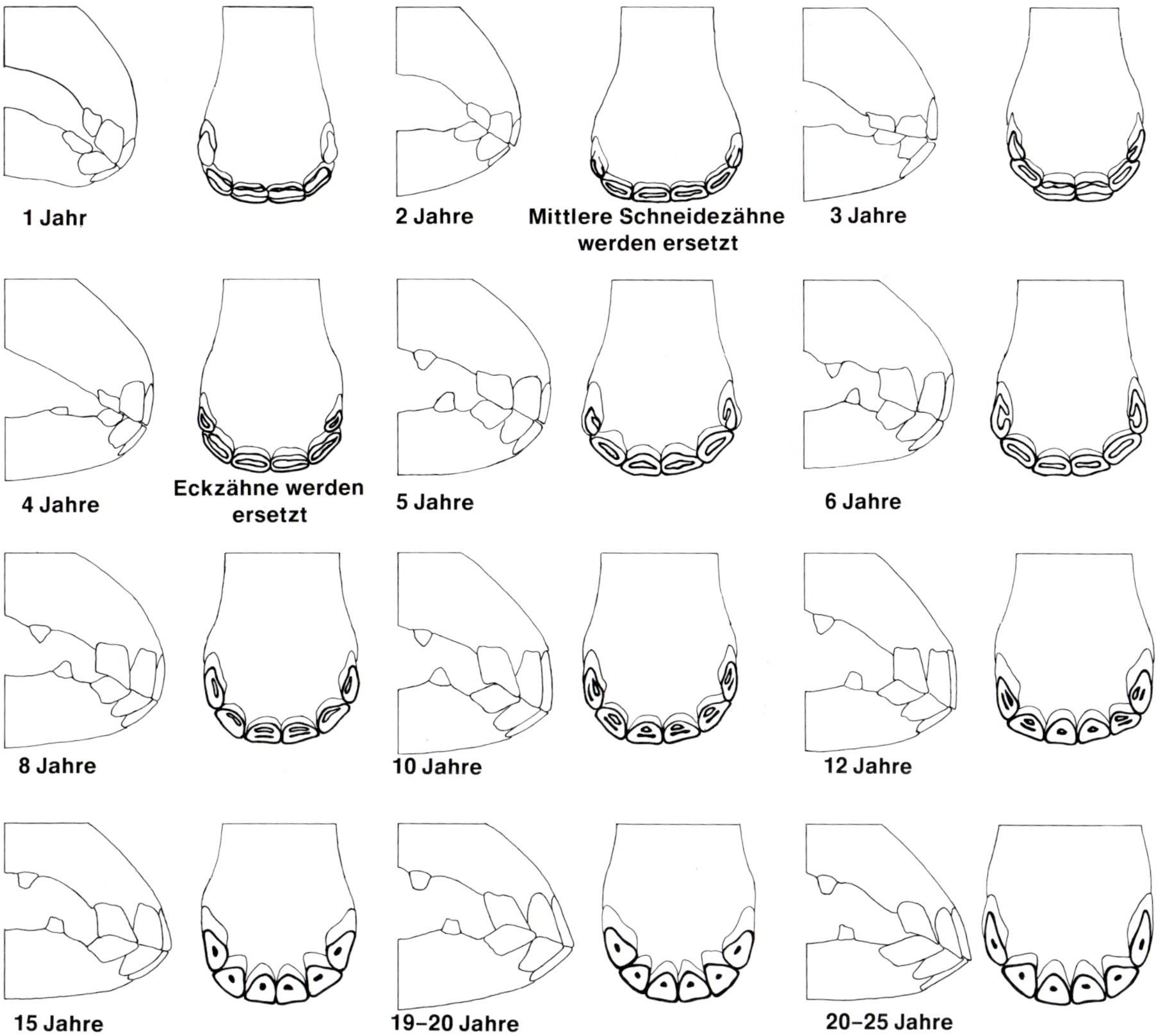

Veränderungen der Zahnstellung, Abnutzung und die Tiefe der Kunden werden zur Altersbestimmung herangezogen. Ein Alter bis zu fünf Jahren läßt sich leicht bestimmen, weil in dieser Zeit die Milchzähne ersetzt werden. Zwischen fünf und acht Jahren ist die Zahnabnutzung ein deutliches Zeichen. Bei Pferden über acht Jahren sind die Abnutzung der Kunden, die Form der Reibefläche sowie die allmählich spitzer werdende Zahnstellung die besten Anhaltspunkte.

Ist es möglich, das Alter eines Pferdes anhand seiner Zähne zu bestimmen?

Durch genaues Betrachten der Schneidezähne kann man das Alter eines Pferdes unter acht Jahren ziemlich genau bestimmen. Bis zu diesem Alter gehen in jedem Jahr deutlich erkennbare Veränderungen an den Zähnen vor. Danach sind die Veränderungen nicht mehr so eindeutig, und man kann das Alter des Pferdes nur noch schätzen. Die Abbildungen zeigen die Kauflächen der Schneidezähne in verschiedenen Altersstufen. Bei der Zahnaltersbestimmung ist es wichtig, bleibende Zähne von Milchzähnen unterscheiden zu können.

Hufpflege und Hufbeschlag

Die Hufe sind einer der empfind lichsten Körperteile des Pferdes sie müssen sowohl bei Stall- als auch bei Weidepferden täglich kontrolliert werden.

Wann muß ein Pferd beschlagen werden?

Das Horn der Hufwand wächst von oben, vom Kronrand, abwärts, und zwar mit einer Geschwindigkeit von etwa zweieinhalb Zentimetern pro Monat; eine völlige Erneuerung der Hufwand dauert etwa sechs Monate. Bei Weidepferden wird genausoviel Hufhorn abgenutzt, wie nachwächst, und ein Beschlag ist unnötig. Wenn Pferde jedoch auf harten Böden (Asphalt, Beton o.ä.) arbeiten müssen, nutzt sich das Horn schneller ab, als es nachwachsen kann; zudem laufen sich die Hufe oft schief ab. Ein Beschlag ist daher notwendig, um die Hufe vor übermäßiger Abnutzung und das Pferd vor Schmerzen zu bewahren, was für regelmäßig arbeitende Pferde natürlich in noch verstärktem Maße zutrifft. Gelegentlich müssen auch Weidepferde beschlagen werden, vor allem an den Vorderhufen, damit die Hufwand nicht reißt oder ausbricht. Wenn es schon zu Hornspalten gekommen ist, kann der Beschlag ein weiteres Einreißen verhindern und das Herauswachsen des gerissenen Horns ermöglichen.

In welchen Zeitabständen müssen Pferde beschlagen werden?

Die Geschwindigkeit des Hornwachstums ist von Pferd zu Pferd verschieden und hängt auch von der Jahreszeit ab. Nach durchschnittlich vier bis sechs Wochen sollten die Eisen jedoch abgenommen und die Hufe wieder auf ihre normale Größe ausgeschnitten werden. Dann werden entweder neue Eisen aufgeschlagen oder die alten wiederverwendet. Ein neuer Beschlag ist außerdem fällig, wenn ein Eisen abgerissen oder locker geworden ist, wenn die Nieten (umgebogene Nagelspitzen) sich öffnen, das Eisen stark abgelaufen ist oder die Hufe schief wachsen. Wenn die Eisen sehr lange am Huf bleiben, wächst die Hornwand über die Ränder des Hufeisens hinweg, wodurch es im Bereich der Eckstreben leicht zu schmerzhaften Quetschungen kommt.

Wie soll der ideale Huf aussehen?

Die Form der Hufe kann sich stark auf die Bewegungen des Pferdes auswirken. Ungünstige Hufformen, wie zum Beispiel zu lange Zehen und flache Trachten, verursachen eine Überlastung der Beugesehnen und bereiten den Weg für Sehnenzerrungen und Hufrollenerkrankung. Zur guten Hufpflege gehört, die Hufe, ob beschlagen oder nicht, regelmäßig wieder in die richtige Form bringen zu lassen. Die richtige Form hat ein Huf, wenn das Gewicht des Pferdes gleichmäßig auf die ganze Tragfläche verteilt ist. Der Tragrand muß eben sein und parallel zum Kronrand verlaufen; das heißt, beide Hufwände müssen gleich lang sein, und eine vom Röhrbein aus senkrecht verlaufende gedachte Linie soll den von vorn betrachteten Huf genau in der Mitte teilen. Von hinten betrachtet sollen beide Ballen gleich groß sein, und die Unterseite des Strahls muß leichten Bodenkontakt haben. Von der Seite betrachtet müssen Zehe, Wandhöhe und Ballen größenmäßig zueinander passen. Beim gepflegten Huf verläuft die Zehenwand parallel zur Fessel – das ist der Idealzustand. Daß der Huf zum Fesselstand paßt, ist sehr wichtig, denn wenn dies nicht der Fall ist, verändern sich die Bewegungen des Pferdes. Ideal ist, wenn die vordere Hufwand, die Fessel und die Ballen in einem Winkel von 45 bis 50 Grad stehen. Die Hinterhufe sind meistens spitzer gewinkelt; bei ihnen beträgt der Winkel 50 bis 55 Grad. Ob die Hufe eines Pferdes regelmäßig sind, ermittelt man am besten durch Ausmessen.

Ein ausgesprochen schlecht sitzendes **Vordereisen** (**links**). Durch die vorstehende Kante kann es zu Streichverletzungen am gegenüberliegenden Bein kommen.

Strahlfäule. Durch das Stehen im feuchten Mist ist der Strahl faulig und weich geworden (**rechts**). Strahlfäule entsteht besonders leicht, wenn die Hufe nicht regelmäßig gesäubert werden.

Wie werden Pferdehufe ausgeschnitten?

Die Hufe des Pferdes müssen regelmäßig gekürzt werden, bei beschlagenen Pferden ebenso wie bei unbeschlagenen. Bei Weidepferden ist das Ausschneiden notwendig, damit die Hufwand nicht zu lang wird und ausbricht. Außerdem muß eine durch Stellungsfehler verursachte ungleichmäßige Abnutzung des Hufes wieder ausgeglichen werden. Bei Pferden mit zehenweiter Stellung zum Beispiel wird die innere Hufwand stärker abgenutzt, und bei zehenenger Stellung ist die äußere Wand stärker belastet. Wenn die weniger belastete Hufwand nicht gekürzt wird, wird sich der Stellungsfehler im Laufe der Zeit verschlimmern. Dementsprechend muß bei Pferden mit boden- oder zehenweiter Stellung die äußere Hufwand stärker gekürzt werden und bei Pferden mit boden- oder zehenenger Stellung die innere.
Das Ausschneiden dient auch dazu, den Huf wieder zum Fesselstand passend zu machen. Dazu müssen häufig die Trachten gekürzt werden, denn bei Weidepferden nutzen sich oft die Zehen stärker ab. Bei beschlagenen Pferden werden die Hufe bei jedem Umbeschlag (alle vier bis sechs Wochen) ausgeschnitten. Dieses Ausschneiden gehört zu den wichtigsten Aufgaben des Hufschmiedes; denn das Hufhorn wächst an der Zehe schneller als an den Trachten, und die Hufe beschlagener Pferde nutzen sich kaum ab. Der Hufmechanismus sorgt nur an den Trachten für eine gewisse Reibung – es nutzen sich etwa vier Millimeter Horn pro Monat ab. Aus diesem Grund geraten beschlagene Hufe leicht aus der Form, und es kommt zu einer übermäßigen Belastung der Sehnen. Um dies zu verhindern, muß der Huf regelmässig wieder zum Fesselstand passend gemacht werden. Viele Pferdebesitzer wissen nicht, wie viel ein guter Schmied durch regelmäßiges Ausschneiden erreichen kann. Das gilt besonders für Fohlen und Jährlinge, bei denen regelmäßiges Ausschneiden schwere Stellungsfehler beseitigen kann. Die Korrektur von Stellungsfehlern bei älteren Pferden dauert länger, aber auch bei ihnen kann das sinnvolle Ausschneiden der Hufe Probleme wie Flach- oder Bockhufe verringern.

Hornspalten-Behandlung

Hornspalten sind senkrecht verlaufende Risse in der Hornwand. Wenn man verhindern kann, daß das neu gebildete Horn einreißt, wachsen sie allmählich heraus. Ein Spezialbeschlag und das Füllen der Spalten mit Hufkitt verhindern weiteres Einreißen.

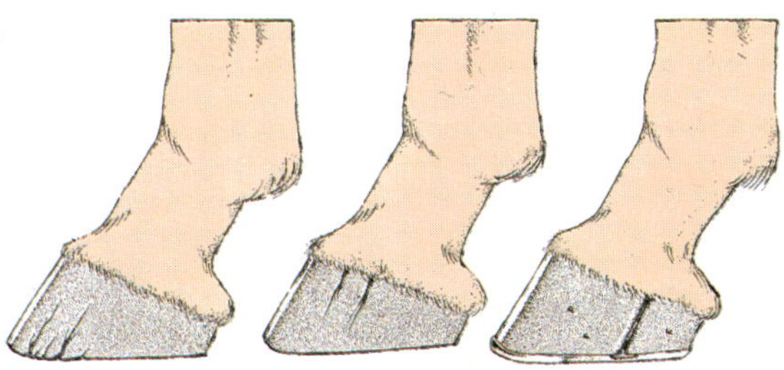

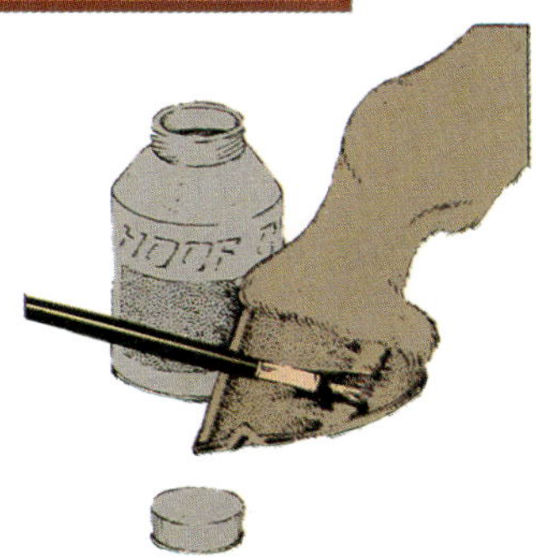

5

Pferdezucht und Aufziehen von Fohlen

Viele Pferdebesitzer wünschen sich ein Fohlen von ihrer Stute. Der Gedanke, ein Fohlen zu züchten, das so gut ist wie seine Mutter oder vielleicht sogar noch besser, ist sehr verlockend. Bevor man sich jedoch entschließt, die Stute decken zu lassen, sollte man sich genau über das Paarungsverhalten, den Ablauf der Geburt und die normale Entwicklung eines Fohlens informieren. Die beste Möglichkeit, Erfahrungen zu sammeln, ist, die Stute unter fachmännischer Aufsicht decken und abfohlen zu lassen. Hat man erst einmal eine tragende Stute und ihr Fohlen unter Anleitung versorgt, fällt es einem in den darauf folgenden Trächtigkeiten leichter, seiner Verantwortung auch allein gerecht zu werden.

Züchten – Ja oder Nein?

Von einer geliebten Stute ein eigenes Fohlen zu ziehen, ist sehr verlockend; aber dabei muß vieles beachtet werden.

Wann soll die Stute gedeckt werden?

Die Paarungsbereitschaft der Stuten hängt von der Jahreszeit ab. Das Sonnenlicht der länger werdenden Tage im Frühjahr regt Rezeptoren im Gehirn an, die wiederum die Hormonproduktion verstärken. Diese Hormone lassen die Stute paarungsbereit oder «rossig» werden. Stuten werden vom Frühjahr bis zum Herbst in regelmäßigen Zeitabständen rossig. Die Rosse kann aber auch künstlich hervorgerufen werden, zum Beispiel durch Solarien im Stall. In der Vollblutzucht wird auf diese Weise die Paarungszeit vorverlegt, weil Vollblüter moglichst am 1. Januar geboren werden sollen – dem offiziellen Geburtstag aller Rennpferde.
Die günstigste Zeit für die Geburt eines Pferdes liegt zwischen Mai und Juli, wenn genügend Gras für die Stute vorhanden ist.
Da die Trächtigkeit bei Pferden elf Monate dauert, sollte die Stute zwischen Juni und August gedeckt werden, was auch der Paarungszeit wildlebender Pferde entspricht.

Mit der eigenen Stute züchten?

Auch wenn die Fortpflanzung bei Pferden meistens relativ problemlos abläuft, sollte es sich der normale Pferdehalter doch zweimal überlegen, ob er seine Stute decken läßt. Ein Fohlen aufzuziehen bedeutet viel Arbeit und erfordert bestimmte örtliche Gegebenheiten, wie zum Beispiel eine getrennte Unterbringungsmöglichkeit für das entwöhnte Fohlen.
Bei einer reinrassigen Stute könnte das Züchten finanzielle Vorteile bringen. Mit Kreuzungsprodukten weiterzuzüchten, hat aus finanzieller Sicht wenig Sinn, denn die Aufzuchtkosten sind dieselben, aber der Profit ist im allgemeinen geringer.
Manchmal werden Stuten zur Zucht verwendet, die für Reitzwecke untauglich geworden sind. Auf diese Weise können sie zwar ihre Unterhaltskosten selbst verdienen; aber man sollte doch von Fall zu Fall gründlich abwägen, ob die betreffende Stute wirklich zur Zucht geeignet ist.

Soll ich meine Stuten vom eigenen Junghengst decken lassen?

Die wenigsten selbst aufgezogenen Hengste sind als Deckhengste gut genug. Es gibt so viele ausgezeichnete gekörte Hengste, daß es sinnvoller ist, sich für einen von ihnen zu entscheiden. Außerdem ist es nicht einfach, mit einem Junghengst richtig umzugehen; und wenn nicht besondere Gründe vorliegen, sollten diese Tiere besser kastriert werden. Sowohl junge als auch erwachsene Hengste brauchen einen erfahrenen Betreuer, wie man sie hauptsächlich auf Gestüten findet. Für die meisten Amateure ist es zu schwierig, wenn nicht sogar zu gefährlich, einen Hengst zu halten; es kann nur davon abgeraten werden. Hengste, die nur gelegentlich eine Stute decken, sind oft besonders schwierig, was bei vielgefragten Deckhengsten nicht der Fall ist.

Wann ist eine Stute zu jung oder zu alt für die Zucht?

Stuten können noch in hohem Alter zur Zucht verwendet werden und scheinen darunter nicht zu leiden. Das gilt wahrscheinlich für alle Tiere, die regelmäßig Nachwuchs bekommen haben; schwieriger ist es allerdings, wenn eine ältere Stute zum erstenmal trächtig werden soll. Der einzige Grund, der gegen die Bedeckung einer älteren Stute spricht, sind Krankheiten, die sich durch die Belastung der Trächtigkeit verschlimmern könnten, zum Beispiel Lungenschäden, COPD (siehe achtes Kapitel) oder Beinprobleme.
Stuten werden mit achtzehn Monaten geschlechtsreif und können als Zweijährige abfohlen. Allerdings sind sie in diesem Alter noch nicht ausgewachsen, und die Trächtigkeit behindert ihr Wachstum. Deshalb sollten sie erst vierjährig das erste Mal gedeckt werden, obwohl es zum Teil auch üblich ist, dreijährige Stuten decken zu lassen.

Wie oft wird eine Stute rossig?

Während der Paarungszeit von März bis Oktober werden Stuten in regelmäßigen Zeitabständen für vier bis sechs Tage rossig. 14 bis 16 Tage verstreichen von einer Rosse zur nächsten. Der Fortpflanzungszyklus der Stute dauert also rund drei Wochen. Zu Beginn und gegen Ende der Paarungszeit kann es zu Unregelmäßigkeiten kommen. Wenn eine Gebärmutterinfektion vorliegt, kann die Rosse

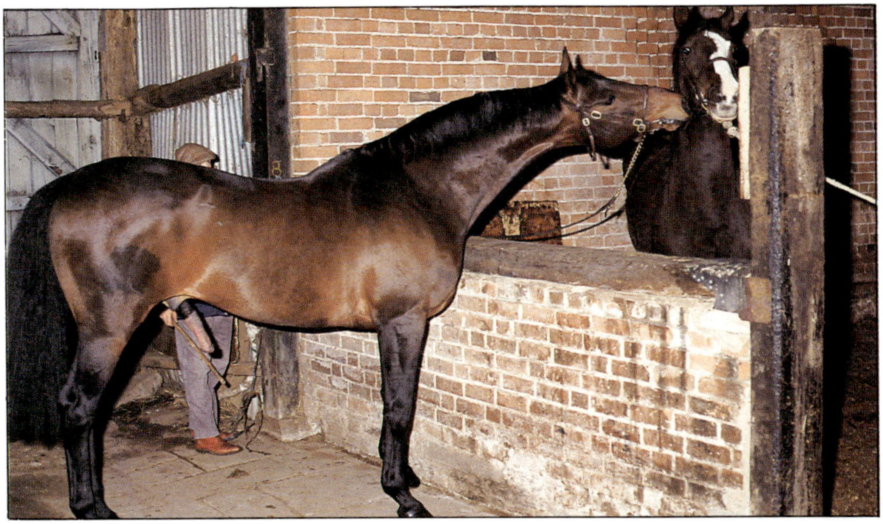

Probierhengst. Auf Gestüten ist es üblich, mit Hilfe eines weniger wertvollen Hengstes erst einmal zu «probieren», ob die Stute paarungsbereit ist. Sollte sie es nicht sein und den Hengst durch Ausschlagen verletzen, entsteht dem Gestüt ein geringerer finanzieller Schaden, als wenn der Stute gleich der wertvolle Deckhengst zugeführt würde.

Deckakt. Wenn die Stute paarungsbereit ist, werden die Hengste ausgetauscht. Bei der Auswahl eines geeigneten Hengstes müssen Faktoren wie Temperament, Exterieur, Bewegungsablauf, Leistungsfähigkeit und Gesundheit eine wichtige Rolle spielen. Außerdem sollte man sich vorher überlegen, was man von dem Fohlen erwartet – will man ein Sportpferd züchten oder nur ein gutmütiges, vielseitiges Familienpferd?

auch früher auftreten als erwartet. Die sogenannte Fohlenrosse tritt ein, wenn das Fohlen zwischen vier und acht Tagen alt ist. Wenn keine Infektion vorliegt, ist dies der früheste Zeitpunkt zur erneuten Bedeckung.

Wann läßt die Stute sich decken?

Normalerweise sind Stuten während der Rosse paarungsbereit. Manchmal ist es jedoch schwierig festzustellen, ob eine Stute wirklich rossig ist. Auf Gestüten wird häufig mit Hilfe eines Probierhengstes ermittelt, ob die Stute paarungsbereit ist. Wenn dies der Fall ist, bleibt sie stehen, hebt den Schweif, uriniert und «blitzt». Wenn sie nicht paarungsbereit ist, versucht sie wegzulaufen oder schlägt nach dem Probierhengst. Der Eisprung erfolgt normalerweise 24 Stunden vor dem Ende der Rosse. Die Chancen für eine Befruchtung sind am größten, wenn die Stute kurz vor dem Erfolgen des Eisprunges gedeckt wird. Wann der Eisprung voraussichtlich stattfinden wird, kann der Tierarzt durch eine rektale Untersuchung feststellen. Wenn diese Möglichkeit nicht besteht, sollte die Stute so lange jeden zweiten Tag gedeckt werden, wie sie es sich gefallen läßt. Zu Beginn der Fortpflanzungszeit kommt es vor, daß Stuten außergewöhnlich lange rossig sind, ohne daß es zum Eisprung kommt. Besonders häufig ist dies bei Stuten, die noch kein Fohlen hatten. Diese Stuten belegen zu lassen, hat wenig Sinn, ehe sie nicht dem Tierarzt vorgestellt wurden.

Sexuelle Probleme

Wenn Anzeichen sexueller Probleme auftreten, muß die Stute dem Tierarzt vorgestellt werden, vor allem, wenn sie zur Zucht vorgesehen ist.

Die Form der Scheide gibt bei einer trächtigen Stute Aufschluß darüber, ob die Geburt kurz bevorsteht. Bei vielen Stuten schwellen die Schamlippen zwei bis drei Tage vor dem Abfohlen leicht an.

Die Stute scheint nicht rossig zu werden. Was kann man tun?

Es kommt häufig vor, daß Stuten keinerlei Anzeichen einer Rosse zeigen, vor allem, wenn sie im Stall gehalten werden. Das ist nicht weiter beunruhigend, solange die Stute nicht zur Zucht verwendet werden soll. Mittlerweile gibt es Hormonpräparate, die die Rosse hervorrufen oder unterdrücken. Medikamente, die das Eintreten der Rosse verhindern, sind nur sinnvoll, wenn die Stute während dieser Zeit so unruhig ist, daß der Umgang mit ihr gefährlich ist. Stuten, die an Turnieren teilnehmen, dürfen diese Mittel allerdings nicht bekommen, weil sie unter die Dopingbestimmungen fallen. Man darf nicht vergessen, daß natürlich auch eine Trächtigkeit ein Grund für das Ausbleiben der Rosse sein kann. Medikamente, die die Rosse auslösen, führen bei bereits trächtigen Stuten zur Fehlgeburt. Der Tierarzt muß die Stute also eingehend auf Trächtigkeit untersuchen, ehe er solche Medikamente anwendet.

Meine Stute ist dauernd rossig, oder sie versucht, andere Stuten zu decken – was bedeutet das?

Obwohl Wallache gelegentlich auf Stuten aufspringen, ist dies bei Stuten doch ungewöhnlich. Im Frühjahr kommt es häufiger zu verlängerten Rosseperioden; aber wenn diese später im Jahr auftreten, können sie ein Anzeichen für eine Hormonstörung in den Eierstöcken sein. Manche Stuten scheinen auch gar nicht rossig zu werden und beginnen «Hengstmanieren» zu entwickeln; das heißt, sie bespringen andere Stuten und zeigen einen verdickten Halskamm. Diese Symptome können durch einen Tumor am Eierstock ausgelöst werden, weshalb es besser ist, den Tierarzt einzuschalten.

Die Stute wird auch nach dem Decken weiterhin rossig – warum wird sie nicht trächtig?

Die häufigste Ursache ist eine Infektion der Geschlechtsorgane. Normalerweise wird Stuten vor dem Decken eine Tupferprobe entnommen, um sicherzugehen, daß sie keine Infektion haben, die den Hengst und andere von ihm gedeckte Stuten gefährdet. Aber auch gesunde Stuten können sich beim Decken infizieren und müssen daraufhin behandelt werden. Eine weitere mögliche Ursache ist eine ungünstige Form der Scheide – nach innen geneigt, schlaff oder nach der Geburt eines Fohlens verletzt –, durch die Luft und Bakterien eindringen können. Die dadurch entstehende Infektion macht eine Befruchtung unmöglich. Die plastische Chirurgie kann dieses Problem lösen.

Trächtigkeits-Probleme

Ob eine Stute wirklich trächtig ist, kann nur der Tierarzt feststellen. Eine trächtige Stute muß besonders sorgfältig gepflegt und angemessen gefüttert werden.

Woran sieht man, ob die Stute trächtig ist?

Eine deutliche Vergrößerung des Bauchumfanges sieht man bei Stuten meistens erst in den letzten drei Trächtigkeitsmonaten. Bei schmal gebauten Tieren ist die Umfangsvermehrung nicht zu übersehen, was bei breiten, kräftigen Tieren durchaus vorkommen kann. Ein Anschwellen des Gesäuges fällt besonders bei Stuten, die noch kein Fohlen hatten, im letzten Trächtigkeitsmonat auf, während es bei Stuten, die schon mehrmals abgefohlt haben, erst kurz vor der Geburt auftritt.

Wie lange dauert die Trächtigkeit?

Die normale Tragzeit bei Pferden beträgt etwa elf Monate – ungefähr 340 Tage. Hengstfohlen werden oft länger getragen als Stutfohlen. Frühgeburten können bei intensiver Pflege schon ab dem 310. Tag überleben. In seltenen Fällen wird die Tragzeit um drei bis vier Wochen überschritten.

Wie wird eine Trächtigkeitsuntersuchung vorgenommen, und welches ist der günstigste Zeitpunkt dafür?

Genau zu wissen, ob eine Stute tragend ist, ist sehr wichtig, denn sie sollte während der letzten fünf Trächtigkeitsmonate nicht mehr geritten werden. Außerdem brauchen trächtige Stuten, vor allem in den letzten drei Monaten, mehr Futter. Es gibt verschiedene Methoden, um festzustellen, ob eine Stute trächtig ist; allerdings können einige der Tests nur in bestimmten Zeitabschnitten vorgenommen werden. Im Gegensatz zu der Gebärmutter anderer weiblicher Tiere produziert diejenige der Stuten zwischen dem 45. und dem 120. Tag der Trächtigkeit ein bestimmtes Hormon. Die meisten Stutenhalter lassen in diesem Zeitraum eine Blutprobe auf das Vorhandensein dieses Hormons untersuchen. Ab dem 40. Tag kann der Tierarzt auch durch Abtasten der Geschlechtsorgane vom Rektum aus die Trächtigkeit feststellen. Sei einiger Zeit besteht außerdem die Möglichkeit, die Trächtigkeit mit Hilfe einer Ultraschalluntersuchung festzustellen. Auf diese Weise kann schon ab dem 12. Tag nach dem Decken festgestellt werden, ob die Stute trächtig ist; meistens wird die Untersuchung aber ab der dritten Woche vorgenommen.

Eine tragende Stute. Der enorme Bauchumfang ist von vorn betrachtet besonders gut zu sehen. Er deutet auf eine weit fortgeschrittene Trächtigkeit hin, denn gewöhnlich kommt es erst in den letzten drei Trächtigkeitsmonaten zu einer deutlichen Umfangvermehrung.

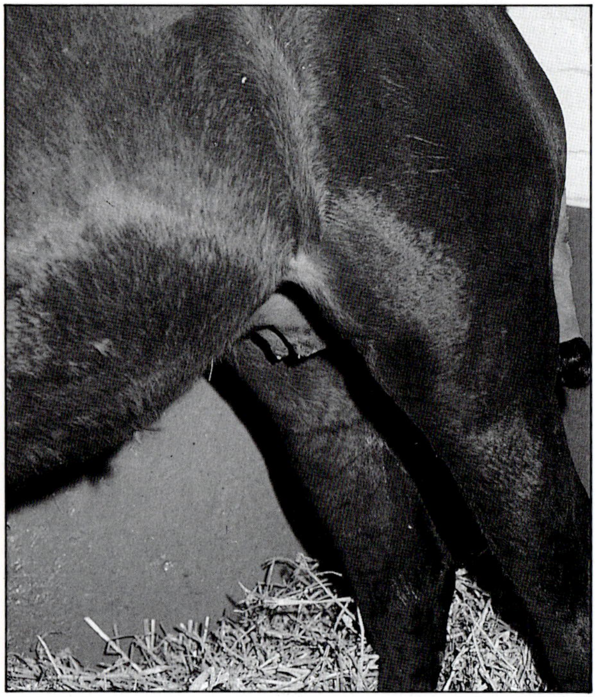

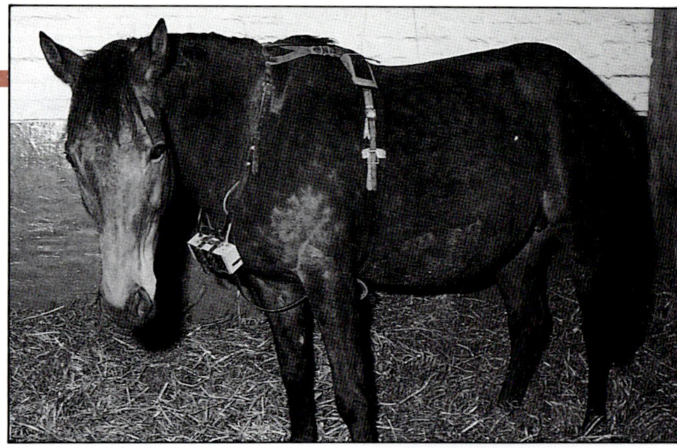

Anzeichen der kurz bevorstehenden **Geburt** (**links**). Das Euter ist angeschwollen, und an den Zitzen hängen dicke, gelbliche Tropfen, die sogenannten «Harztropfen».

Frühwarnsystem für tragende Stuten (**oben**). Das Gerät reagiert auf den Schweißausbruch der Stute beim Einsetzen der Wehen.

Woran erkennt man, daß die Geburt kurz bevorsteht?

Das Anschwellen des Euters ist das verläßlichste Zeichen für eine kurz bevorstehende Geburt. An den Zitzen können dicke, wachsähnliche Tropfen hängen, die sogenannten Harztropfen. Andere Anzeichen treten bei Stuten kaum auf, außerdem scheinen sie das Abfohlen hinauszögern zu können, denn sie fohlen mit Vorliebe nachts, wenn niemand dabei ist. Ein Einsinken der Scheide und seltener auch der Beckenbänder und -muskeln ist ein weiteres, weniger häufig zu beobachtendes Anzeichen für die kurz bevorstehende Geburt.

Braucht die tragende Stute besondere Pflege?

Während der letzten drei Trächtigkeitsmonate entwickelt sich das Fohlen besonders schnell. Deshalb können tragende Stuten während der ersten sechs Monate normal geritten werden, ab dem siebten Monat aber nicht mehr, weil die Gefahr einer Fehlgeburt besteht. Um das Wachstum des Fetus zu unterstützen, braucht die Stute während der letzten drei Trächtigkeitsmonate proteinhaltiges Zusatzfutter. Gelegentlich kommt es sehr früh zu Fehlgeburten, meistens etwa 20 bis 30 Tage nach der Befruchtung, wenn die Stute in dieser Zeit hungern mußte. Sehr früh im Jahr gedeckte Stuten müssen aus diesem Grund schon zu Beginn der Trächtigkeit zusätzlich gefüttert werden. Falls die Stute ein Fohlen hat und wieder tragend ist, sollte das Fohlen abgesetzt werden, wenn die Stute im siebten oder achten Monat trächtig ist, damit sie sich von der Doppelbelastung erholen kann. Tragende Stuten brauchen unbedingt regelmäßige Bewegung, denn die Trächtigkeit kann zu Kreislaufstörungen in den Hinterbeinen führen. Starke Kälte scheint das Wohlbefinden des Fetus nicht zu stören; das heißt, die Stute kann bei jedem Wetter auf die Weide, wenn nötig mit einer wetterfesten Decke.
Gelegentlich zeigen auch tragende Stuten etwa zwischen dem 40. und 60. Tag der Trächtigkeit Anzeichen der Rosse. Das ist ganz normal, und eine rektale Untersuchung oder ein Bluttest kann beweisen, daß sie trotzdem noch trächtig ist. Die Plazenta des Pferdes – ein Organ, das den Körper der Stute mit dem des Fetus verbindet – unterscheidet sich deutlich von der des Menschen und der anderer Haustiere. Die Verbindung zwischen Fetus und Gebärmutterwand, durch die Blut und Nährstoff ausgetauscht werden, ist nicht besonders eng, und jede Verringerung dieser Verbindung reduziert die Menge an Nährstoffen, die dem Fohlen zugute kommen. Das erklärt auch, warum Zwillinge, von denen gewöhnlich jeder eine eigene Plazenta hat, bei der Geburt oft schwach und unterentwickelt, noch häufiger aber nicht lebensfähig sind. Auch eine Infektion der Plazenta, die sogenannte Plazentitis, führt zu einem unterentwickelten Fohlen oder einer Fehlgeburt. Aus diesem Grund muß die Stute sofort dem Tierarzt vorgeführt werden, wenn im Verlaufe der Trächtigkeit Scheidenausfluß auftritt.

Die Geburt

Obwohl es bei Robustpferden und Ponys gewöhnlich nicht zu Komplikationen kommt, ziehen es viele Besitzer doch vor, die Stute unter fachkundiger Aufsicht abfohlen zu lassen. In jedem Fall sollte ein erfahrener Helfer bereitstehen.

Warum sieht man die Geburt eines Fohlens selten?

Bei Pferden verläuft die Geburt meistens völlig problemlos. Sie geht schnell und findet fast immer in der Nacht statt; schon kurze Zeit später sollte das Fohlen auf den Beinen sein. Viele Stuten lassen sich nicht gerne beobachten und fohlen erst ab, wenn niemand zusieht, was bei einer Wache rund um die Uhr natürlich nicht möglich ist.

Braucht die Stute Hilfe?

Normalerweise ist es unnötig, der Stute beim Abfohlen zu helfen. Während der ersten Phase öffnet sich der Muttermund, und die Geburtswege weiten sich. Eine der Eihüllen, die sogenannte Wasserblase, die eine größere Flüssigkeitsmenge enthält, in der der Fetus schwimmt, ist am Scheidenausgang zu sehen. Zu Beginn der Austreibungsphase wird die Wasserblase durch heftige Kontraktionen der Gebärmutter zum Platzen gebracht. Die Wehen bereiten der Stute gewöhnlich einiges Unbehagen; es zeigen sich Unruhe, Herumlaufen in der Box, Scharren und Schweißausbrüche. Einige Stuten fohlen im Stehen, die meisten legen sich aber nieder. Die Geburt geht sehr schnell. In den meisten Fällen werden zuerst die Vorderbeine und dann der Kopf ausgetrieben, der übrige Körper folgt recht schnell; allerdings ruhen sich viele Stuten einen Moment lang aus, bevor sie in einer letzten großen Anstrengung das Becken des Fohlens austreiben.

Die Austreibungsphase dauert zwischen fünf Minuten und einer Stunde, im Durchschnitt etwa zwanzig Minuten. Das hier gezeigte Fohlen kommt ganz normal innerhalb der Eihäute zur Welt, die während der letzten Preßwehen aufreißen.

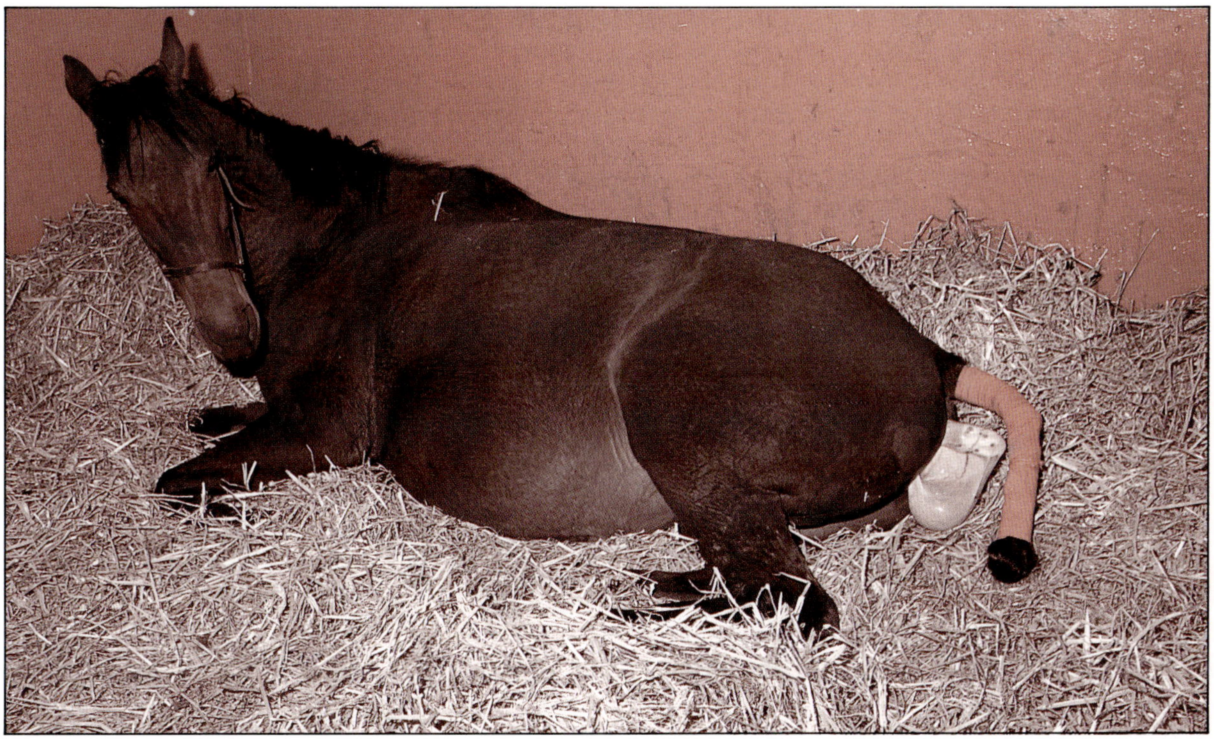

Woran merkt man, daß etwas nicht stimmt?

Festzustellen, ob es zu einer Komplikation gekommen ist, ist nicht ganz einfach; für einen Amateur ist es fast unmöglich. Es empfiehlt sich daher, eine Stute unter fachmännischer Aufsicht auf einem Gestüt abfohlen zu lassen. Trotzdem sollte aber auch der Stutenbesitzer an der Lage der Fohlenhufe erkennen können, ob es sich um eine Vorder- oder Hinterendlage handelt. Wenn die Stute lange Zeit heftig preßt, ohne daß etwas geschieht, kann man vorsichtig eine Hand in die Scheide einführen und zu fühlen versuchen, ob etwas nicht stimmt. Normalerweise sollte der Kopf zu ertasten sein, der etwa in Höhe der Vorderfußwurzelgelenke auf den ausgestreckten Vorderbeinen liegt. Wenn dies nicht der Fall ist, muß sofort der Tierarzt verständigt werden.
Wenn der Kopf des Fohlens nicht gerade ausgestreckt, sondern zurückgebogen ist, kann es nicht ausgetrieben werden. Hinterendlagen kommen bei Pferden selten vor und verursachen im allgemeinen auch keine Probleme. Bei der noch selteneren Steißgeburt erscheinen trotz heftigem Pressen keine Beine am Scheidenausgang, und in den Geburtswegen ist die Schweifrübe zu fühlen. In diesem Fall muß der Tierarzt sofort eingreifen; denn es ist viel Erfahrung nötig, um die Hinterbeine in die günstigste Lage zu bringen. Eine häufige Ursache für Geburtsverzögerungen sind falsch liegende Gliedmaßen. Auch in diesem Fall muß der Tierarzt möglichst schnell benachrichtigt werden – denn das Leben des Fohlens steht auf dem Spiel. Auf jeden Fall muß derjenige, der bei der Geburt zugegen ist, daran denken, daß das Fohlen ersticken kann, wenn die Nüstern nach der Geburt noch mit einem Teil der Eihüllen bedeckt sind. Um dies zu verhindern, müssen sie von Hand entfernt werden.

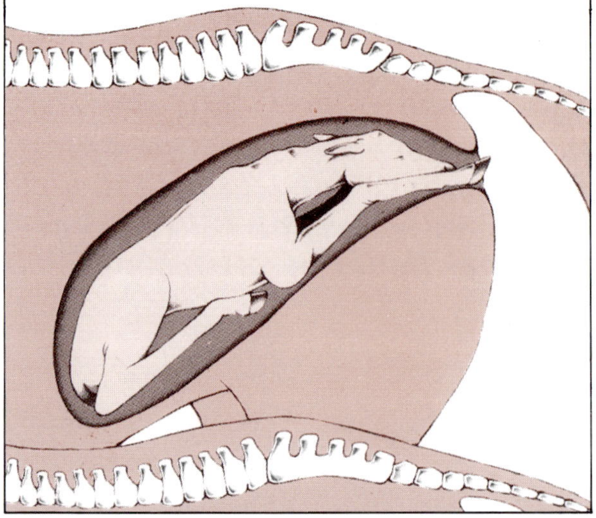

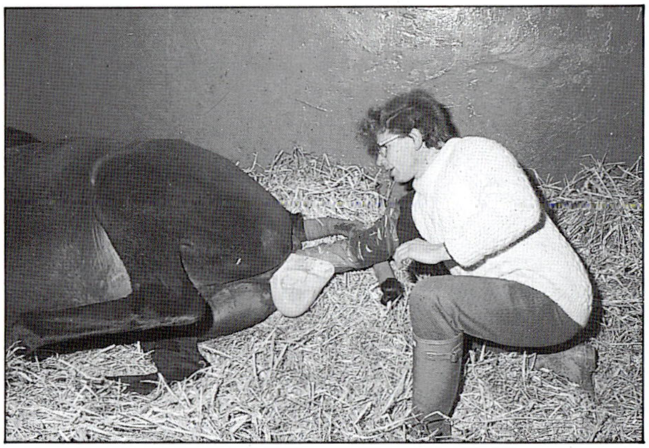

Hier unterstützt die Helferin die Stute durch vorsichtiges Zurechtlegen der Fohlenhufe (**oben**).

Muß die Nabelschnur durchtrennt oder abgebunden werden?

Die Nabelschnur enthält große Blutgefäße, die das Fohlen mit Blut und Nährstoffen versorgen und Abfallprodukte abtransportieren. Nach der Geburt drücken heftige Kontraktionen der Gebärmutter die Plazenta so zusammen, daß das Fohlen zum letztenmal durch die Nabelschnur mit Blut versorgt wird. Normalerweise braucht die Nabelschnur nicht durchtrennt zu werden; man wartet ab, bis sie von selbst reißt, weil Stute oder Fohlen aufstehen. In der dritten Phase der Geburt wird die Nachgeburt ausgetrieben. Wenn sie zu diesem Zeitpunkt immer noch durch die Nabelschnur mit dem Fohlen verbunden ist, kann man sie 2,5 Zentimeter über dem Bauch des Fohlens durchtrennen. Der Stumpf wird abgebunden und mit Jod oder einem Antibiotikum desinfiziert, um eine Infektion zu verhindern.

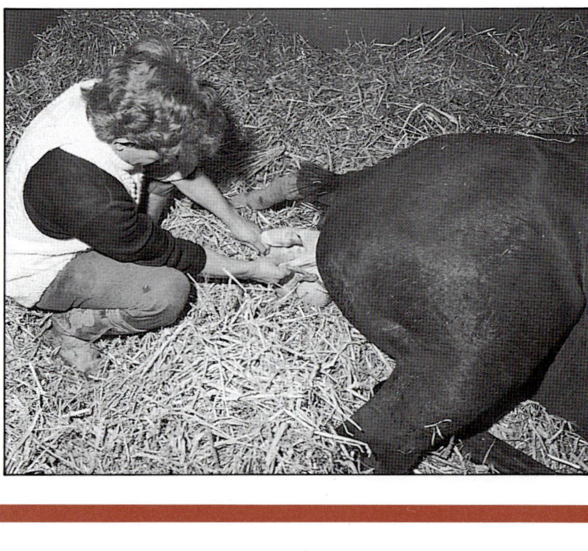

Fohlenaufzucht

Gleich nach der Geburt wird das gesunde Fohlen von seiner Mutter in jeder Hinsicht ausreichend versorgt. Trotzdem muß es von Anfang an an den Umgang mit Menschen gewöhnt werden.

Wie lange dauert es, bis das Fohlen steht und zu saugen beginnt?

Gleich nach der Geburt schütteln die meisten Fohlen den Kopf und beginnen zu zittern, um ihre Körpertemperatur konstant zu halten. Schon bald danach unternehmen sie erste Aufstehversuche. Ein gesundes Fohlen sollte spätestens zwei Stunden nach der Geburt auf den Beinen sein – wenn es das nicht schafft, stimmt etwas nicht. Sobald das Fohlen halbwegs sicher steht, beginnt es das Euter zu suchen und fängt nach einigen vergeblichen Versuchen an zu saugen, was ihm spätestens nach vier Stunden geglückt sein sollte.

Im Gegensatz zu vielen anderen Säugetieren erhalten ungeborene Fohlen von ihren Müttern keine Antikörper, die sie vor Infektionen schützen. Fohlen beziehen ihre Antikörper über die erste Milch, die sogenannte Kolostralmilch, die dickflüssig und gelblich ist. Die beste Wirkung hat diese Milch, wenn das Fohlen jünger als sechs Stunden ist. Danach sorgen Veränderungen in den Därmen für eine schlechtere Aufnahme der Antikörper, und nach 12 bis 18 Stunden sind sie für das Fohlen nutzlos. Es ist daher von besonderer Bedeutung, daß die Fohlen in den ersten sechs bis acht Lebensstunden genügend Kolostralmilch aufnehmen. Wenn sie aus irgendeinem Grund nicht saugen, muß die Stute abgemolken und die Milch entweder mit einer Saugflasche oder vom Tierarzt mit einer Nasenschlundsonde verabreicht werden.

Austreibungsphase. Die von den Eihüllen umgebenen Vorderhufe des Fohlens erscheinen (**links**). Der Pfleger ist dabei, um die Stute zu beruhigen und im Bedarfsfall helfend einzugreifen.

Das Fohlen steht bereits eine halbe Stunde nach der Geburt (**rechts**) und wird von der Stute trockengeleckt. Neugeborene Fohlen sollten spätestens zwei Stunden nach der Geburt auf den Beinen sein und innerhalb der ersten sechs Stunden zum erstenmal gesaugt haben.

Woran merkt man, ob die Stute genug Milch hat?

Fohlen nehmen tagsüber und auch nachts häufig kleine Mengen Milch zu sich und ruhen in der Zwischenzeit. Wieviel Milch ein Fohlen tatsächlich zu sich nimmt, ist schwer zu schätzen, vor allem da die Milchproduktion von Stute zu Stute variiert. Vollblutstuten geben zwischen vier und acht Litern Milch pro Tag. Bei sehr jungen Fohlen ist ein Mangel an Milch selten ein Problem, aber später kann er das Wachstum hemmen; in diesem Fall ist das Fohlen vorzeitig abzusetzen. Bei Stuten, die große Mengen sehr gehaltvoller Milch produzieren, kann es aber auch vorkommen, daß die Fohlen zu fett werden, was unter Umständen sogar die Gliedmaßen schädigt. Auch in diesem Fall muß das Fohlen abgesetzt werden. Die Zusammensetzung der Milch ändert sich, wenn die Stute wieder rossig wird, was beim Fohlen häufig zu Durchfall führt. Verwaiste Fohlen können mit Stutenmilchersatz aufgezogen werden – einem Pulver, dessen Proteingehalt den Bedürfnissen eines Fohlens besser angepaßt ist als der der Kuhmilch, die bei Fohlen häufig zu Durchfall führt.

Das Abfohlen

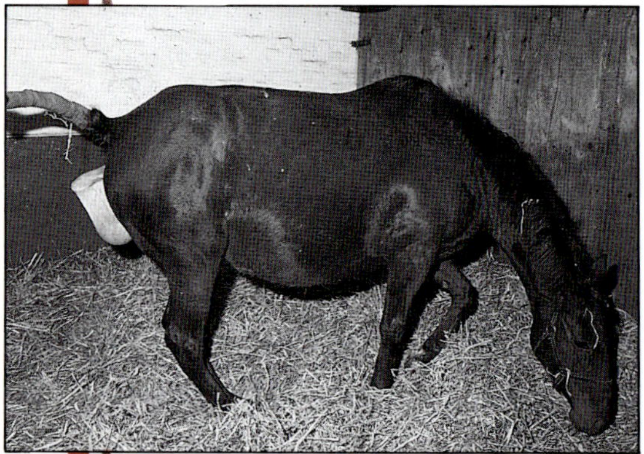

Während der Austreibungsphase wechseln **Stuten** häufig die Stellung (**links**). Ungefähr fünf Prozent der Stuten fohlen im Stehen ab, die anderen gebären auf der Seite liegend.

Bei dieser Stute sind Komplikationen aufgetreten (**rechts**). Deshalb hat der Tierarzt die **Eihüllen** aufgerissen und hilft durch wohldosierten Zug.

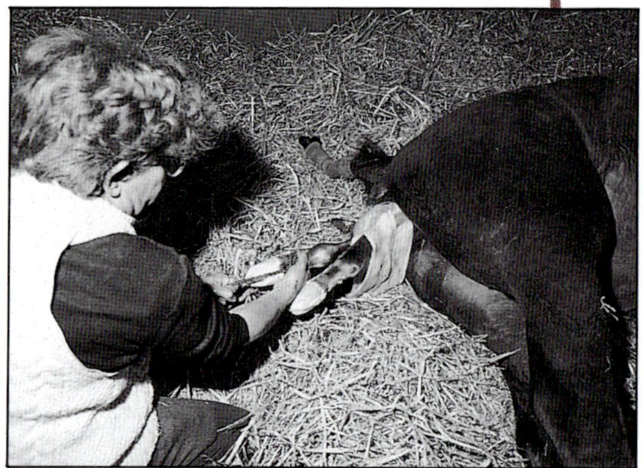

Viele Stuten hören auf zu pressen, sobald die Hüftknochen des Fohlens ausgetrieben sind (**rechts**). In dieser Zeit zieht sich die Gebärmutter zusammen und preßt Blut aus der Plazenta in die Nabelschnur. In diesem Stadium dürfen Stute und Fohlen nicht gestört werden, damit die Nabelschnur nicht vorzeitig abreißt.

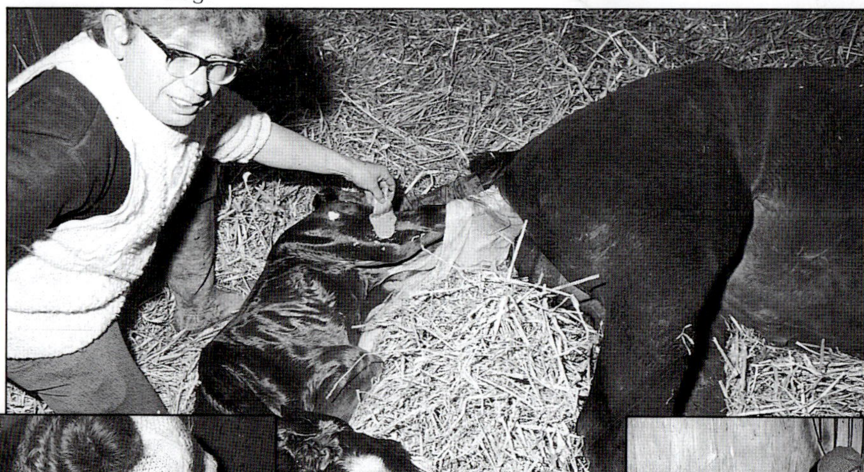

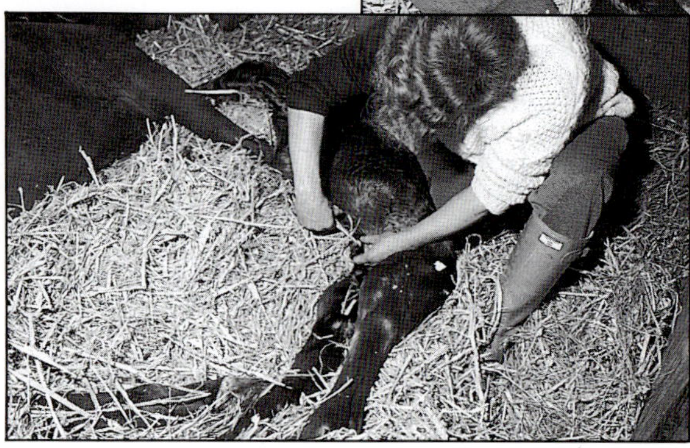

Nabelhygiene (**links**). Sofort nach dem Reißen wird der Nabelstumpf mit antibiotischem Puder bestäubt, damit er trocknet und sich nicht infiziert.
Innerhalb von ein bis zwei Stunden sollte das **neugeborene Fohlen** auf den Beinen sein.

Welche Krankheitsanzeichen können bei Fohlen auftreten?

Wenn man sich einem gesunden, liegenden Fohlen nähert, soll es sofort aufstehen, zu seiner Mutter gehen und saugen. Tut es das nicht, ist es möglicherweise krank. Schläfrigkeit und mangelnder Appetit – zu erkennen am prallen Euter – sind Warnzeichen. In diesem Fall die Körpertemperatur messen. Die normale Körpertemperatur bei einem Fohlen beträgt 38 °C; bei Temperaturen über 38,8 °C hat das Tier Fieber und muß in tierärztliche Behandlung.
Bakterielle Infektionen treten bei Fohlen relativ häufig auf, vor allem, wenn sie keine Kolostralmilch erhalten ha-

ben. Eine Infektion des Nabels kann zu Frühlähme führen und andere Infektionen zu Lungenentzündung oder Blutvergiftung. Bei jeder Form der Infektion ist das Tier teilnahmslos, und bei Entzündungen des Darmes kann auch Durchfall auftreten, dessen Ursache mit über das Maul verabreichten Antibiotika bekämpft wird.

Schon im Mutterleib sammelt sich der erste Kot im Enddarm des Fohlens. Dieser Kot, das sogenannte Darmpech, ist hart und schwarz und wird gewöhnlich in den ersten 12 Stunden nach der Geburt ausgeschieden. Gelegentlich kommt es vor, daß das Fohlen sein Darmpech nicht loswird, was ihm großes Unbehagen bereitet. Ein Klistier kann dieses Problem lösen; wenn es aber schon zu Koliksymptomen gekommen ist, muß der Tierarzt eingreifen.

Mit Tetanus können sich auch sehr junge Fohlen infizieren. Auf vielen Gestüten wird den neugeborenen Fohlen Tetanus-Antitoxin injiziert, um sie vor der Krankheit zu schützen, bis sie im Alter von drei Monaten die erste Impfung erhalten können.

Wann können Fohlen entwöhnt werden?

In der Natur vertreiben Stuten, die wieder trächtig sind, ihre Fohlen gewöhnlich nach neun bis zehn Monaten; wenn sie nicht trächtig sind, saugen die Jungtiere bis zum Alter von 18 Monaten oder zwei Jahren. Nach etwa sechs Monaten Säugezeit verringern sich sowohl Qualität als auch Quantität der Stutenmilch, und es empfiehlt sich, die Fohlen mit sechs bis acht Monaten von ihren Müttern zu trennen.

Hengstfohlen sollten unbedingt entwöhnt und von anderen Stuten getrennt werden, bevor sie ein Jahr alt sind. Zwar werden sie erst mit etwa 18 Monaten geschlechtsreif, aber sie zeigen schon früher ein sexuell geprägtes Verhalten und könnten durch die von ihnen bedrängten Stuten verletzt werden.

Das Absetzen bedeutet eine einschneidende Veränderung in der Verdauung des Fohlens und je allmählicher man es auf feste Futtermittel umstellt, desto besser. Das erste Kraftfutter, das so verabreicht wird, daß die Stute nicht mitfressen kann, erhält das Fohlen im Alter von etwa drei bis vier Monaten; die Menge wird bis zum Absetzen allmählich erhöht. Das Absetzen belastet auch die Psyche des Jungtieres; manche Stalluntugenden haben ihre Ursache in traumatischen Erlebnissen beim Absetzen. Am sinnvollsten ist es, alle Fohlen eines Jahrganges zur gleichen Zeit zu entwöhnen, denn in Gesellschaft Gleichaltriger scheinen die Fohlen weniger zu leiden.

Wann kann man anfangen, das Fohlen halfterführig zu machen?

Wenn ein passendes Halfter zur Verfügung steht, kann das Fohlen schon am Tag seiner Geburt ein wenig umhergeführt werden. Je früher das Fohlen an den Umgang mit Menschen gewöhnt wird, desto besser, denn so kann man sich beim ersten Entwurmen, dem Ausschneiden der Hufe und bei der Kastration eine Menge Ärger ersparen. Beim Anbinden von Fohlen ist jedoch Vorsicht geboten, denn sie geraten leicht in Panik und müssen stets mit einem schnell lösbaren Sicherheitsknoten angebunden werden.

Wann soll mit der Erziehung des Fohlens begonnen werden?

Die Ausbildung eines Fohlens kann sehr früh beginnen; denn je schneller es lernt, sich putzen und die Hufe säubern zu lassen und den Wünschen des Menschen zu folgen, desto besser. Zur Arbeit herangezogen werden dürfen Pferde aber erst, wenn sie nahezu ausgewachsen sind. Die frühreifen Vollblüter werden schon als Jährlinge ausgebildet und laufen als Zweijährige ihre ersten Rennen; aber Reitpferde werden erst mit drei, besser noch mit vier Jahren angeritten.

Gibt es spezielle Probleme, die beim Einreiten auftreten können?

Obwohl die meisten Pferde mit vier Jahren bereits ihre endgültige Größe erreicht haben, sind sie doch erst mit sechs Jahren ausgewachsen. Viele der beim Einreiten entstehenden Probleme werden durch die Unreife des Pferdes und die Belastung der noch nicht voll entwickelten Knochen verursacht. Vor allem Vollblüter leiden unter «Schienbeinen» oder Entzündungen der Vorderfußwurzelgelenke. Bei Reitpferden kommt es häufiger zu Überbeinen an den Röhrbeinen und manchmal auch zu Hasenhacken an der Rückseite des Sprunggelenkes. Die körperliche Schwäche junger Pferde kann auch die Ursache für Verletzungen sein, zum Beispiel durch Greifen (bei dem die Hinterhufe in die abfußenden Vorderhufe treffen) oder Streichen. Durch frühe Überanstrengung kann es zu Verletzungen vor allem des Rückens kommen, die sich erst später bemerkbar machen. Auch das Longieren stellt für ein junges Pferd eine große Belastung dar.

Verletzungen der Maulwinkel, der Zunge, der Sattel- und Gurtlage stehen in direktem Zusammenhang mit dem Einreiten. In diesem Stadium des Pferdelebens (zwischen drei und vier Jahren) brechen die bleibenden Backenzähne durch, die dem Pferd bei eingelegtem Trensengebiß Schmerzen bereiten können, vor allem, wenn zu diesem Zeitpunkt auch die Wolfszähne zum Vorschein kommen. Auf gut passende Deckengurte, Sättel und Sattelgurte ist unbedingt zu achten; die weißen Haare auf dem Widerrist vieler Pferde sind ein Zeichen dafür, daß sie schon einmal unter schlecht sitzendem Sattelzeug gelitten haben.

6

Pferdekauf

Ein Pferd oder Pony zu kaufen, ist eine aufregende Sache; aber vor dem Kauf sollte sich der künftige Besitzer genau überlegt haben, was er sucht – vor allem in bezug auf Alter, Größe und Rasse des Tieres. Am wichtigsten ist, daß Pferd und Reiter zusammenpassen, und daß das Tier den Anforderungen seines zukünftigen Reiters entspricht. In dieser Hinsicht bedeutsam sind Größe und Gewicht des Reiters, sein Ausbildungsstand, wieviel Zeit und Geld zur Verfügung stehen, sowie die Unterbringungsmöglichkeiten für das Pferd. Um sich keinen Ärger einzuhandeln, sollte man vor dem Kauf unbedingt eine Ankaufsuntersuchung vornehmen lassen. Es lohnt sich, die Zeit und Mühe auf sich zu nehmen und ein Pferd zu suchen, das wirklich zu seinem neuen Besitzer paßt und ihm gefällt – denn das ist es schließlich, was die Pferdehaltung so reizvoll macht.

Überlegungen vor dem Kauf

Ein Pferd kauft man nicht kurz entschlossen, denn die Pferdehaltung bedeutet harte Arbeit und einen hohen Zeit- und Geldaufwand.

Kann ich mir ein Pferd leisten?

Ein Pferd zu halten, bedeutet eine hohe Belastung, sowohl in zeitlicher als auch in finanzieller Hinsicht. Im Vergleich zu den laufenden Kosten (Futter, Stallmiete, Beschlag, Tierarzt usw.) ist der Anschaffungspreis relativ gering. Vor dem Kauf sollte man sich daher überlegen, welche Kosten auf einen zukommen und ob überhaupt genug Zeit zum Reiten zur Verfügung steht. Wer wenig Geld und vor allem wenig Zeit hat, ist mit einem stundenweise gemieteten Reitschulpferd wahrscheinlich besser bedient.
Sich an dem Pferd eines anderen zu beteiligen, ist weniger kostenaufwendig, kann aber auch Probleme mit sich bringen, vor allem wenn sich das Pferd verletzt oder lahmt. Deshalb wird dringend empfohlen, einen Vertrag abzuschließen, in dem niedergelegt wird, welcher der Partner welche Kosten übernimmt (Tierarztrechnungen bei Verletzungen oder Krankheiten, Impfkosten und Versicherungen) und wann und unter welchen Umständen die Reitpartnerschaft endet.
Eine weitere Investition ist das Sattel- und Zaumzeug. Man kann zwar gebrauchte Gegenstände kaufen, aber gut erhaltene Sättel sind im allgemeinen fast so teuer wie neue und kommen manchmal sogar noch teurer zu stehen! Billiges, schlecht gepflegtes Lederzeug zu kaufen, lohnt sich nicht, weil es für Pferd und Reiter zur Gefahr werden kann.

Habe ich die Zeit und die Möglichkeit, ein Pferd zu halten?

Weidepferde müssen täglich mindestens einmal besucht werden und Stallpferde mindestens zweimal. Das kann vor allem im Winter schwierig werden, wenn das Pferd weit vom Wohnort entfernt steht und wenn der Besitzer tagsüber arbeitet. Um ein Pferd zu halten, braucht man mindestens eine Weide mit einem Schutz vor schlechtem Wetter; aber Pferde, die regelmäßig geritten werden, brauchen einen Stall. Die reine Stallhaltung kostet den Besitzer jeden Tag mindestens eine Stunde Zeit zum Ausmisten, Füttern und Putzen. Das heißt, an Urlaubs- oder Wochenendreisen ist nicht zu denken, wenn nicht eine Vertretung gefunden wird, die in dieser Zeit die Arbeit macht. Wer sein Pferd nicht in Eigenregie halten kann, hat die Möglichkeit, es in einem Pensionsstall unterzubringen, in dem es entweder vollständig versorgt wird oder in dem der Pferdehalter einen Teil der Arbeiten selbst übernimmt. Auf diese Weise erspart man sich die Anschaffung der für die Stallarbeit nötigen Gerätschaften und kann sich die Arbeit mit anderen teilen, was auch Leuten mit weniger Zeit die Haltung eines Pferdes ermöglicht.

Welche Ausrüstungsgegenstände braucht das neue Pferd unbedingt?

Für ein junges Pferd oder eine Zuchtstute braucht man mindestens ein Halfter, eine Führleine, etwas Putzzeug (Hufkratzer, Wurzelbürste, Kardätsche) und einige Fütterungsutensilien (Futtertrog, Wassereimer und Heunetz). Zur Grundausstattung eines Reitpferdes gehören Trensenzaum und Sattel. Für den Reiter ist eine Reitkappe oder besser noch ein den geltenden Bestimmungen entsprechender Sturzhelm dringend zu empfehlen. Ob weitere Gegenstände zur Pferdepflege und -haltung benötigt werden, hängt davon ab, ob das Pferd in Eigenregie auf der Weide oder im Stall oder in einem Pensionsstall gehalten wird.

Welche anderen Ausrüstungsgegenstände empfehlen sich?

Die benötigte Ausrüstung hängt ab vom Typ des Pferdes, seiner Nutzung und Haltung. Für ein hochblütiges Pferd (Araber, Vollblut oder eine deren Kreuzungen), das auf der Weide gehalten werden soll, empfiehlt sich eine wetterfeste Neuseelanddecke. Stallbandagen schützen beim Transport, halten das Tier warm und stützen nach schweren Anstrengungen (Jagden, Turnieren o.ä.). Außerdem kann zusätzliches Putzzeug angeschafft werden, wie Striegel, Mähnenkamm, Waschbürste und Huffettpinsel. Für manche Pferde werden auch zusätzliche Decken, Beinschützer und ähnliches benötigt. Hammer, Zange und Hufraspel sind nützlich, wenn man ein loses Hufeisen selbst abnehmen will; dringend erforderlich sind diese Werkzeuge aber nicht. Zum Führen eines schwierigen Pferdes ist eine Longe praktisch, die zusammen mit dem Kappzaum natürlich auch zum Longieren verwendet werden kann; auch beim Verladen problematischer Pferde leistet sie gute Dienste. Eine wichtige Anschaffung ist der Feuerlöscher, der aus Sicherheitsgründen in jeden Stall gehört.

Soll man einen Hengst, eine Stute oder einen Wallach wählen?

Man kann darüber streiten, ob Wallache den Stuten vorzuziehen sind. Hier weichen die Meinungen voneinander ab, und es ist im allgemeinen Geschmackssache. Ein Wallach, der erst als Zweijähriger oder noch später kastriert wurde, ist wahrscheinlich kräftiger und besser bemuskelt als eine Stute mit gleicher Abstammung. Manche Leute argumentieren auch, Stuten wären in der Rosse schwieriger und vor allem auf Turnieren unzuverlässiger. Allerdings unterscheidet sich das Verhalten während der Rosse von Stute zu Stute. Bei den meisten Stuten gibt es in dieser Hinsicht keinerlei Probleme; außerdem heißt es, Stuten seien sensibler. Wenn ein Wallach chronisch lahmt oder aus sonstigen Gründen nicht mehr zu reiten ist, ist er von keinem Nutzen mehr. Aber eine Stute kann man noch zur Zucht verwenden – vorausgesetzt, daß sie sich dazu eignet, und daß der Besitzer über die nötige Zeit und Erfahrung und die entsprechende Stallanlage verfügt. Hengste und auch Hengstfohlen müssen von erfahrenen Fachleuten versorgt werden; für den Durchschnittsreiter sind sie nicht zu empfehlen.

Die wichtigsten für das Reiten und Versorgen eines Pferdes benötigten **Ausrüstungsgegenstände.** Die Anschaffung von Reitkleidung, Kappe und Stiefeln sowie Sattelzeug, Decken, Zaumzeug und Pflege-, Fütterungs- und Tränkutensilien ist mit erheblichen Kosten verbunden.

Welche Pferderasse kommt in Frage?

Die meisten Reit-, Spring-, Vielseitigkeits- und Dressurpferde sind Warm- oder Halbblüter. Viele erfolgreiche Pferde sind Kreuzungen zwischen Warm- und Vollblütern, die ebenso wie die rein gezogenen Vollblüter sehr schnell und leistungsfähig sind, dabei aber leicht gebaut und nicht allzu groß. Sie sind recht empfindlich und brauchen im Winter besondere Pflege. Warmblüter, wie zum Beispiel Hannoveraner, sind gewöhnlich größere und kräftigere Gewichtsträger, die im Turniersport viel Verwendung finden. Rein gezogene Ponys sind sehr widerstandsfähig und eignen sich besonders für die ganzjährige Weidehaltung, während Ponys, die mit Arabern oder Vollblütern veredelt wurden, im Winter größere Ansprüche an ihre Haltung stellen. Ein reinrassiges Tier zu kaufen, ist nur sinnvoll, wenn man die Absicht hat, damit zu züchten. Wer jedoch sein Pony das ganze Jahr über auf der Weide halten will, sollte sich für ein rein gezogenes Tier entscheiden (zum Beispiel ein Exmoor-, Dartmoor-, Welsh-, Fell- oder Shetlandpony), denn diese Tiere sind besonders robust, weil sie nicht veredelt werden.

Werde ich irgendwann zu groß für mein Pony?

In Verkaufsanzeigen für Ponys liest man häufig «zu verkaufen, da Reiter zu groß geworden». Es ist daher sinnvoll, einem Kind ein Pony zu kaufen, das etwas größer ist als unbedingt nötig. Für ein Kind, das für sein Alter besonders groß ist, braucht man ein größeres Pony, als die unten angegebene Faustregel empfiehlt. Ponys können zwar relativ viel Gewicht tragen, aber auf die Dauer kann es doch zu Bein- oder Rückenschäden kommen. Deshalb sollte man sich von einem Pony, dessen Reiter zu groß geworden ist, lieber trennen und sich ein größeres Tier anschaffen, auch wenn das kleinere Pony dem jungen Reiter ein guter und treuer Kamerad war.

Wie groß sollte das Pferd mindestens sein?

Die Größe eines Pferdes wird ermittelt, indem man die Höhe vom Boden bis zum Widerrist mißt; aber auch der Körperbau spielt eine wichtige Rolle. Ein schwerer, kräftiger Cob zum Beispiel kann mehr Gewicht tragen als ein gleich großes, zierliches Kleinpferd. Es gibt eine Faustregel, mit deren Hilfe sich ein passendes Pony für ein Kind finden lassen sollte: Ein Pony von 1,20 Meter trägt ein Kind unter zwölf; Ponys zwischen 1,20 und 1,30 Meter sind geeignet für 12- bis 14jährige, und Ponys bis 1,47 Meter eignen sich für Jugendliche bis zu 16 Jahren. Größere

Stockmaß. Der Arm des Meßstocks wird bis auf den höchsten Punkt des Widerristes herabgeschoben, um so die genaue Größe des Pferdes zu ermitteln (**oben**). Eine eingearbeitete Wasserwaage stellt sicher, daß die Messung akkurat ist.

Eine wichtige Rolle beim Kauf eines Pferdes spielt der beabsichtigte Verwendungszweck und auch die vorgesehene Unterbringung. Diese robusten **Welshponys** (**rechts**) können das ganze Jahr über auf der Weide gehalten werden, vorausgesetzt, sie erhalten im Winter genügend Zufutter.

Jugendliche benötigen ein Tier über 1,47 Meter, das dann jedoch nicht mehr als Pony gilt. Bei Erwachsenen spielt das Gewicht des Reiters die ausschlaggebende Rolle; eine zierliche Dame zum Beispiel ist mit einem leichten Reitpferd von etwa 1,50 Meter gut bedient, während sich für die meisten Herren eher etwas kräftigere Pferde mit einem Stockmaß ab 1,60 Meter eignen. Schon von alters her haben Pferdekenner versucht, die Tragfähigkeit der Knochen durch das Messen des Röhrbeinumfangs am Vorderbein direkt unterhalb des Vorderfußwurzelgelenkes zu bestimmen. Bei schweren Reitpferden beträgt die Röhrbeinstärke ungefähr 21 Zentimeter. Dabei wird allerdings die Dichte des Knochens nicht berücksichtigt, die bei der Beurteilung der Tragfähigkeit gleichfalls eine wichtige Rolle spielt. Die Röhrbeinstärke kann jedoch ein nützlicher Anhaltspunkt sein, wenn man in etwa gleich große Pferde miteinander vergleicht.

Wie mißt man die Größe eines Pferdes, und ist sie überhaupt von Bedeutung?

Die Größe eines Pferdes wird in Metern und Zentimetern angegeben. Gemessen wird vom höchsten Punkt des

Widerristes zum Boden. Dazu verwendet man ein sogenanntes Stockmaß, in dessen verschiebbarem Arm eine Wasserwaage eingearbeitet ist. Der Arm kann auf dem Meßstock heruntergeschoben werden, bis er den Widerrist berührt. Um ein korrektes Meßergebnis zu erhalten, müssen bestimmte Voraussetzungen erfüllt sein: Das Pferd muß mit allen vier gleichmäßig belasteten Hufen auf einer ebenen und harten Fläche stehen und seinen Kopf gesenkt halten (so daß sich das Genick auf gleicher Höhe mit dem Widerrist befindet). Der Stock wird hinter der Schulter angelegt und die Höhe abgelesen.
Bei Ponys spielt die Größe eine besonders wichtige Rolle, denn die Tiere werden auf Turnieren bestimmten Größenklassen zugeteilt, und 10 Millimeter können über die Teilnahmeberechtigung in einer Klasse entscheiden. Um die Ponys nicht auf jeder Veranstaltung erneut messen zu müssen, wurde der Ponypaß eingeführt – ein offizielles Dokument, in das die Größe des betreffenden Tieres eingetragen wird. Gemessen werden die Ponys im Alter von drei, vier, fünf und sechs Jahren oder älter von einem Beauftragten der jeweiligen Landeskommission.

Welches Alter sollte das ausgewählte Pferd am besten haben?

Im allgemeinen sind Pferde im Alter zwischen fünf und zehn Jahren am leistungsfähigsten, obwohl man sie mit etwas Glück bis zum 20. oder 30. Lebensjahr reiten kann. Ältere Tiere sind normalerweise ruhiger, besser ausgebildet und leichter zu handhaben. Als erstes Pony für ein Kind eignet sich ein Tier über 15 Jahre am besten, denn diese Tiere sind die besten Lehrmeister. Pferde unter fünf Jahren sind oft noch nicht sehr gut ausgebildet und gehören in erfahrene Hände; sie sind für Anfänger im allgemeinen nicht zu empfehlen. Es gibt einige gerissene Pferdehändler, die sehr junge (zwei- und dreijährige) Ponys einreiten lassen und dann als ältere Tiere anbieten. Es ist daher nicht verkehrt, wenn man gelernt hat, das Alter eines Pferdes anhand seiner Zähne zu bestimmen. Da dies aber nicht ganz so einfach ist, ist es doch besser, im Zweifelsfall einen erfahrenen Pferdekenner oder einen Tierarzt um Rat zu fragen.

Worauf muß beim Lesen von Pferdeverkaufsanzeigen geachtet werden?

Die Kleinanzeigenseiten in Pferdezeitschriften sind voll von Pferden, die zum Verkauf stehen. Viele von ihnen sind der Beschreibung nach so großartig, daß man sich nur wundern kann, warum ihre Besitzer sich von ihnen trennen wollen. Wichtig ist jedoch nicht nur das, was in einer Anzeige steht, sondern vor allem das, was nicht darinsteht. Wie die Häusermakler verwenden Pferdeleute in Kleinanzeigen bestimmte Formulierungen mit festen Bedeutungen. «Ehrlich» oder «fromm» zum Beispiel bedeutet, daß es sich um ein braves, willig mitarbeitendes Pferd handelt, und ein «bombensicheres Verlaßpferd» ist durch nichts aus der Fassung zu bringen und eignet sich daher besonders für ängstliche oder unerfahrene Reiter. Bedenken sollte man allerdings, daß diese Tiere gewöhnlich alt, langsam und oft auch unbeschreiblich träge sind. Möglicherweise sind sie nur deshalb so unerschütterlich, weil sie zu alt, zu krank oder zu lahm sind, um sich schneller zu bewegen. Allerdings darf man auch nicht vergessen, daß selbst die ruhigsten Pferde und Ponys ungezogen werden, wenn sie über einen längeren Zeitraum zu viel Futter und zu wenig Bewegung haben und dazu noch verdorben werden. Die Formulierungen «vor kurzem» oder «leicht» angeritten, «erst seit dem Winter unter dem Sattel» oder «kann angeritten werden» bedeuten, daß das Pferd noch sehr wenig gelernt hat und nur für erfahrene Reiter geeignet ist. «An Sattel und Trense gewöhnt» oder «roh» bedeutet, daß das Pferd überhaupt noch nicht geritten wurde. «Nicht für Anfänger» scheint zwar eine eindeutige Aussage zu sein, kann aber auch bedeuten, daß es sich bei dem angebotenen Pferd um einen fast unreitbaren Hysteriker handelt!

Rücken

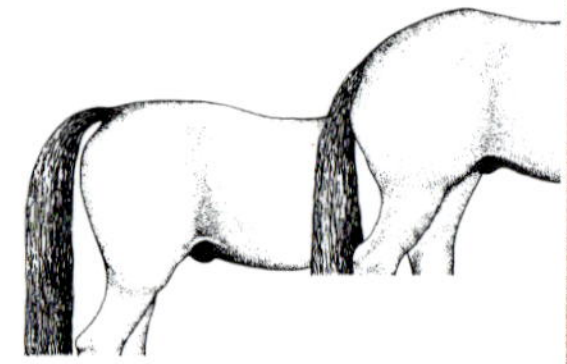

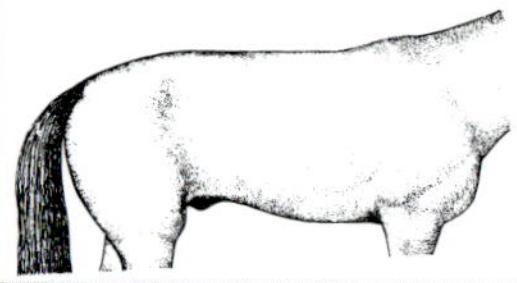

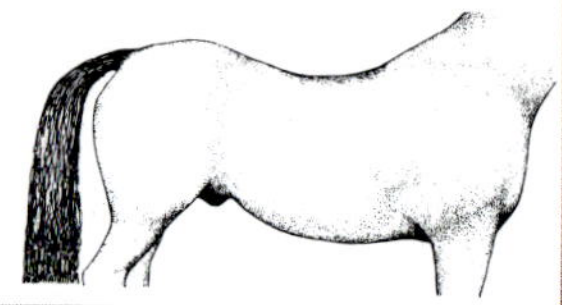

Beurteilung des **Rückens.** (**Unten**) Ein aufgewölbter Rücken ist ein Zeichen für Schwunglosigkeit. (**Oben rechts**) Eine gerade Kruppe ist Ursache für Steifheiten, und eine stark abgeschlagene deutet auf eine schwache Hinterhand. (**Mitte**) Ein schmaler Rumpf ist ein Zeichen für geringe Atemkapazität. (**Unten**) Ein Senkrücken ist meistens ein Alterszeichen.

Kann man bei Pferdehändlern kaufen?

Entgegen der weitverbreiteten Ansicht ist der Gang zum Pferdehändler oft die beste Methode, um zu einem passenden Pferd zu kommen. Ein am Ort bekannter Händler hat einen Ruf zu verlieren und kann es sich kaum erlauben, seinen Kunden unbrauchbare Pferde anzudrehen. Wenn man ihm erklärt, was für ein Pferd man sich vorgestellt hat und wieviel man ausgeben will, wird er im Regelfall einige Pferde vorzeigen, die in Frage kommen könnten. Nach Möglichkeit sollte man versuchen, eine Probezeit von einer Woche auszumachen.

Auf einem Pferdemarkt zu kaufen, kann vor allem Anfängern nicht empfohlen werden, denn meistens hat man dort weder die Zeit noch die Möglichkeit, das Tier gründlich auszuprobieren. Man erfährt nichts über das Verhalten des Pferdes (zum Beispiel im Verkehr oder im Stall) oder mögliche Untugenden. Pferdemärkte werden gern benutzt, um Pferde loszuschlagen, die nicht zu bändigen sind oder unter chronischen Schäden leiden. Gelegentlich geben die Verkäufer mündliche oder schriftliche Zusicherungen bezüglich des Alters und der Gesundheit des Pferdes, der Freiheit von Untugenden oder der Eignung für einen bestimmten Verwendungszweck. Der Vorteil dieser Zusicherungen besteht darin, daß der Käufer das Tier zurückgeben kann, wenn sie sich als unwahr erweisen sollten. Aussagen des Verkäufers wie «der wird wohl gesund sein» sind nutzlos, weil er damit keinerlei Garantie gibt, sondern nur seine Meinung äußert, die irrelevant ist, falls es zu einem Rechtsstreit kommt. Garantien bezüglich der Gesundheit des Tieres sind weniger verläßlich als die bezüglich des Alters, der Freiheit von Untugenden und des Verwendungszweckes. Besondere Aufmerksamkeit ist geboten, wenn nur Teile des Pferdes für gesund erklärt werden – zum Beispiel kann sich hinter der Formulierung «garantiert gesund an Herz, Lunge und Beinen» ein blindes Pferd verbergen! In der Regel empfiehlt es sich, den Kauf auf dem Pferdemarkt den Fachleuten zu überlassen. Ein scheinbarer Glücksgriff kann teuer werden, denn die meisten Verkäufer haben einen guten Grund, ihre Pferde auf dem Markt anzubieten. Nach einem Fehlkauf sein Geld zurückzubekommen, ist fast aussichtslos, denn «Augen auf, oder Beutel auf» ist nicht nur ein guter Rat, sondern auch die gesetzliche Regelung für den Kauf auf öffentlichen Märkten.

Soll man zum Kauf einen Fachmann mitnehmen?

Einen «Blick für Pferde» zu haben, bedeutet aus dem Körperbau und der Bewegungsmanier ableiten zu können, ob ein Pferd für einen bestimmten Verwendungszweck geeignet ist und welche Leistungen es in diesem Bereich erbringen kann. Diese Fähigkeit verlangt Erfahrung, die ein Anfänger nicht haben kann. Vier Augen sehen mehr als zwei, und die Meinung eines erfahrenen Pferdekenners ist beim Begutachten eines Verkaufspferdes nie zu verachten. Im Endeffekt muß sich zwar der Käufer selbst entscheiden; aber die Entscheidung fällt oft wesentlich leichter, wenn jemand da ist, der das Pferd ebenfalls gesehen hat und mit dem man seine Vorzüge und Nachteile diskutieren kann.

Worauf soll man achten, wenn man sich ein verkäufliches Pferd anschaut?

Man muß beurteilen, ob das Tier das gewünschte Alter, die richtige Größe und den für den entsprechenden Verwendungszweck geeigneten Körperbau hat, und außerdem, ob es korrekt gebaut ist, wie es sich bewegt und ob eventuelle Fehler zu späteren Problemen führen könnten. Geachtet werden muß auch auf Anzeichen überwundener oder akuter Verletzungen oder Krankheiten; und man sollte das Pferd bei der Art von Arbeit betrachten, für die man es benutzen will. Am besten läßt man sich das Pferd von seinem gewohnten Reiter vorführen und probiert es erst danach selbst aus. Sehr wichtig ist auch, sich ein Bild vom Temperament des Pferdes zu machen und zu beobachten, wie es sich im Stall verhält.

Wie beurteilt man das Exterieur?

Das Exterieur oder den Körperbau eines Pferdes zu beurteilen bedeutet, seine körperlichen Merkmale und ihre Proportionen zueinander abzuwägen. Die verschiedenen Pferderassen und -schläge unterscheiden sich in ihrem Exterieur oft deutlich voneinander. Bei der Exterieurbeurteilung wird die Größe und Form der einzelnen Körperteile analysiert und beurteilt, wie sie zusammenpassen. Dann muß abgewogen werden, ob mögliche Mängel vielleicht rassebedingt sind, und wenn nicht, ob sie eine übermäßige Belastung einzelner Körperteile darstellen, die möglicherweise Erkrankungen oder Verletzungen nach sich ziehen können.

Welche Körperteile müssen besonders beachtet werden?

Der Kopf ist besonders wichtig. Viele Leute beurteilen das Temperament und die Intelligenz anhand des Kopfes. Die Augen sollten glänzen, groß sein und sich möglichst weit an den Seiten des Kopfes befinden. Kleine, eng zusammenstehende «Schweinsaugen» sind häufig ein Zeichen für Widerspenstigkeit. Ein eleganter Kopf deutet auf ein

Stellungsfehler

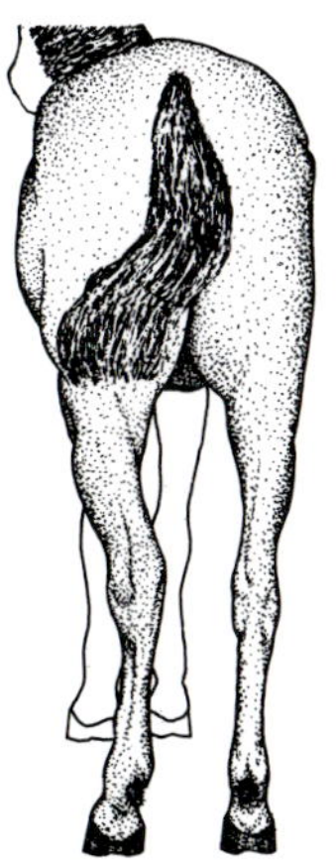

Korrekte Stellung. Eine Gerade teilt Sprunggelenk und Huf.

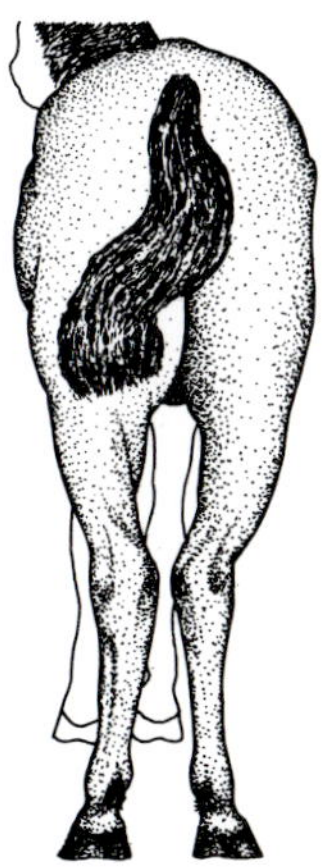

Kuhhessige Stellung. Verursacht keinerlei Probleme.

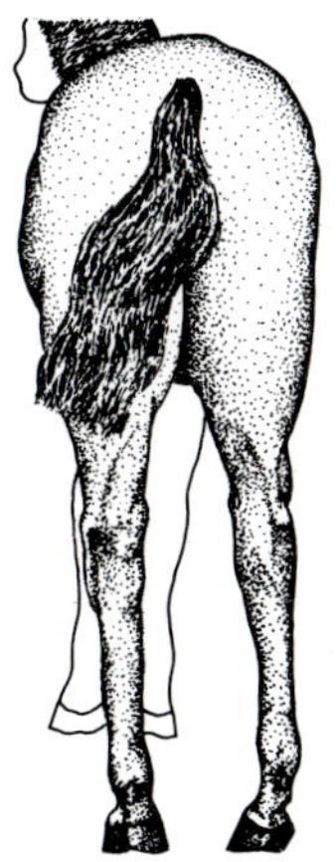

Faßbeinige Stellung. Überlastet Sprunggelenke und Bänder.

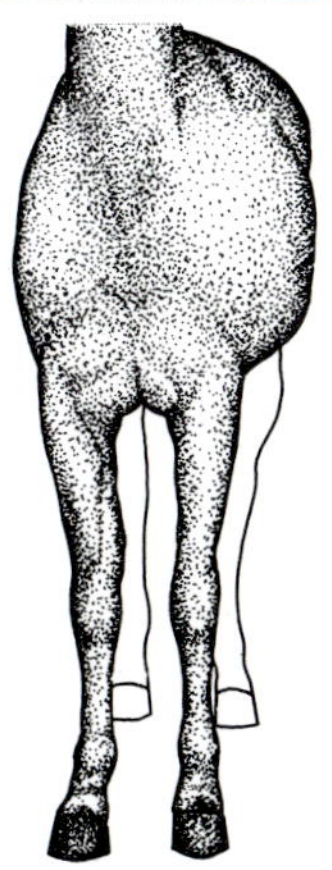

Korrekte Stellung. Eine Gerade teilt Gelenk und Huf.

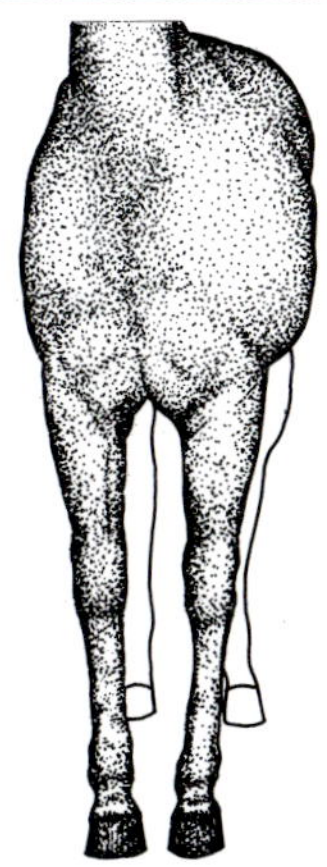

Zehenenge Stellung. Überlastet die Vorderfußwurzelgelenke.

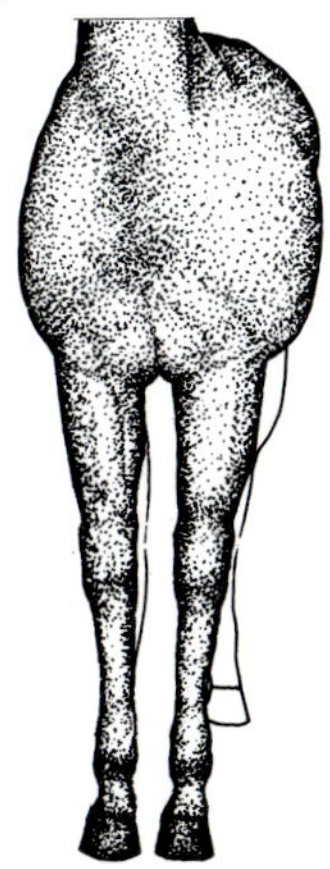

Bodenenge Stellung. Meistens verbunden mit schmaler Brust.

hochblütiges Pferd mit entsprechendem Temperament hin. Gewöhnlicher aussehende Pferde nehmen im allgemeinen nicht so leicht etwas übel. Der Nasenrücken sollte gerade sein und nicht konkav (Hechtkopf) oder konvex (Ramskopf), obwohl Pferde mit Ramsköpfen oft besonders tolerant und geduldig sind. Achten sollte man auch auf die Ohrenstellung; gespitzte Ohren deuten auf freundliches Interesse, während angelegte Ohren oft ein Zeichen schwierigen Temperamentes sind.
Der Hals muß zum Rest des Körpers passen. Ein kurzer, dicker Hals kann darauf hindeuten, daß sich das Pferd schwer auf den Zügel stützt. Dies ist für den Reiter häufig unangenehm, weil er das Gefühl hat, nichts vor sich zu haben. Übermäßig lange Hälse sind schwach und erschweren eine korrekte Kopfhaltung. Kehlkopfprobleme wie das Kehlkopfpfeifen kommen hauptsächlich bei großen Pferden mit langen Hälsen vor. Die Hals-Oberlinie soll leicht gewölbt und deutlich von der Schulter abgegrenzt sein. Ein gerader Hals kann durch die Ausbildung verbessert werden, aber ein nach unten durchgebogener Hirschhals ist ein schwerwiegender Mangel. Aber auch wenn der Hals nur an seinem Ansatz konkav gebogen ist (Schwanenhals), wird das Pferd seinen Kopf sehr hoch tragen und im schlimmsten Fall auch sehr unbequem zu reiten sein.
Die den Widerrist bildenden Rückenwirbel sollen möglichst groß sein, damit das von dort aus zum Kopf verlaufende Band eine gute Verankerung hat. Außerdem sollte der Widerrist möglichst lang sein, weil ein langer Widerrist meistens mit langen, schrägen Schultern verbunden ist. Eine schräge Stellung der Schulterblätter sorgt für weit ausgreifende Schritte. Ein Pferd mit diesem Vorteil ist angenehm zu reiten und meistens auch ein gutes Renn- oder Springpferd. Steile Schultern sorgen für kurze, harte Gänge, die sehr unbequem zum Sitzen sind. Allerdings sollen Pferde mit steilen Schultern große Zugkraft entwickeln können; aus diesem Grund findet man dieses Merkmal häufig bei Kutschpferden. Die Tiefe des Brustkorbes ist ebenfalls wichtig, denn nur ein geräumiger Brustkorb bietet genügend Platz für Herz und Lunge.

Wie sieht der ideale Rücken aus?

Die Rückenlinie sollte relativ gerade verlaufen, weder aufgewölbt sein (Karpfenrücken) noch nach unten durchhängen (Senkrücken). Leistungspferde brauchen eine kurze, gut bemuskelte, breite und tiefe Lende. Ein sehr langer Rücken ist gewöhnlich wenig belastbar, wogegen Pferde mit sehr kurzen Rücken oft recht unbequem sind und außerdem zum Greifen neigen. Der Hinterhandwinkel oder, genauer gesagt, der Winkel, in dem das Bekken zur Wirbelsäule steht, bestimmt die Schubkraft der Hinterhand; bei Rennpferden zum Beispiel steht das Bekken bei den Fliegern meistens steiler als bei Stehern. Bei vielen guten Springpferden steht das Becken besonders stark senkrecht, und der Kreuzbeinhöcker ist der deutlich sichtbare höchste Punkt der Kruppe. Die Hinterhand wünscht man sich gerundet, gut bemuskelt und breit, aber auch nicht so breit, daß es zu schaukelnden Gängen kommt.

Welche Probleme können durch fehlerhafte Beinstellungen entstehen?

Die Stellung der Gliedmaßen ist von besonderer Wichtigkeit. Sie bestimmt die Bewegungsmanier des Pferdes und ist ausschlaggebend für die mögliche Entstehung späterer Lahmheiten. Bei den Vorderbeinen ist die Form des Vorderfußwurzelgelenkes besonders wichtig; seine Vorderkante soll senkrecht stehen. Ein leichtes Durchhängen nach vorn (Vorbiegigkeit) ist zwar nicht besonders hübsch anzusehen, aber kein großer Fehler. Ein nach hinten durchgebogenes (rückbiegiges) Vorderbein dagegen ist ein größerer Fehler, der Sehnen und Bänder überlastet.
Von Bedeutung sind auch die Länge und Winkelung der Fesseln, weil sie sich sowohl auf die Beugesehnen als auch auf das Fesselgelenk auswirken. Die Fesseln sollten, von der Seite betrachtet, in einem Winkel von 45 Grad stehen und nicht zu lang sein. Besonders lange und weiche Fesseln können zu einer Überlastung der Beugesehnen (und damit zur Sehnenzerrung) führen; kurze, steile Fesseln verursachen harte Gänge und begünstigen die Entstehung von Arthritis im Fesselgelenk.
Von vorn betrachtet sollte durch ein ideales Vorderbein eine Gerade von der Bugspitze genau durch den Mittelpunkt von Vorderfußwurzelgelenk, Fesselkopf und Huf verlaufen. Abweichungen von dieser geraden Linie führen zur Überlastung bestimmter Gliedmaßenteile und zur ungleichmäßigen Verteilung des auf dem Huf ruhenden Gewichtes (verbunden mit ungleichmäßiger Abnutzung von Huf oder Eisen). Mögliche Stellungsfehler sind nach innen oder nach außen abweichende Vorderfußwurzelgelenke, bei denen jeweils die entgegengesetzte Seite des Gelenkes stärker beansprucht wird. Unterhalb des Fesselgelenkes nach innen (zeheneng) oder nach außen (zehenweit) verdrehte Hufe belasten das Fesselgelenk übermäßig stark; die zehenenge Stellung ist dabei ungünstiger zu beurteilen.
Bei schmalbrüstigen Pferden stehen die Hufe oft weiter auseinander als normal (bodenweit). Dadurch wird die Innenseite des Hufes oder Hufeisens stärker abgenutzt, das Fesselgelenk überlastet und die Entstehung von Arthritis und Fesselgelenksgallen begünstigt. In der Regel sind Pferde mit dieser Beinstellung allerdings sehr trittsicher. Bei der bodenengen Stellung, die hauptsächlich bei breitbrüstigen Pferden auftritt, wird die äußere Hufseite stärker abgenutzt und das Fesselgelenk über-

Brustbreite

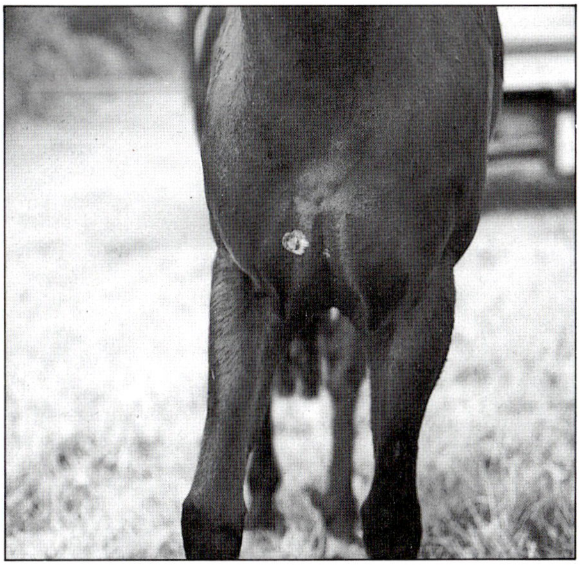

Dieses Pferd (**oben**) hat eine sehr **schmale Brust** und muß mit einem Vorderzeug geritten werden, damit der Sattel nicht zurückrutscht.

Dieses Pferd hat eine **breite und tiefe Brust,** in der lebenswichtige Organe wie Herz und Lunge viel Platz haben (**rechts**).

lastet, was auch hier zu Arthritis und Entstehung von Gallen führen kann.

Wie sieht die ideale Hinterbeinstellung aus?

Bei einem ideal gestellten Hinterbein verläuft eine gedachte Senkrechte von hinten gesehen vom Sitzbeinhöcker durch die Mitte des Sprunggelenks, Fesselgelenks und Hufs. Von der Seite betrachtet, verläuft die Gerade vom Sitzbeinhöcker zum Sprunggelenkshöcker und von dort aus entlang dem Röhrbein zum Boden. Pferde mit dieser idealen Hinterbeinstellung sind allerdings schwer zu finden. Bei den Hinterbeinen kommen Stellungsfehler häufiger vor, aber sie haben gewöhnlich weniger schwere Folgen als die der Vorderbeine. Das Sprunggelenk spielt eine besonders wichtige Rolle, denn es leistet mehr als alle anderen Gelenke des Körpers; unter anderem dient es als Stoßdämpfer für das Hinterbein. Die Hinterbeine sollten nicht zu steil stehen, weil das Pferd sonst sehr harte Gänge hat. Besonders stark gewinkelte Hinterbeine (Säbelbeine) sind meistens wenig tragfähig und bedeuten eine starke Belastung für die Hinterseite des Sprunggelenks, vor allem für die dort verlaufenden Bänder, die bei Überdehnung eine Schwellung hervorrufen, die als Hasenhacke bekannt ist. Wie bei der Vorhand ist eine übermäßige Bemuskelung der Hinterhand häufig mit einer extrem engen Hufstellung (bodeneng) verbunden, oft mit weiter als normal auseinander stehenden Sprunggelenken (Faßbeinigkeit). Dieser Stellungsfehler kann zu Sehnenscheidengallen am Sprunggelenk führen. Die gegenteilige Stellung, bei der der untere Teil der Gliedmaßen bodenweit steht, die Sprunggelenke aber eng zusammen (kuhhessig), überlastet die Innenseite des Sprunggelenkes und kann die Entstehung von Spat begünstigen.

Vorderbeine

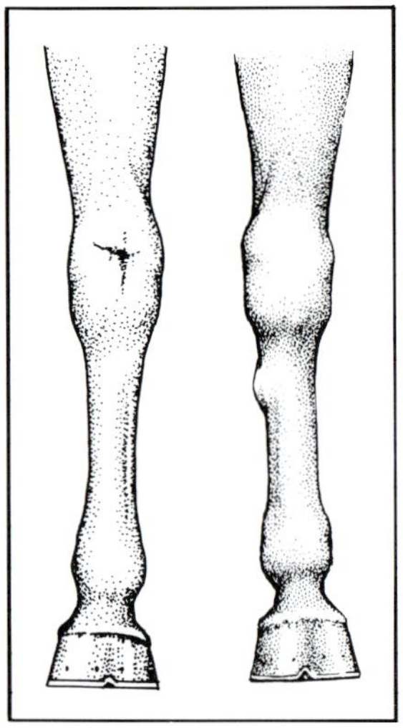

1 Hautwunden

2 Überbein

3 Greifen und schützende Gummiglocken

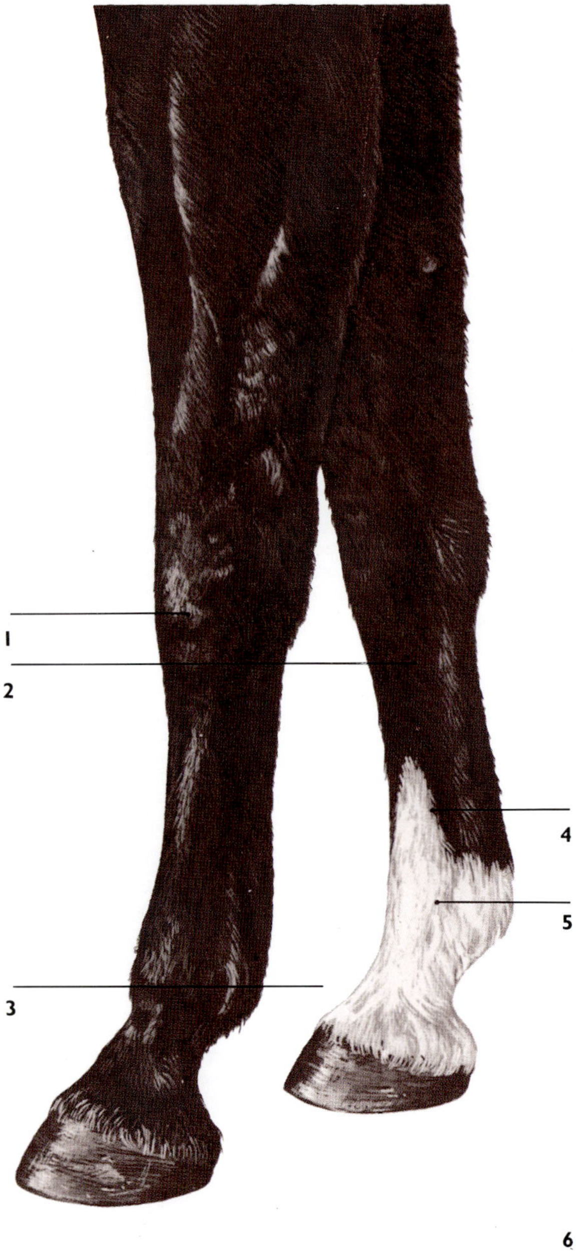

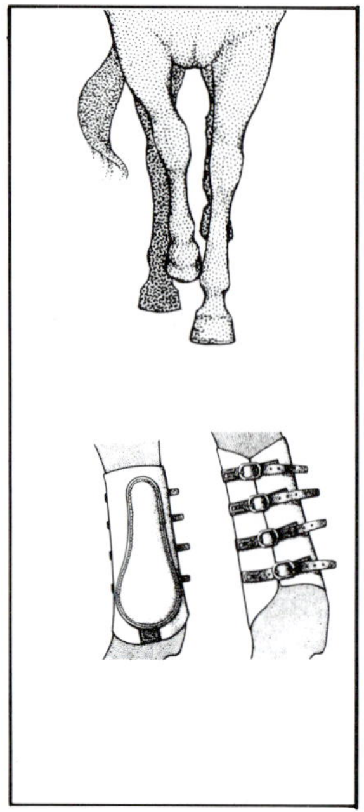

4 Streichkappen

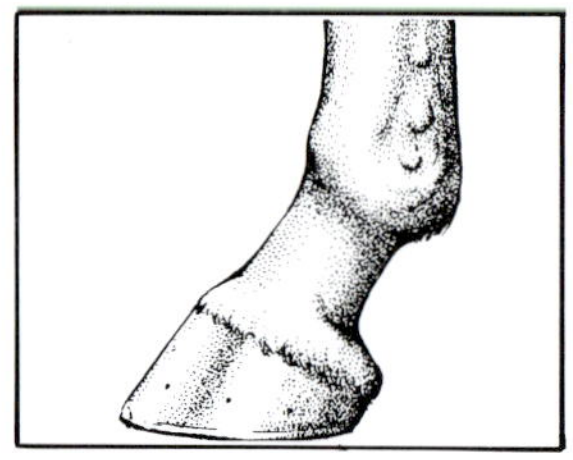

5 Fesselgelenksgallen

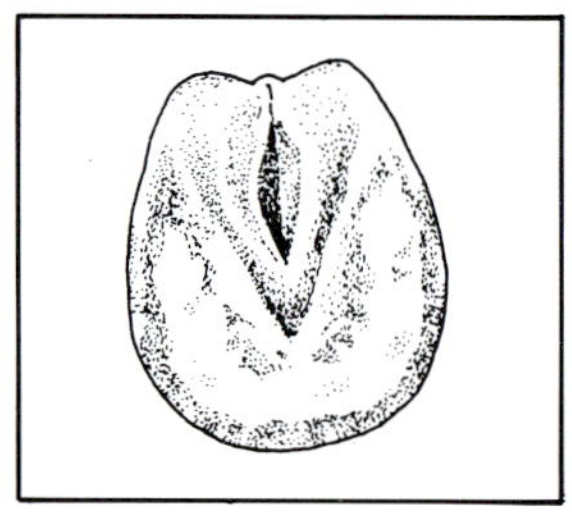

6 Strahlfäule

Wie beurteilt man die Hufstellung?

Die Stellung der Hufe ist von entscheidender Bedeutung, was sich schon aus dem alten Reiterspruch «Ohne Huf kein Pferd» ableiten läßt. Die Vorder- und Hinterhufe sollen je ein symmetrisches Paar sein; Unterschiede zwischen linkem und rechtem Huf sind ein Anlaß zu Argwohn. Die Hufe müssen genau nach vorn zeigen; Abweichungen nach innen oder außen beeinträchtigen den Bewegungsablauf. Nach außen verdrehte Hufe führen zum Streichen; es müssen Gamaschen angelegt werden, damit es nicht zu Verletzungen kommt. Ein weniger schwerwiegender Fehler ist die zehenenge Stellung, die einen bügelnden Gang verursacht und zu Erkrankungen des Fesselgelenks führen kann. Von der Seite betrachtet soll die vordere Hufwand auf gleicher Linie liegen wie die Vorderkante der Fessel –

Hinterbeine

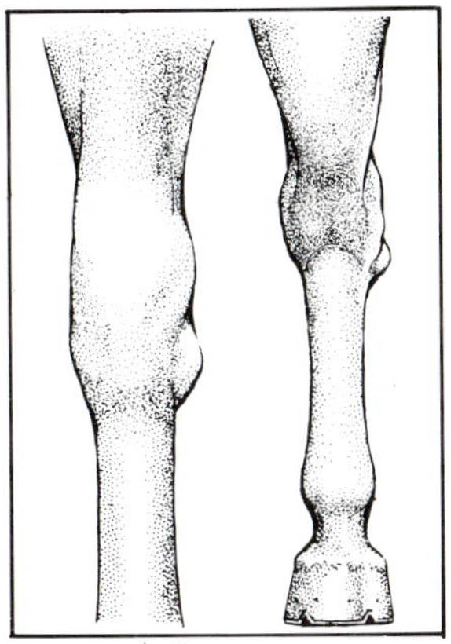

7 **Kreuzgalle**

8 **Spat**

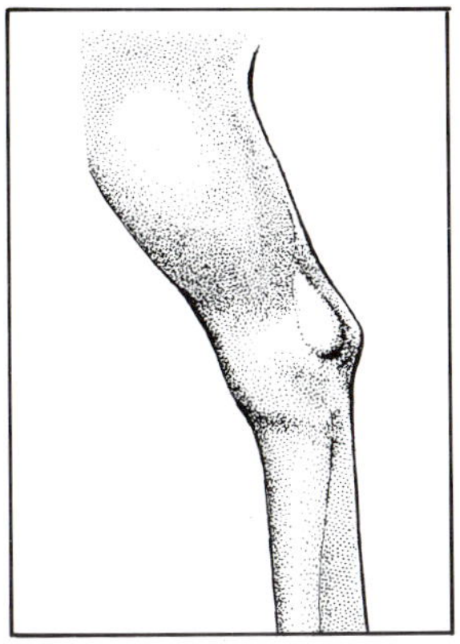

9 Sprunggelenksgalle

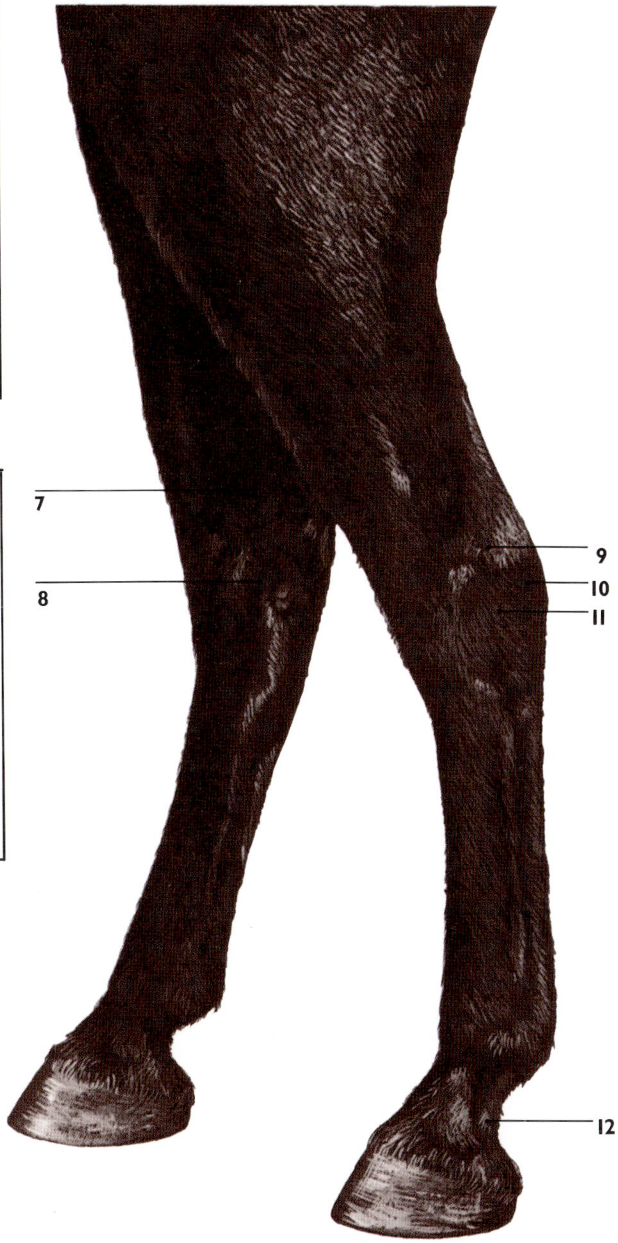

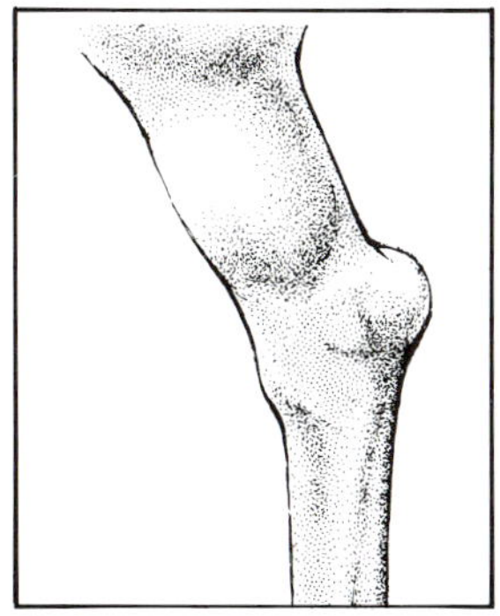

10 Piephacke

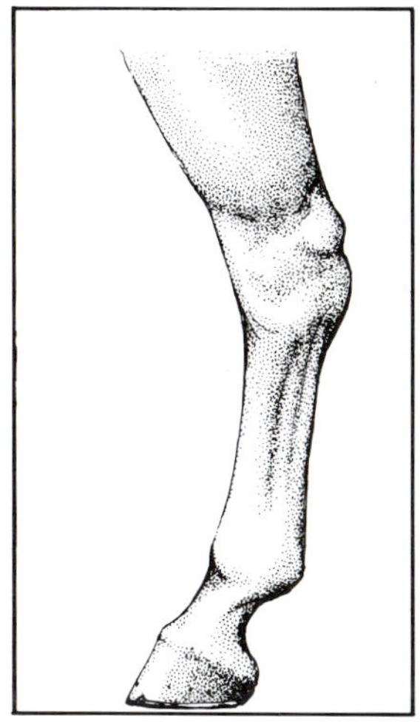

11 Hasenhacke

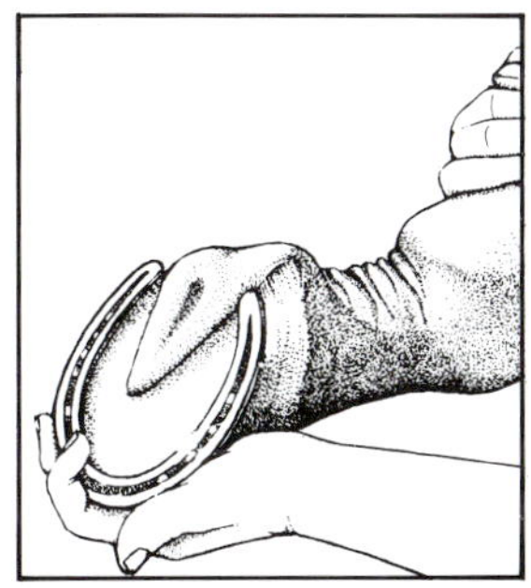

12 Mauke

ein normaler Fesselstand. Der Ballen sollte parallel zur Hufwand verlaufen. Der Fesselstand ist besonders wichtig, weil er den Bewegungsablauf bestimmt – bei zu langen oder zu steilen Hufen kommt es zu deutlichen Veränderungen im Bewegungsablauf (die aber vielfach durch entsprechendes Ausschneiden der Hufe wieder zu korrigieren sind). Besonders lange Zehen und flache Trachten leisten Sehnenzerrungen und der Hufrollenerkrankung Vorschub. Sehr steile Hufe (Bockhufe) haben meistens eingezogene Trachten und eine verkleinerte Tragfläche; dadurch werden die Stöße schlechter gedämpft, und Tiere mit dieser Hufform sind für harte Arbeit häufig ungeeignet. Die Hinterhufe sind gewöhnlich etwas spitzer gewinkelt als die Vorderhufe.

Die Hufwand soll glatt sein, keine Vertiefungen, Ringe oder Risse aufweisen und nicht trocken oder spröde sein.

Vortraben. Eine wichtige Gelegenheit für den potentiellen Käufer und seinen Tierarzt, das Pferd in der Bewegung beurteilen zu können. Im Trab sieht man Lahmheiten und Abweichungen von der normalen Bewegungsrichtung am besten. Das Pferd wird auf hartem, ebenem Boden am langen Zügel vom Käufer weg, auf ihn zu und an ihm vorbeigeführt.

Welche Bedeutung hat die Bewegungsmanier eines Pferdes?

Die Bewegungsmanier ist sehr wichtig, denn sie bestimmt die Leistungsfähigkeit des Pferdes und ist der entscheidende Faktor dafür, ob sich ein Pferd bequem reiten läßt. Bei manchen Pferden – Dressurpferden zum Beispiel – ist ein korrekter Bewegungsablauf von großer Bedeutung, während er bei einem Freizeitpferd eine eher untergeordnete Rolle spielt. In jedem Fall machen aber flache, raumgreifende Gänge das Pferd zu einem bequemen Reittier. Kurze, stuckerige Gänge – bei denen das Pferd seine Gliedmaßen nur geringfügig abbeugt – sind unangenehm für den Reiter und schaden auf die Dauer wahrscheinlich auch dem Pferd. Die Bewegungsmanier eines Pferdes wird in erster Linie von seinem Exterieur bestimmt und kann sich aufgrund von Lahmheit oder Verletzungen verändern.

Um den Bewegungsablauf eines Pferdes zu studieren, beobachtet man es zuerst im Schritt; man läßt es von sich weg, auf sich zu und an sich vorbeiführen, damit man es von vorn, von hinten und von der Seite sieht.

Worauf muß bei den einzelnen Gangarten geachtet werden?

Der Trab ist bei der Beurteilung des Bewegungsablaufes besonders wichtig – in dieser Gangart lassen sich die meisten Lahmheiten am besten entdecken. Stellungsfehler bemerkt man zwar meistens schon beim stehenden Pferd; aber einige von ihnen stören die Bewegungsmanier, was am besten zu beurteilen ist, wenn man das Pferd auf sich zu oder von sich weg traben läßt. Bewegungsstörungen, in denen die Vorderhufe in halbkreisförmigen Bogen nach vorn geschwungen werden, treten vor allem bei zehenenger Stellung auf und verursachen eine stärkere Abnutzung der Hufaußenkante. Bei bodeneng und zehenweit gestellten Pferden sieht man häufig, daß sie die Vorderhufe fast voreinander aufsetzen; diese Pferde neigen zum Stolpern.

Das Bügeln, bei dem der Huf des Pferdes während des Vorschwingens einen Halbkreis beschreibt, kommt besonders bei zehenweiter Stellung vor, überlastet die Innenseite des Hufs und ist eine häufige Ursache für Streichverletzungen. Von vorn oder hinten betrachtet, sollte das Pferd seine Beine auf möglichst gerader Linie vorschwingen – Abweichungen zur Seite können die Gelenke übermäßig beanspruchen und die Gänge unbequem machen.

Beim Betrachten von der Seite wird darauf geachtet, daß das Pferd die Hufe gut hochhebt und in einem flachen Bogen nach vorn schwingt. Sehr flache Gänge, bei denen die Hufe sich kaum vom Boden zu lösen scheinen, sind meistens kurz und lassen das Pferd leicht stolpern. Die Gelenke – vor allem Vorderfußwurzel- und Sprunggelenk – sollten deutlich abgebeugt werden, eine übermäßig hohe Knieaktion ist jedoch eher bei Kutschpferden erwünscht. Die Hinterhufe sollten in jeder Gangart weit unter den Körper treten, was besonders für die schnelleren Gangarten gilt. Das ist wichtig für den Schub aus der Hinterhand. Den Galopp sollte man sich auf beiden Händen vorführen lassen; man läßt das Pferd auf einem Zirkel galoppieren und kann so genau beurteilen, wie es sich bewegt. Die Arbeit auf dem Zirkel macht auch deutlich, ob das Pferd seinen Rücken einsetzt, ob es sich biegt oder steif macht. Auf einem engen Longierzirkel wird noch deutlicher, ob der Rücken des Pferdes gelöst ist. Es kann auch nützlich sein, das Pferd enge Wendungen um den an der Schulter stehenden Vorführer ausführen zu lassen; denn nur so kann man feststellen, ob es seine Bewegungen koordinieren und seine Hinterbeine kreuzen kann. Ausprobieren sollte man auch, ob sich das Pferd rückwärts richten läßt. Während die Gangarten eines Verkaufspferdes vorgeführt werden, sollte man auch auf die Taktreinheit achten – der Schritt ist ein Viertakt, der Trab ein Zweitakt und der Galopp eine Bewegung im Dreitakt (siehe 1. Kapitel).

Das richtige Pferd finden

Beim Kauf eines Pferdes muß nicht nur auf seinen Gesundheitszustand geachtet werden, sondern auch darauf, daß es den Anforderungen seines Reiters entspricht.

Soll ich auf Verletzungen oder Lahmheiten achten?

Wer etwas davon versteht, sollte natürlich die Beine und Hufe des Pferdes abtasten. Wer jedoch nicht weiß, wonach er suchen soll, sollte es lieber lassen, denn er würde dem Verkäufer damit nur seine Unkenntnis deutlich machen. Probleme zu entdecken und abzuwägen, wie schwerwiegend sie sind, ist im Grunde Aufgabe des Tierarztes und sollte ihm überlassen bleiben. Ein Tierarzt hat täglich mit Lahmheiten zu tun und kennt sich daher besser damit aus als selbst der versierteste Pferdekenner. Aber auch der Laie kann untaugliche Pferde recht schnell erkennen. Es ist nie verkehrt, mit der Hand über die Beugesehnen der Vorderbeine zu fahren und auf vermehrte Wärme oder Schwellungen zu achten, die auf eine Sehnenzerrung hindeuten. Auch an den Fesselgelenken der Vorderbeine zeigen sich oft Veränderungen, was sich durch Wärme, Schmerzen beim Abbeugen oder Schwellungen (Gallen) bemerkbar macht. Auch Schwellungen am Sprunggelenk sind bedenklich. Alle vier Hufe müssen betrachtet werden, wobei besonderes Augenmerk auf ungleichmäßige Abnutzung und auf die Form der Hufe gelenkt werden muß.

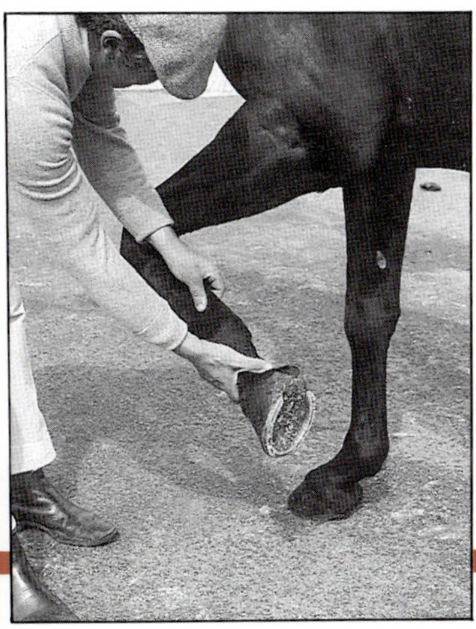

Abtasten der Beine nach Wärme, Schwellungen und empfindlichen Stellen (**links**). Diese Symptome deuten auf akute oder chronische Erkrankungen.

Beugeprobe. Nachdem das Hinterbein eine Minute lang stark abgebeugt wurde, muß das Pferd sofort antraben; wenn es dabei lahmt, ist es möglicherweise an Spat erkrankt (**rechts**).

Ist das Pferd geeignet?

Bevor man sich auf die Suche macht, sollte man ungefähr wissen, wofür man das Pferd gebrauchen will und was für ein Tier sich für die entsprechende Aufgabe am besten eignet. Hat man erst einmal ein Pferd gefunden, dessen Körperbau, Bewegungen und Temperament einem zusagen und das einem auch sonst gefällt, muß man sich fragen, ob es auch wirklich für den beabsichtigten Verwendungszweck und die Form der Haltung geeignet ist. Man sollte nicht von der ursprünglichen Vorstellung abweichen und lieber etwas mehr für ein passendes Pferd ausgeben, als im Endeffekt das falsche Pferd zu kaufen. Wer ein ruhiges Familienpferd kaufen wollte, sollte nicht mit einem Galopper heimkommen!

Welche Fragen stellt man dem Verkäufer?

Wenn man sich ein Verkaufspferd ansieht, hat man oft keine Möglichkeit, seine Verhaltensweisen und sein Temperament in allen Details zu studieren. Es empfiehlt sich daher immer, eine Reihe von Fragen zu stellen – zum Beispiel, ob sich das Pferd leicht einfangen läßt, ob es sich anbinden, scheren und beschlagen läßt; ob es verladefromm ist oder ob es irgendwelche Untugenden hat. Informieren kann man sich auch über Abstammung und Alter und bei Ponys darüber, ob ein Ponypaß existiert, in den die offiziell gemessene Größe des Tieres eingetragen ist. Außerdem sollte erfragt werden, ob das Tier regelmäßig geimpft wurde, und wenn ja, wogegen, und ob ein Impfpaß vorhanden ist. Wichtig ist auch zu wissen, welches Futter das Pferd bisher bekam, damit bei einem möglichen Kauf eine krasse Futterumstellung vermieden werden kann.

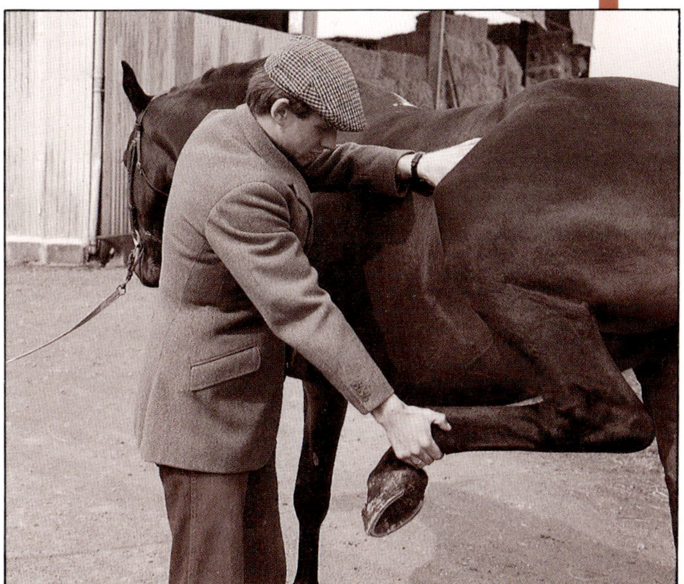

Ankaufsuntersuchung (**rechts**). Hier untersucht der Tierarzt die **Nickhaut des Pferdes,** an der sich besonders häufig bösartige Krebsgeschwülste bilden. Außerdem werden die Lidbindehäute untersucht, die eine gesunde, lachsrosa Farbe haben sollen. Blasse Schleimhäute sind ein Anzeichen für Anämie, gelbliche für Gelbsucht und bläuliche für Schock.

Was läßt sich aus Ausrüstung und Hufbeschlag eines Verkaufspferdes ablesen?

Besonderes Augenmerk sollte auf die Ausrüstung gelenkt werden, die der Verkäufer oder sein Beauftragter benutzen, um das Pferd vorzuführen - wenn es zum Beispiel nicht mit einem Trensengebiß geritten wird, sollte man sich fragen, warum ein schärferes Gebiß nötig ist. Auch auf Hilfszügel achten, die helfen, das Pferd besser unter Kontrolle zu halten - zum Beispiel Hannoversches oder Mexikanisches Reithalfter und feststehendes Martingal. Wird das Pferd mit Vorderzeug oder Schweifriemen vorgeritten, weil sonst der Sattel rutscht? Ist die Satteluntertage besonders dick gepolstert, und wenn ja, warum? Auch die Hufeisen genau betrachten: Sind sie gleichmäßig abgelaufen und haben sie eine normale Form? Eine übermäßige Abnutzung am Zehenteil der Vorderhufe kann auf Hufrollenentzündung hindeuten. Abgenutzte Zehen an den Eisen der Hinterhufe sind ein Zeichen dafür, daß das Pferd die Hinterhufe nicht richtig hochhebt, möglicherweise wegen einer Erkrankung des Sprunggelenks. Spezialhufeisen lassen vermuten, daß eine Fehlstellung der Gliedmaßen vorliegt. Hufeisen, deren Innenkante eingezogen ist (Streichhufeisen) oder deren Vorderkante gebrochen ist (Greifhufeisen), sollten zu Bedenken Anlaß geben. Sehr breite, mit Querstegen versehene Hufeisen werden häufig bei Pferden mit chronischer Rehe verwendet; bei Pferden, die unter dieser Krankheit leiden, sind oft die Enden der Hufeisenschenkel besonders stark abgenutzt (wie auch bei der Krongelenksschale). Auch auf untergelegte Kunststoffkeile und verdickte Hufeisenschenkel achten.

Worauf muß sonst noch geachtet werden?

Wie sich das Pferd bei der Vorführung benimmt, sollte den potentiellen Käufer nicht allzusehr beeindrucken - schließlich befindet sich das Pferd in seiner gewohnten Umgebung, und der Vorführer zeigt nur, was das Pferd besonders gut kann; er wird kaum etwas vorführen, von dem er weiß, daß das Pferd es nicht gut zeigen wird. Wenn der Interessent das Pferd dann selber reitet, sollte er nicht versuchen, das bereits Gesehene noch einmal zu wiederholen, sondern etwas anderes ausprobieren. Man reitet am Stall vorbei, um festzustellen, ob das Pferd ein Kleber ist, und unternimmt, wenn möglich, auch einen Ausritt. Wenn das Pferd bereits geritten wird, wenn man ankommt, sollte man sich fragen, ob dies geschieht, um es ruhiger zu machen oder um es aufzuwärmen und so ein Problem zu verbergen. Wenn man einen Besichtigungstermin abmacht, sollte man darum bitten, das Pferd im Stall sehen zu dürfen und nicht erst, wenn es aufgezäumt und gesattelt oder womöglich schon abgeritten ist. Eine Allergie gegen Schimmelpilze in Heu und Stroh verursacht eine verbreitete und schwer heilbare Atemwegerkrankung (COPD). Pferde mit diesem Leiden brauchen eine staubfreie Einstreu und spezielles Futter und können stark husten oder unter Atemnot leiden. Bei Weidehaltung sind sie jedoch beschwerdefrei. Wenn das Pferd gesund aussieht und direkt von der Weide weg geritten wird, sollte man sich fragen, warum das so ist; besonderes Mißtrauen ist geboten, wenn das Pferd sofort trocken hustet, wenn es in den Stall gebracht wird.

Genauere Information über die in diesem Abschnitt verwendeten Krankheitsbezeichnungen finden sich im 8. Kapitel.

Ankaufsuntersuchung

Der Tierarzt kann am besten feststellen, ob ein Pferd unter Krankheiten oder Verletzungen leidet. Nach der Untersuchung wird er die Mängel auflisten und beurteilen, ob sie eventuell Spätfolgen nach sich ziehen können.

Wie wird eine Ankaufsuntersuchung vorgenommen?

Die Ankaufsuntersuchung erfolgt immer im Auftrag und zu Lasten des Käufers, nie des Verkäufers. Die Pferde werden stets im Hinblick auf ihren späteren Verwendungszweck untersucht; es ist also wichtig, dem Tierarzt vor der Untersuchung zu sagen, in welcher Disziplin das Pferd eingesetzt werden soll. Außerdem sollte man sich nicht scheuen, es dem Tierarzt mitzuteilen, wenn einem selbst gewisse Bedenken gekommen sind. Die Untersuchung verläuft nach festen Regeln, und die Kosten hängen von der Dauer der Untersuchung ab, nicht vom Wert des Pferdes. Der Tierarzt kann in den meisten Fällen schon vorher sagen, was die Untersuchung kosten wird.

Zuerst wird das Pferd im Stall untersucht. Jeder Körperteil wird genau betrachtet und abgetastet und jeder Fehler in einem Protokoll vermerkt. Die Herz- und Lungentätigkeit in der Ruhe werden abgehört. Zur Beurteilung des Exterieurs wird das Pferd ins Freie geführt. Um den Bewegungsablauf zu studieren, läßt sich der Tierarzt das Pferd im Schritt und Trab, in engen Wendungen und beim Rückwärtsrichten vorführen. Dann wird das Pferd vorgeritten – nur ungerittene Pferde werden longiert –, und der Bewegungsablauf im Galopp wird analysiert. Das Pferd sollte längere Zeit im Galopp geritten werden, damit Herzschlag und Atemfrequenz nach einer Anstrengung überprüft werden können. Ein Springpferd wird außerdem häufig bei der Arbeit über Hindernisse vorgeführt. Schließlich wird es in den Stall zurückgebracht und hat 15 Minuten Zeit, sich wieder zu beruhigen. Während dieser Zeit können Seh- und Hörvermögen geprüft werden. Danach wird es noch einmal im Trab vorgeführt, um sicherzustellen, daß es durch die Anstrengung nicht zu Lahm- oder Steifheiten gekommen ist.

Der Tierarzt erstellt ein Protokoll, in dem das Tier genau beschrieben ist und sämtliche Mängel und ihre Bedeutung aufgeführt sind. Außerdem wird er sich dazu äußern, ob das Tier seiner Meinung nach für den gewünschten Ver-

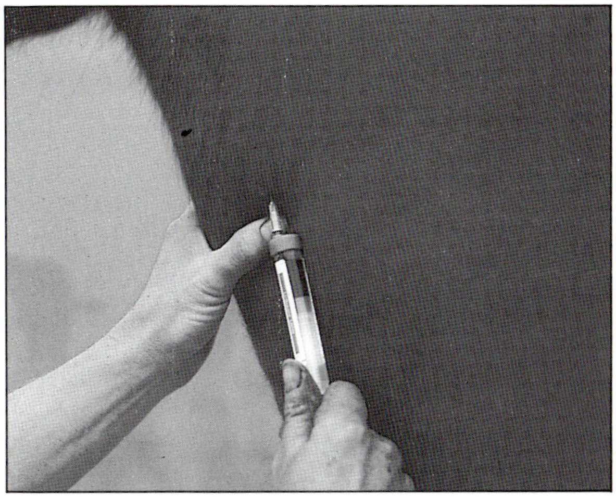

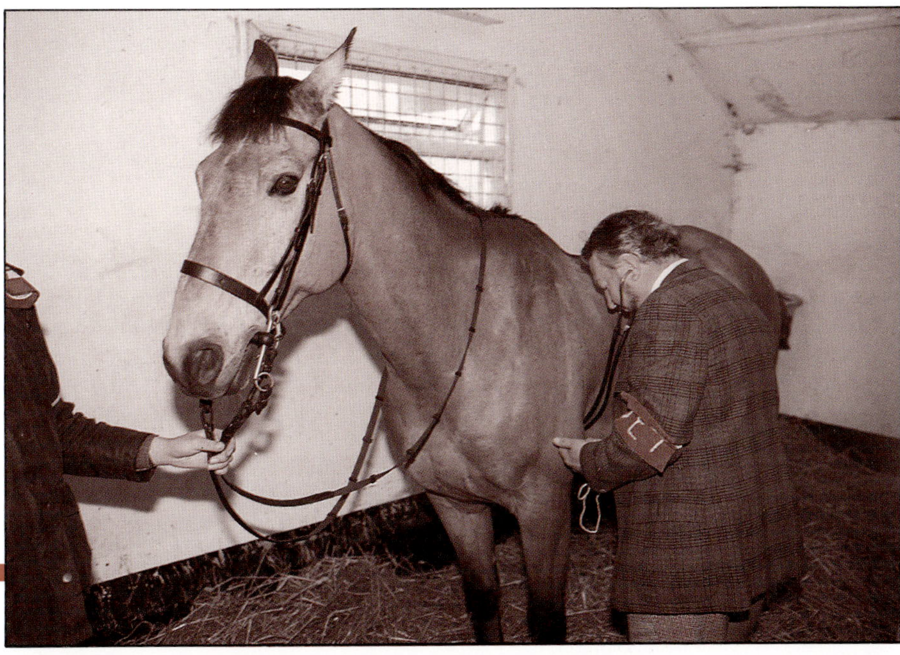

Der Tierarzt entnimmt eine **Blutprobe** aus der Drosselvene am Hals. Wie beim Menschen kann auch beim Pferd eine Vielzahl von Erkrankungen über das Blut nachgewiesen werden.

Ankaufsuntersuchung. Um herauszufinden, ob ein Pferd akut oder chronisch erkrankt ist, ist der Tierarzt die geeignetste Person (**links**). Nach einer gründlichen Untersuchung wird er alle gefundenen Mängel in einem Protokoll vermerken und dem Käufer erläutern, ob sie zu Problemen führen können.

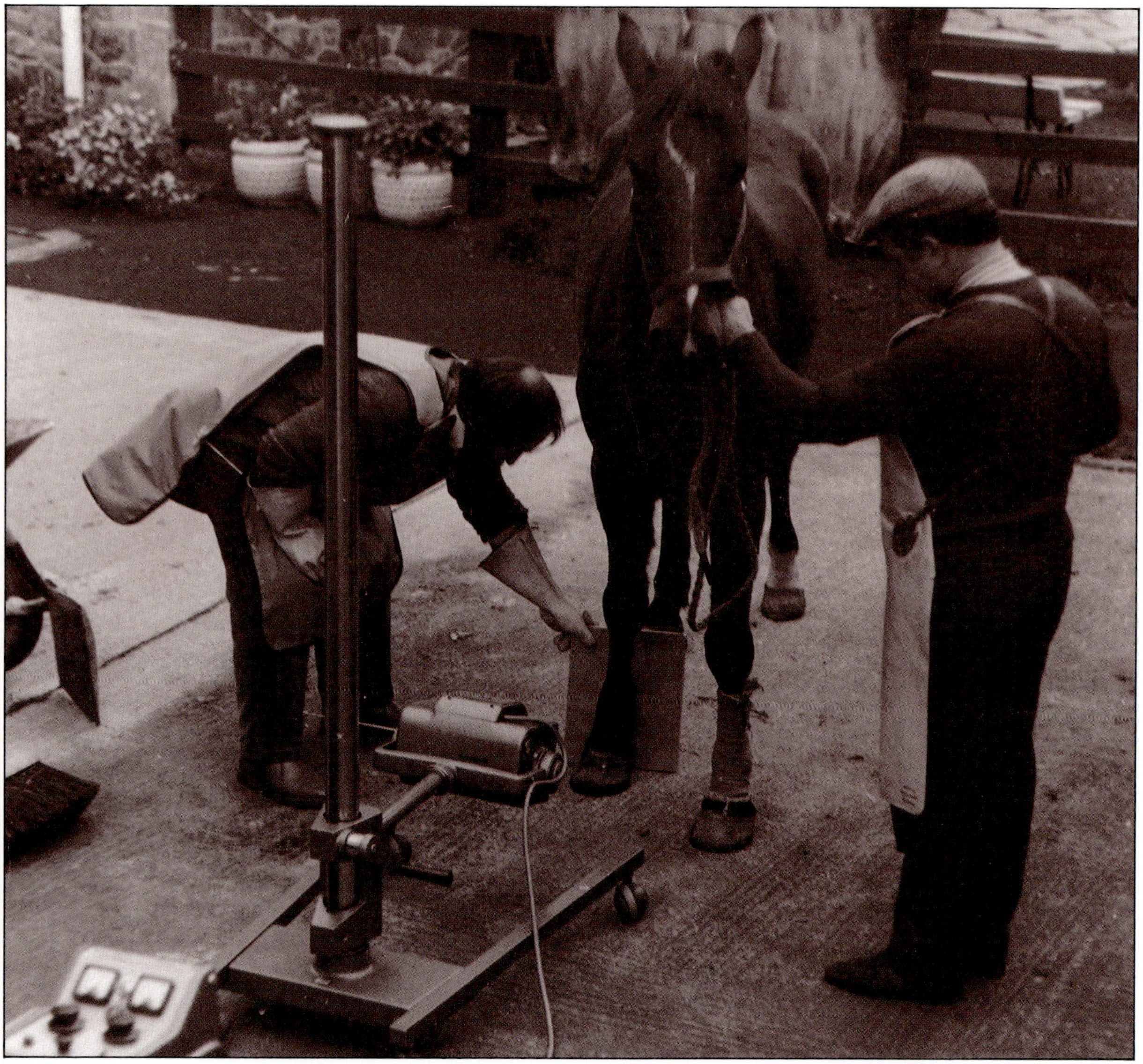

wendungszweck geeignet ist – kleinere Narben zum Beispiel sind bei einem Freizeit- oder Jagdpferd ohne Bedeutung; ein Pferd, das auf Schauen vorgestellt werden soll, machen sie jedoch wertlos.
Gelegentlich bestehen auch nach der Ankaufsuntersuchung noch Zweifel über Gesundheit oder Brauchbarkeit des Pferdes, und es werden eingehendere Untersuchungen fällig. Zu ihnen gehören Röntgenaufnahmen, Aufzeichnungen der Herzströme (EKG) oder die Endoskopie der Bronchien. Bei wertvollen Sportpferden gehört die Röntgenuntersuchung von Beinen und Hufen bei der Ankaufsuntersuchung vielfach schon zur normalen Routine.

Ist eine Ankaufsuntersuchung unbedingt nötig?

Selbst wenn man sich in das angebotene Pferd schon verliebt hat, ist es wenig sinnvoll, es zu kaufen, nur um später festzustellen, daß es lahm, krank oder für den vorgesehenen Verwendungszweck völlig ungeeignet ist. Ein erfahrener Pferdekenner kann zwar die meisten schwerwiegenden Fehler entdecken; aber es ist Aufgabe des Tierarztes, Lahmheiten, Verletzungen und Krankheiten zu diagnostizieren und zu behandeln. Er hat wesentlich mehr Erfahrung darin, erste Anzeichen von Erkrankungen zu deuten, und weiß aus seiner praktischen Erfahrung, wel-

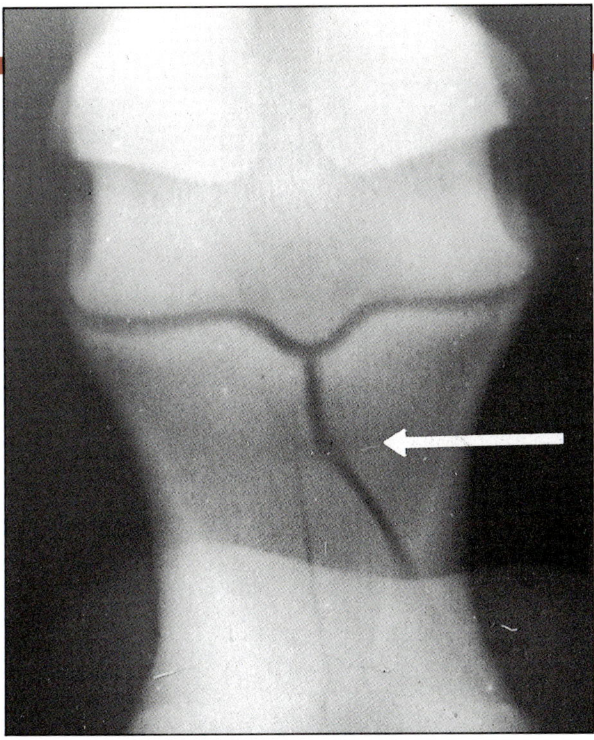

Röntgenaufnahmen bei einer Lahmheit (**links**).

Die Röntgenaufnahme (**oben**) zeigt einen **Fesselbeinbruch.** Früher hätte solch eine Verletzung das Ende des Pferdes bedeutet, aber mittlerweile gibt es eine Methode, die Bruchstücke miteinander zu verschrauben.

che Mängel voraussichtlich Spätfolgen nach sich ziehen und welche nicht. Eine vom Tierarzt vorgenommene Ankaufsuntersuchung ist von ähnlicher Bedeutung wie die Prüfung eines Gebrauchtwagens durch einen Sachverständigen. Bei der Ankaufsuntersuchung soll das Pferd so genau untersucht werden, wie es die zur Verfügung stehende Zeit erlaubt, damit so viele Mängel wie möglich gefunden werden. Natürlich wird es immer Fehler geben, die bei der Untersuchung verborgen bleiben; aber ihr Sinn ist, möglichst viele Fehler aufzuzeigen. Wenn man sich also für ein Pferd entschieden hat, bestellt man den Tierarzt, bevor man sich mit dem Verkäufer einigt. Die zu diesem Zeitpunkt anfallenden Mehrkosten können später viel Geld und Ärger ersparen.

Muß das Pferd versichert werden?

Es empfiehlt sich, das Pferd sofort nach Kaufabschluß zu versichern – noch ehe es in seinen neuen Stall transportiert wird. Man kann sich von seinem Versicherungsvertreter beraten lassen, aber im Grunde gibt es drei Arten von Pferdeversicherungen: gegen Tod (oder Nottötung), gegen dauernde Unbrauchbarkeit und seit kurzem auch gegen Krankheit. Vor dem Abschluß einer Lebensversicherung verlangen manche Versicherungsgesellschaften eine tierärztliche Untersuchung; dies hängt vom Alter und vom Wert des Tieres ab. Solch eine Untersuchung ist allerdings kein Ersatz für die Ankaufsuntersuchung; denn bei ihr kommt es nur darauf an, daß das Pferd gesund ist. Ein Pferd, das gegen dauernde Unbrauchbarkeit versichert werden soll, muß in den meisten Fällen vorher untersucht werden; wer solch eine Versicherung abschließen möchte, sollte den Tierarzt schon vor der Ankaufsuntersuchung darüber informieren und spart so die Kosten für eine zweite Untersuchung. Die Tierarztkosten können sehr hoch sein, vor allem wenn das Pferd operiert werden muß. Es kann sich durchaus lohnen, eine Krankenversicherung abzuschließen. Die Versicherung übernimmt jedoch nicht alle Kosten; das heißt, es empfiehlt sich, vor dem Abschluß des Vertrages das Kleingedruckte aufmerksam zu lesen. Für Ponys und Pferde über 12 Jahre ist es meistens schwierig, eine Versicherung abzuschließen, es sei denn, man ist schon seit Jahren bei diesem Unternehmen versichert.

Wer haftet, wenn das Pferd jemanden verletzt oder sonst einen Schaden anrichtet?

Der Besitzer ist im Regelfall haftbar für alle Schäden, die sein Pferd anrichtet. Wenn es zum Beispiel aus seiner Koppel ausbricht, in einen fremden Garten eindringt und diesen verwüstet, muß der Pferdehalter für den Schaden aufkommen, ob er nun fahrlässig gehandelt hat oder nicht. Dasselbe gilt, wenn ein freilaufendes Pferd von einem Auto angefahren wird oder ausschlägt und jemanden verletzt. Auf jeden Fall haftet der Pferdehalter, wenn ihm grobe Fahrlässigkeit nachgewiesen werden kann, wenn er zum Beispiel das Koppeltor oder die Stalltür offenläßt oder mit einem Pferd, das als Schläger bekannt ist, in eine Menschenmenge hineinreitet. Da immer mehr Leute Rechtsschutzversicherungen abschließen und deshalb auch mehr dazu neigen, im Schadenfall vor Gericht zu gehen, kann allen Pferdehaltern nur dringend geraten werden, sich durch eine Haftpflichtversicherung zu schützen. Sie läßt sich häufig mit anderen Versicherungen kombinieren, zum Beispiel gegen Tod oder dauernde Unbrauchbarkeit. Vielfach ist es ohne große Probleme möglich, die private Haftpflichtversicherung auf ein Pferd oder mehrere auszudehnen.

Wie bei allen Versicherungen sollte man sich vor dem Abschluß von einem Vertreter beraten lassen und auch das Kleingedruckte aufmerksam lesen, damit man genau weiß, in welchen Fällen die Versicherung eintritt. Im Falle eines Unfalles zahlen Versicherungen jedoch nur, wenn sie gesetzlich dazu verpflichtet sind. Sie sind nicht verpflichtet, Beträge zu erstatten, die ein von Schuldgefühlen geplagter Pferdebesitzer einem Geschädigten freiwillig gezahlt hat.

Zweiter Teil

Gesunderhaltung des Pferdes

7

Erste Hilfe im Notfall

Herauszufinden, ob ein Pferd krank oder verletzt ist und im richtigen Moment den Tierarzt zu rufen, ist nicht ganz einfach. Diese Bürde der Verantwortung ist jedoch leichter zu tragen, wenn man weiß, worauf man achten muß und gelernt hat, einfache Vorgänge wie das Messen der Temperatur selbst auszuführen. Außerdem kommt es bei Pferden häufig zu Prellungen, kleinen Hautverletzungen und anderen harmlosen Problemen, mit denen der Pferdebesitzer selbst fertigwerden muß. Dabei ist es von entscheidender Bedeutung, die richtigen Hilfsmittel zur Hand zu haben und sie korrekt zu gebrauchen. Unter Umständen rettet man dem Pferd das Leben, wenn man weiß, wie man es im Falle einer Verletzung ruhigstellt und Erste Hilfe leistet. Außerdem fällt die Verabreichung von Wurmmitteln und anderen Medikamenten ebenso in die Zuständigkeit des Pferdehalters wie die Pflege eines kranken Pferdes. Von entscheidender Bedeutung ist es, zu wissen, wie man diese Aufgaben ausführt, denn eine falsche Behandlung kann das Problem nur verschlimmern.

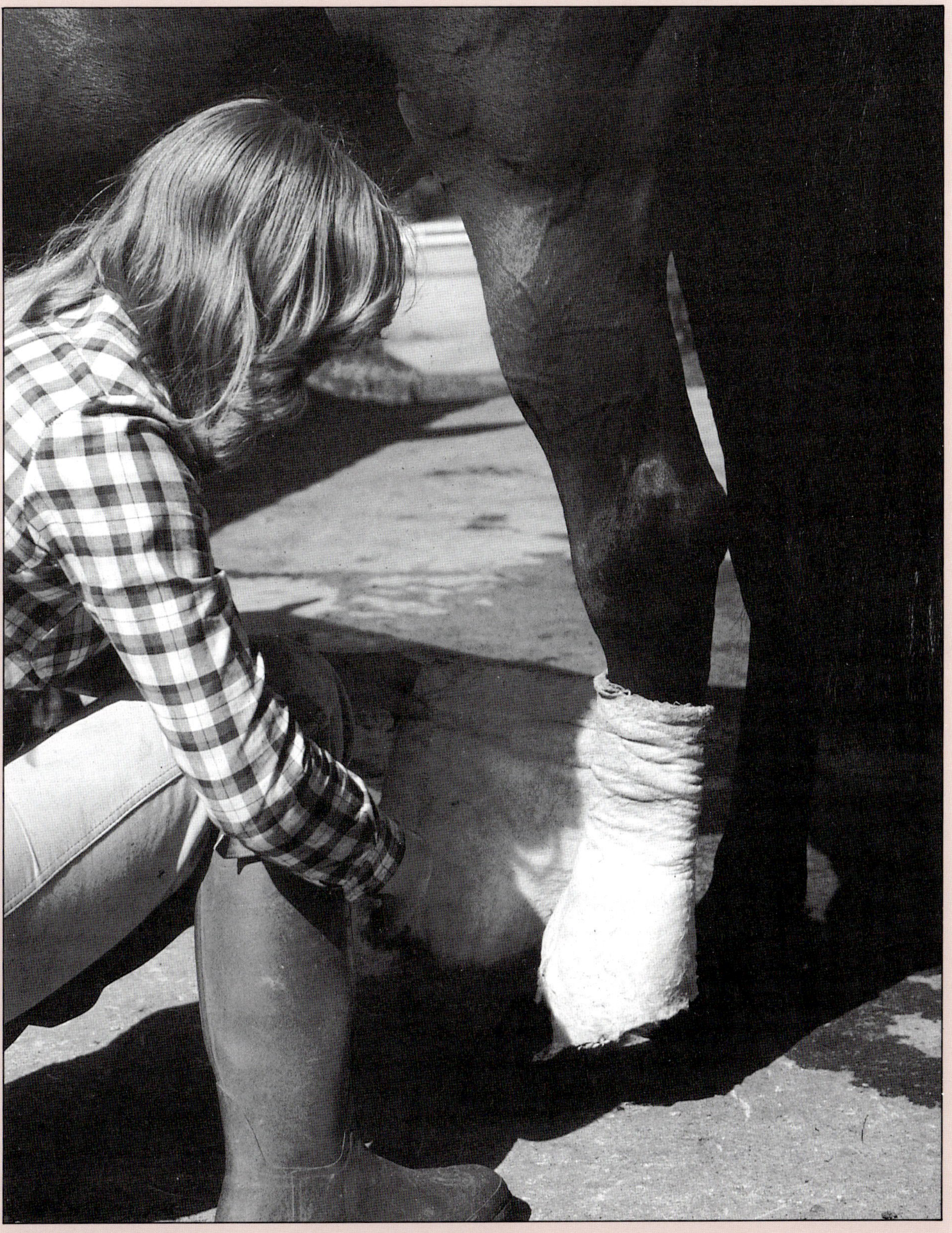

Krankheits-symptome

Änderungen im Verhalten oder Aussehen des Pferdes können erste Krankheitsanzeichen sein. Wenn eine Erkrankung früh genug erkannt wird, läßt sich ihr Verlauf oft günstig beeinflussen.

Welche Krankheitsanzeichen können auftreten?

Krankheiten sind oft schon durch äußere Anzeichen zu erkennen, zum Beispiel am Futterzustand, dem Zustand des Fells oder an ungewöhnlichen Schwellungen. Auch Verhaltensänderungen wie Futterverweigerung, Apathie oder nervöse Beschwerden deuten auf eine Krankheit hin. Außerdem spielen Veränderungen der Körperfunktionen eine Rolle, zum Beispiel Ausfluß aus verschiedenen Körperöffnungen, Atemnot oder gestörter Harn- und Kotabsatz. Bewegungsunlust oder Veränderungen der Gangarten deuten auf Erkrankungen oder Lahmheiten hin.

Pferde sind Gewohnheitstiere. Tägliches genaues Beobachten ermöglicht es, geringgradige Verhaltensänderungen, die auf eine Krankheit hindeuten können, schon früh zu entdecken. Eine Erkrankung, die schon im Anfangsstadium entdeckt und behandelt wird, verläuft in vielen Fällen weniger schwerwiegend. Das Fell des Pferdes ist ein Spiegel seiner Gesundheit – ein krankes Pferd wird nie ein glänzendes Fell haben. Verschwitzte Stellen im Fell sind bei einem Pferd im Ruhezustand immer ein Zeichen einer Krankheit. Auch die Austrocknung des Körpers läßt sich anhand der Haut feststellen – wenn man eine Hautfalte ergreift und hochzieht, glättet sie sich nur sehr langsam wieder.

Eine langsame Verschlechterung des Futterzustandes ist oft ein Zeichen für eine chronische Erkrankung. In manchen Fällen (wie bei einer chronischen Leberschädigung durch Jakobs-Kreuzkraut) ist die Abmagerung das einzige Symptom. Bei anderen Erkrankungen kann sich die Körperform verändern – man denke an die aufgeblähten Bäuche stark verwurmter Pferde.

Hautprobleme

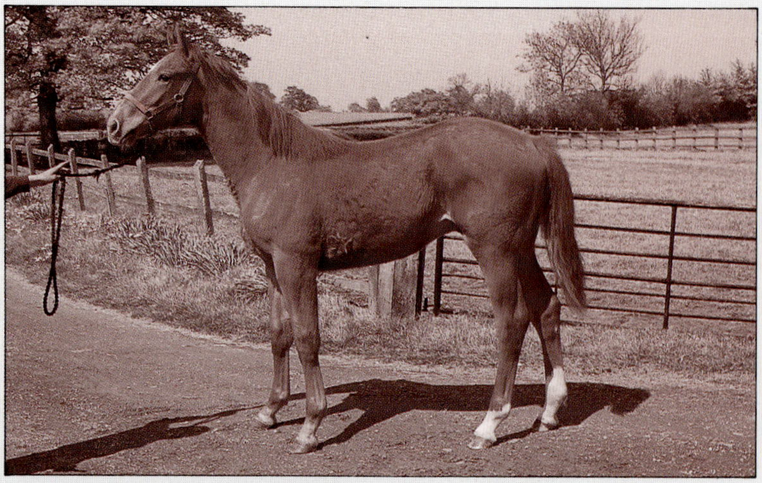

Das Fell des Pferdes ist der Spiegel seiner Gesundheit. Ungenügende Fütterung und mangelnde Pflege sind die Ursachen für das stumpfe Fell dieses Pferdes (**oben**).

Mangelnde Fütterung führte bei diesem Pferd zur **Unterernährung** (**links**); außerdem leidet es an einer Hautkrankheit.

Der Appetit des Pferdes sagt vielleicht am meisten über seinen Gesundheitszustand aus. Wenn ein Pferd sein Futter nicht auffrißt, sollte man stets herauszufinden versuchen, warum das so ist. Steifheit oder Bewegungsunlust können ein Anzeichen für eine Krankheit (wie Tetanus oder Hufrehe) sein, aber auch auf eine Verletzung oder Lahmheit hindeuten. Auch das Entlasten eines Vorderbeins ist nicht normal. Apathie und plötzliche Interesselosigkeit sind Verhaltensänderungen, deren Ursache erforscht werden muß. Deutliche nervöse Beschwerden wie Muskelzittern, Lähmungen oder mangelnde Koordinationsfähigkeit sind Anzeichen für ernsthafte Erkrankungen, bei denen der Tierarzt sofort hinzugezogen werden muß. Auch Veränderungen der Körperfunktionen wie zum Beispiel der Atmung sind Anzeichen einer Krankheit; möglich sind zum Beispiel übermäßig schnelles, schweres oder geräuschvolles Atmen mit oder ohne Nasenausfluß und Husten. Weitere Krankheitssymptome sind übermäßige Wasseraufnahme, zu häufiges oder zu seltenes Absetzen von Urin, zu harter oder zu weicher Kot (oder überhaupt kein Kotabsatz), Speicheln oder das Fallenlassen von halbgekauten Futterbrocken.

Weshalb verliert das Pferd an Gewicht?

Ein Pferd in gutem Futterzustand zu halten, ist ein Problem; dies gilt besonders für sehr edle Pferde, die oft sehr wählerisch sind. Die erste Überlegung ist zweifellos, ob das Pferd auch genug Futter bekommt. Ein Pferd, das regelmäßig harte Arbeit leistet, kann an Gewicht verlieren, wenn in seiner Futterration nicht genug Kraftfutter enthalten ist. Häufig sind Würmer die Ursache für den schlechten Futterzustand eines Pferdes. Anhand von Kotuntersuchungen kann die Stärke des Wurmbefalls nachgewiesen werden. Um sie gesund zu erhalten, müssen alle Pferde, vor allem aber Weidepferde, regelmäßig entwurmt werden.

Eine weitere Ursache für Gewichtsverlust sind Verdauungsprobleme wie zum Beispiel chronische Erkrankungen der Darmschleimhäute, die die Absorption von Nährstoffen erschweren. Auch chronischer Durchfall und chronische Leberschäden lassen Pferde abmagern, und Zahnschmerzen verhindern, daß das Futter richtig gekaut wird und somit auch richtig verdaut werden kann.

Was tun, um den Futterzustand zu verbessern?

Wenn das Tier an Gewicht verliert, zuerst die Futterration überprüfen und die Kraftfutterration erhöhen. Außerdem wird ein Wurmmittel verabreicht, dessen Wirkstoff sich von dem zuletzt benutzten unterscheiden muß, weil die Würmer manchmal gegen häufig verwendete Wirkstoffe resistent werden. Wenn das Pferd nicht nach kurzer Zeit (nach etwa zwei Wochen) besser aussieht, muß der Tierarzt geholt werden. Er wird die Zähne kontrollieren und wenn nötig behandeln. Außerdem kann er Proben zur Untersuchung mitnehmen. Besonders sinnvoll ist die Untersuchung einer Blutprobe, denn durch sie lassen sich nicht nur Leber- und Darmschäden nachweisen, sondern auch übermäßige Beanspruchung, Anämie und leichte Bakterien- oder Virusinfektionen, die fast ohne Symptome ablaufen. Stetiger Gewichtsverlust kann ein Zeichen für eine chronische Erkrankung sein. Viele chronische Erkrankungen sind nur schwer zu heilen, wenn sie erst spät entdeckt werden, und beeinträchtigen in vielen Fällen Gesundheit und Leistungsfähigkeit des Pferdes.

Was tun, wenn das Fell seinen Glanz verliert?

Das Fell eines gesunden Pferdes glänzt immer, außer bei Pferden, die im Offenstall überwintern. Ein stumpfes Fell ist immer ein Warnsignal und kann auf starke Verwurmung hindeuten oder auch auf eine innere Erkrankung zum Beispiel der Leber oder der Nieren. Wenn Pferde Fieber haben, verliert das Fell seinen Glanz besonders schnell. Pferde mit Shampoo zu waschen, empfiehlt sich nicht, es sei denn, es wäre aus medizinischen Gründen notwendig, denn das Shampoo entzieht dem Fell die natürlichen Fette, die es wasserabstoßend machen.

Warum verweigert das Pferd sein Futter?

Appetitlosigkeit kann das erste Anzeichen einer Krankheit sein; es ist daher ratsam, sofort die Temperatur zu messen, wenn das Pferd das Futter verweigert oder teilnahmslos erscheint. Wenn das Pferd sich zwar für sein Futter interessiert, es aber nicht frißt, halbgekautes Futter wieder fallenläßt oder es ihm im Hals steckenbleibt und durch die Nüstern wieder hervorgewürgt wird, muß sofort der Tierarzt gerufen werden. Wenn ein Pferd nicht frißt, sollte man auch seinen Kot genauer betrachten. Wenn das Pferd nur kleine Mengen harten Kotes absetzt, leidet es vermutlich an einer Verstopfung. Von diesem Leiden sind Stallpferde besonders häufig betroffen; um es zu verhindern, kann einmal wöchentlich ein Kleiebrei gefüttert oder dem Kraftfutter etwas Epsom- oder Glaubersalz zugefügt werden.
Pferde haben einen hochentwickelten Geruchs- und Geschmackssinn. Abgestandenes Futter rühren sie auch dann nicht an, wenn es mit frischem vermischt wird. Deshalb müssen alte Futterreste vor jeder Fütterung entfernt werden. Wenn ein Pferd mehr als 24 Stunden keinerlei Futter aufnimmt, ist es sehr krank, und der Tierarzt muß unverzüglich gerufen werden.

Wie mißt man die Körpertemperatur?

Alle Pferdehalter sollten in der Lage sein, die Temperatur ihres Pferdes zu messen. Das ist nicht weiter schwierig; verwendet wird ein normales Fieberthermometer, mit dem man leicht ermitteln kann, ob das Pferd gesund ist, eine erhöhte Temperatur oder sogar Fieber hat. Das Fieberthermometer gehört in jede Stallapotheke.
Vor dem Messen muß die Quecksilbersäule heruntergeschlagen werden. Dann wird die Spitze mit Vaseline oder Speichel gleitfähig gemacht, in den After des Pferdes eingeführt und etwa eine Minute lang dort festgehalten. Am besten bittet man einen Helfer, den Kopf des Pferdes festzuhalten (unruhige Pferde vorher auftrensen) und stellt sich selbst links seitlich neben die Kruppe. Unter leisem Sprechen fährt man mit der Hand ruhig über die Kruppe bis zum Schweifansatz und zieht den Schweif mit der linken Hand zu sich herüber, damit der After freiliegt und man das Thermometer mit der rechten Hand einführen kann. Jetzt kann der Schweif losgelassen werden, die rechte Hand hält das Thermometer aber weiterhin fest. Bei unruhigen Pferden, die auszuschlagen drohen, sollte der Helfer, der das Pferd festhält, einen Vorderhuf aufheben. In jedem Fall muß das Thermometer aber während der ganzen Zeit festgehalten werden, denn der Reiz, den es auf den Schließmuskel des Afters ausübt, könnte zum Kotabsatz anregen, wobei das Thermometer mit auf den Boden fallen und zerbrechen würde. Es kann aber auch passieren, daß sich der Schließmuskel plötzlich entspannt und das Thermometer im Innern des Enddarms verschwindet!

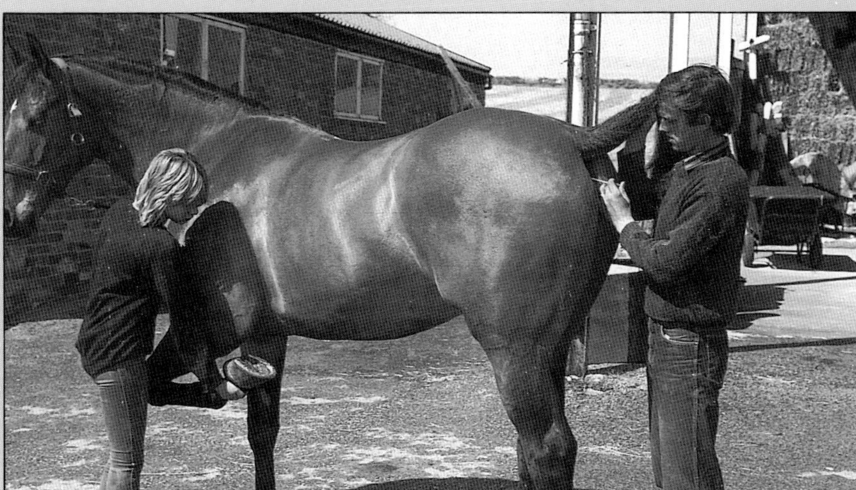

Messen der Körpertemperatur. Jeder Pferdehalter sollte lernen, wie man die Körpertemperatur des Pferdes mißt.

Pulsfühlen an der Stelle, an der die Kieferarterie über den Kieferknochen führt. Ein erhöhter Ruhepuls kann ein Zeichen für einen Schock sein, aber herauszufinden, welche Pulsfrequenz mit welchem Kreislaufproblem zusammenhängt, überläßt man am besten dem Tierarzt.

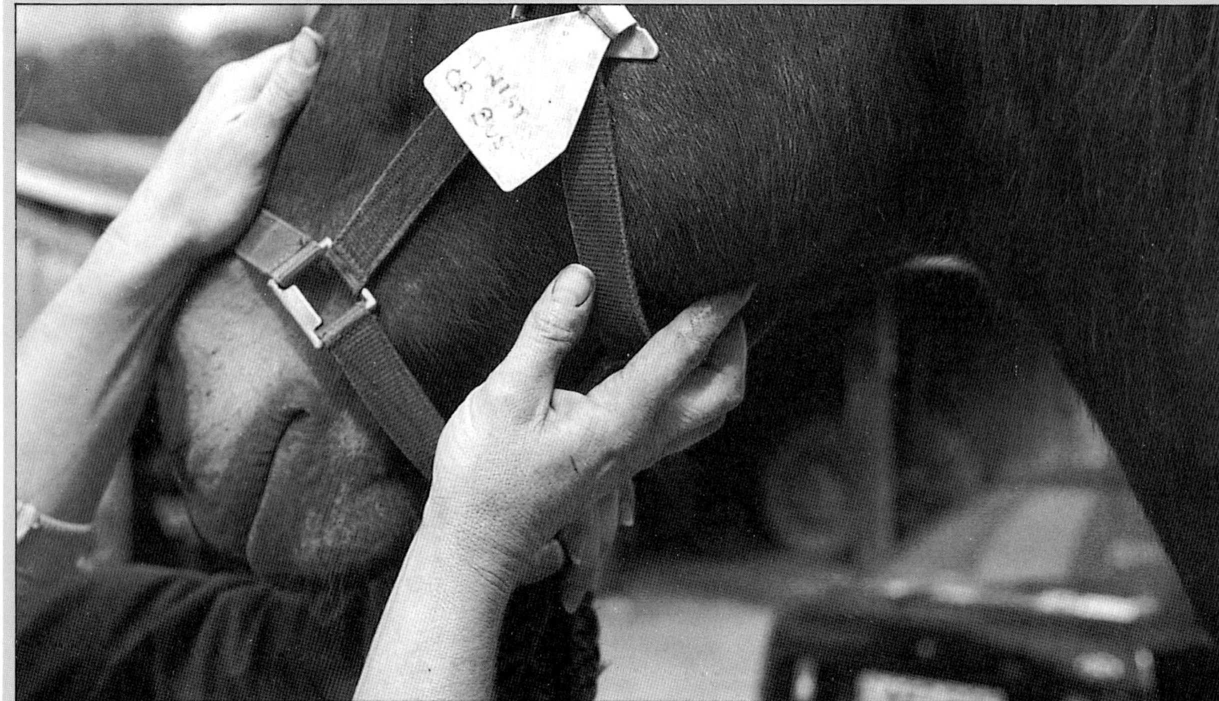

Welche Körpertemperatur hat ein gesundes Pferd?

Die Körpertemperatur eines gesunden Pferdes liegt bei 38 °C. Die Körpertemperatur von Fohlen liegt gewöhnlich etwas höher als die erwachsener Pferde, bei ihnen geht der Normalbereich bis 38,6 °C. Das Messen der Temperatur ist oft die einzige Methode, um eine Krankheit festzustellen, vor allem wenn das Tier bereits infiziert, die Krankheit aber noch nicht ausgebrochen ist. Bei Fieber muß ebenso wie bei Untertemperatur (zum Beispiel durch Schock) sofort der Tierarzt geholt werden.

Wie hoch ist die Atemfrequenz des gesunden Pferdes?

In der Ruhe atmet ein Pferd zwischen acht- und zwölfmal in der Minute. Im Falle einer Lungen- oder Brustfellentzündung ist die Atemfrequenz stark erhöht. Auch Verletzungen der Rippen (zum Beispiel bei neugeborenen Fohlen) führen ebenso zu beschleunigter Atmung wie Krankheiten, die mit Fieber einhergehen. Wenn das Pferd sehr aufgeregt ist, hat es keinen Sinn, einen Ruhewert ermitteln zu wollen.

Bei der allergisch bedingten Bronchitis (COPD) ändert sich der Vorgang des Atemholens, und das Pferd muß zum Ausatmen seine Muskeln anspannen. Normalerweise ist das Ausatmen ein passiver Vorgang, bei dem sich die Zwischenrippenmuskulatur entspannt. Bei Pferden, die unter COPD leiden, folgt der normalen Ausatmung noch eine weitere unter Einsatz von Muskelkraft. Diese Form der Atmung wird als doppelschlägig bezeichnet und läßt sich am besten beobachten, wenn man sich vorn seitlich neben die Pferdeschulter stellt.

Wann muß der Tierarzt geholt werden?

Zu entscheiden, wann der Tierarzt eingreifen sollte, ist nicht immer einfach. Im Zweifelsfall ruft man den Tierarzt an, gibt ihm so viele Informationen wie möglich (über Futteraufnahme, Körpertemperatur, eventuelle Schweißausbrüche oder ungewöhnliche Verhaltensweisen) und läßt ihn dann entscheiden, ob er einen Besuch für nötig hält. Bei jeder Form von Kolik zum Beispiel muß der Tierarzt sofort eingreifen, denn die Behandlung kann über Leben und Tod des Tieres entscheiden. Auch bei Fieber (über 38,6 °C), bei Lahmheiten und Verletzungen sollte der Tierarzt gerufen werden. Damit Wunden gut heilen, müssen sie genäht werden, solange sie noch frisch sind, das heißt, der Tierarzt muß sofort nach der Entdeckung einer Verletzung gerufen werden.

Was tun, wenn das Pferd einen kranken Eindruck macht?

Wenn man bei seinem Besuch auf der Weide oder im Stall den Eindruck gewinnt, dem Pferd könnte etwas fehlen, muß man sich die Zeit nehmen und es eine Weile beobachten (siehe Krankheitssymptome, S. 110). Ein Weidepferd bringt man dazu am besten in den Stall. Die Atemzüge zählen, wenn möglich die Temperatur messen, etwas Futter anbieten, auf Form und Konsistenz des Kotes achten. Die Einstreu auflockern und abwarten, ob das Tier Harn absetzt. Bei ungewöhnlichen Symptomen den Tierarzt anrufen und um einen Besuch bitten.

Pflege

Ein krankes Pferd warm zu halten, gut zu füttern und zu versorgen, ist Aufgabe des Besitzers. Erkrankte Pferde müssen anders gefüttert und durch Decken und Bandagen vor Kälte geschützt werden.

Wie pflegt man ein krankes Pferd?

Pferde, die Fieber haben oder an einer Infektionskrankheit leiden, brauchen besondere Pflege. Mangelnder Appetit ist oft eines der ersten Anzeichen für Fieber, und es muß dafür gesorgt werden, daß das kranke Pferd etwas frißt. Nicht angerührtes Futter muß regelmäßig aus der Krippe entfernt und dem Pferd kleine Mengen frischen Futters vorgelegt werden. Wenn möglich sollten dies frische Grünfuttermittel sein wie zum Beispiel Äpfel, gemähtes Gras (nicht mit dem Rasenmäher) oder Möhren, die den Appetit anregen.

Eine weitere bei Fieber auftretende Komplikation ist die Verlangsamung der Verdauungsvorgänge und die mit ihr verbundene Gefahr der Verstopfung. Das Grünfutter hilft, dieses Problem zu verhüten, aber auch ein warmer Brei aus Kleie oder Leinsamen hat abführende Wirkung. Hafer sollten kranke Pferde nicht bekommen, denn er ist zu gehaltvoll für ein Tier, das keine Bewegung hat. Um den Futterzustand zu erhalten, können pelletierte Alleinfuttermittel vorgelegt werden. Die Zugabe von etwas Melasse kann das kranke Pferd zum Fressen verlocken. Ein Pferd mit Fieber muß warm gehalten werden. Meistens genügt eine leichte Stalldecke, und die Beine können zum Schutz vor Kälte mit Wollbandagen umwickelt werden.

Besonders wichtig ist eine großzügige und weiche Einstreu. Wenn Stroh verwendet wird, sollte es entlang der Wände etwas höher aufgeschüttet werden, damit sich das Pferd nicht so leicht festlegt.

Wie werden Bandagen angelegt?

Bandagen dienen als Schutz vor Verletzungen (zum Beispiel beim Reiten oder auf einem Transport), sie halten kranke Pferde warm, sie werden als Wundschutz verwendet und zum Stützen bei Sehnenzerrungen. Unter die Bandage wird gewöhnlich eine Schicht Watte oder ein anderes Polstermaterial gelegt. Zuerst wird die Polsterung um das Bein gelegt, dann beginnt man direkt unterhalb des Vorderfußwurzel- oder Sprunggelenks in derselben Richtung mit dem Bandagieren (siehe Abbildung). Die Bandage muß zwar stramm sitzen, darf aber nicht abschnüren. Bandagen, die zum Reiten angelegt werden, wickelt man abwärts bis an den Fesselkopf; bei Stall- und Transportbandagen wird das Fesselgelenk mitbandagiert. Von dort aus wird wieder aufwärts gewickelt bis unter das Vorderfußwurzel- oder Sprunggelenk, wo die Bänder auf der Außenseite des Röhrbeines verknotet werden. Zum Reiten angelegte Bandagen werden am besten mit Klebeband gesichert, damit sie sich während der Arbeit nicht lösen – aber Vorsicht ist geboten: Es besteht die Gefahr, daß Bandagen eher Sehnenschäden hervorrufen, als sie zu verhüten, vor allem, wenn sie zu stramm angelegt werden. Die untergelegte Watte kann sich zusammenballen und an dieser Stelle einen übermäßigen Druck auf das darunterliegende Gewebe ausüben. Aus diesem Grund ist es sinnvoll, Schaumstoffstücke oder in Reitsportgeschäften erhältliche «Bandagierkissen» unterzulegen.

Wie legt man einen Wundverband an?

Das Verbinden ist in vielen Fällen ein entscheidender Bestandteil der Wundbehandlung. Bei Verletzungen unterhalb von Vorderfußwurzel- oder Sprunggelenk ist dies nicht weiter schwierig, aber Verletzungen in der oberen Hälfte der Gliedmaßen zu verbinden, ist nicht so einfach, weil es dort häufig zu Druckschäden kommt. Wenn die Bandage stramm genug gewickelt ist, um nicht herunterzurutschen, ist sie im Grunde schon zu stramm und könnte einschnüren. Demzufolge ist es am Hinterbein nicht sinnvoll, Wunden oberhalb des Sprunggelenkes zu verbinden. Am Vorderbein ist das Bandagieren in der Ellenbogenregion unmöglich, doch Wunden am Unterarm und an der Vorderseite des Vorderfußwurzelgelenkes können bandagiert werden. Damit der Verband nicht rutscht, wird er an seinem

Beine

Stall- oder Transportbandagen. Eine Schicht Polstermaterial wird um das Bein gelegt und die Bandage darübergewickelt.

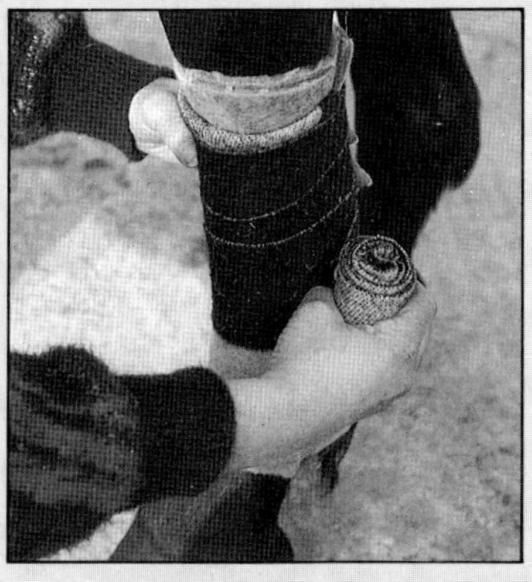

Das Bandagenende wird nach unten umgeklappt und dann noch einmal mit umwickelt. Bandagiert wird immer abwärts.

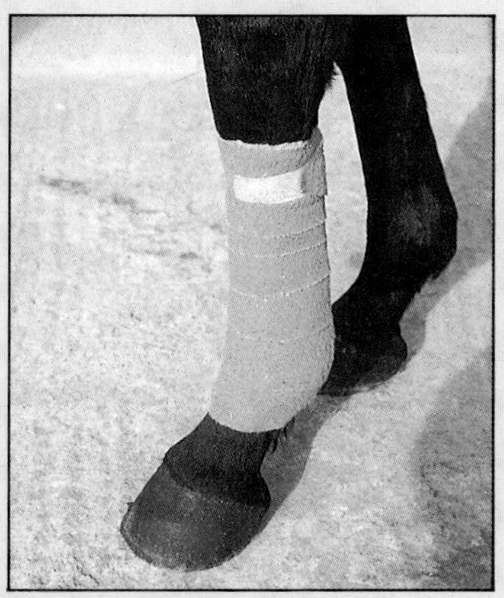

Die Bandage führt hinunter bis über das Fesselgelenk und dann wieder hinauf. Das Ende wird auf der Außenseite des Beines befestigt.

oberen Rand mit einem Klebestreifen am Fell befestigt.

Warum sollten beide Beine bandagiert werden, auch wenn nur eines verletzt ist?

Der relativ kopflastige, muskulöse Körper des Pferdes, der von dünnen, in einer einzigen Zehe endenden Gliedmaßen gestützt wird, ist ideal gebaut für das Erreichen von Geschwindigkeit. Dieses körperliche Merkmal wird aber zum schwerwiegenden Nachteil, sobald eine Gliedmaße (vor allem ein Vorderbein) verletzt ist und entlastet werden muß. Dann ruht das gesamte Körpergewicht auf einem Bein, dessen dünne Knochen für diese Belastung nicht geschaffen sind. Es ist daher besonders wichtig, auch das gesunde Bein mit einer Bandage zu stützen, vor allem bei Verletzungen wie Sehnenzerrungen oder ähnlichem. Wenn das Pferd sich kaum bewegen kann, können Bandagen an allen vier Beinen helfen, den Blutkreislauf in Gang zu halten, und verhindern das Anschwellen der Beine. Wenn das Pferd wegen einer schweren Verletzung (zum Beispiel einem Beinbruch) längere Zeit ruhig stehen muß, ist die Unterstützung des anderen Beines besonders wichtig. Leider gab es schon viele Fälle, in denen verletzte Pferde nicht mehr zu retten waren, weil Schäden an ihrem «guten» Bein auftraten (zum Beispiel eine Senkung des Hufbeins, bis die Hufbeinspitze das Sohlenhorn durchstößt), obwohl die eigentliche Verletzung am anderen Bein gut abheilte.

Wie bandagiert man den Schweif?

Zum Bandagieren des Schweifes benutzt man 6 bis 7 Zentimeter breite elastische Binden. Das Bandagieren soll das Aussehen des Pferdes verbessern oder den Schweif auf dem Transport schützen. Schweifbandagen dürfen nie über Nacht am Pferd belassen werden.

In der Regel wird der Schweif mit einer Waschbürste angefeuchtet, und ein kurzes Stück der Bandage wird abgerollt. Dieses Ende wird unter die Schweifrübe gelegt und mit zwei Wicklungen befestigt. Zwei weitere Wicklungen dienen dazu, alle Haare am oberen Ende der Schweifrübe zu erfassen; von dort aus wird abwärts bandagiert bis zum Ende der Schweifrübe, wo die Bänder verknotet werden.

Bandagieren des Schweifes

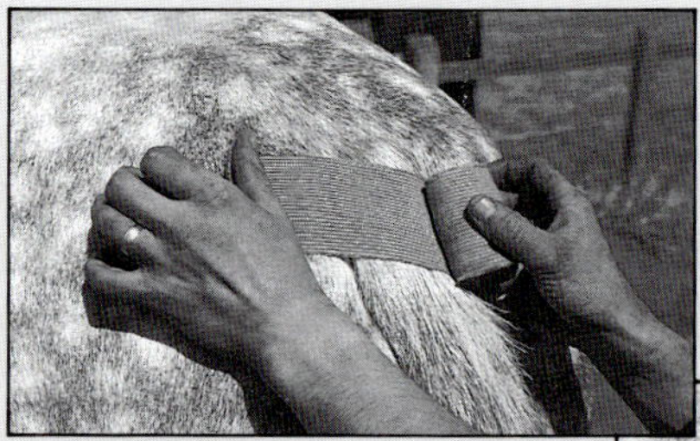

Der Anfang einer Bandage wird abgewickelt und ein kurzes Ende auf die Kruppe gelegt (**links**).

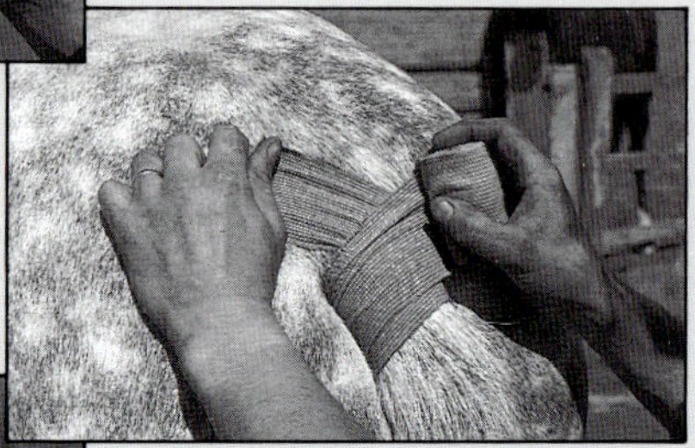

Die Bandage wird einmal um den Schweif herumgelegt, während die linke Hand das Ende festhält (**rechts**).

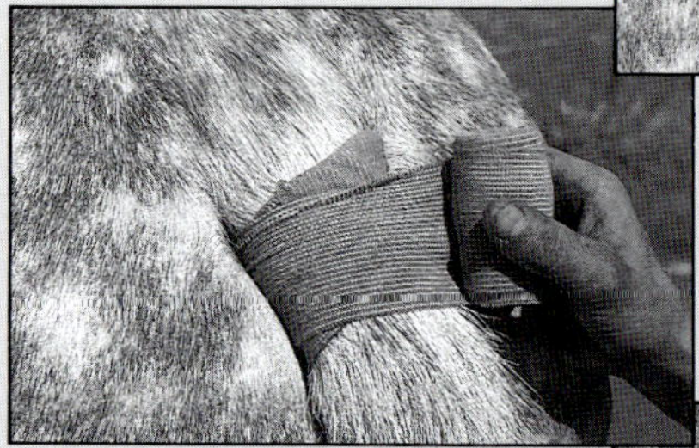

Das Bandagenende wird nach unten umgelegt und mit einer weiteren Wicklung befestigt (**links**).

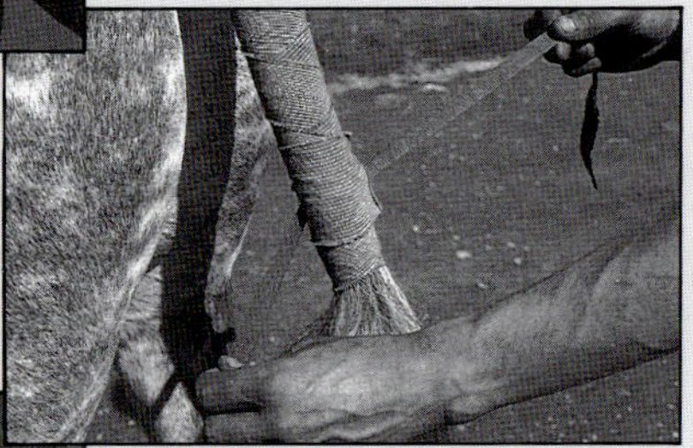

Die Bandage wird abwärts gewickelt bis zum Ende der Schweifrübe. Wenn die Bandage zu lang ist, wird wieder aufwärts bandagiert (**rechts**).

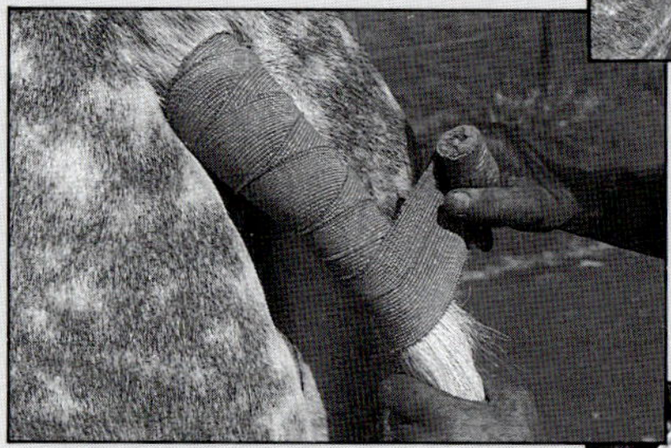

Die Bänder werden auf der Außenseite des Schweifes ordentlich verknotet und die Enden weggesteckt (**links**).

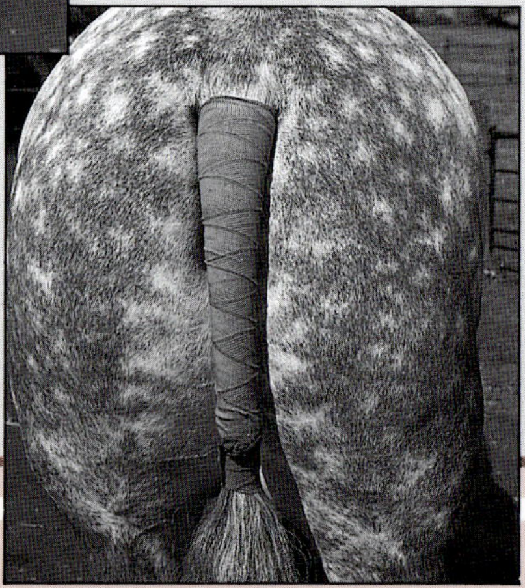

Der bandagierte Schweif wird vorsichtig in eine dem Pferd bequeme Lage gelegt (**rechts**). Um die Bandage wieder abzunehmen, ergreift man sie mit beiden Händen und streift sie nach unten ab.

Medikamente

Im Falle einer Krankheit wird der Tierarzt die nötigen Medikamente verschreiben, aber es ist Aufgabe des Besitzers, sie dem Pferd einzugeben. Das ist nicht immer einfach, weil viele Pferde Futter ablehnen, unter das Medikamente gemischt wurden. Es gibt jedoch einige Tricks, mit denen man zur Genesung des Pferdes beitragen kann.

Der Tierarzt hat ein Pulver verschrieben – wie soll ich es eingeben?

Pferde haben einen sehr gut entwickelten Geruchs- und Geschmackssinn. Sie schaffen es immer wieder, Medikamente im Futter aufzuspüren und deshalb das Futter zu verweigern. Wenn man also Wurmpulver oder andere Medikamente eingeben will, muß man versuchen, ihren Geschmack zu verdecken. Dazu eignet sich besonders gut ein Mash aus Kleie oder Leinsamen. Auch der süße Geschmack der Melasse kann dafür sorgen, daß Pferde selbst bittere Medikamente fressen.

Wie gibt man eine Wurmkur?

Die in großen Einwegspritzen verpackten Wurmpasten machen es leicht, Pferde von dieser Belastung zu befreien. Es gibt jedoch nichts Ärgerlicheres, als zuzusehen, wie ein Pferd einen Großteil des teuren Wurmmittels auf den Boden spuckt! Es lohnt sich daher, sich einen Helfer zu suchen und sich zur Verabreichung der Wurmkur etwas Zeit zu nehmen. Damit das Pferd das Medikament auch wirklich schluckt, muß es auf den Zungenrücken aufgebracht werden. Für Rechtshänder empfiehlt es sich, die Spritze an der rechten Seite des Maules einzuführen. Man stellt sich auf die rechte Seite, legt die linke Hand auf den Nasenrücken des Pferdes und schiebt die Spritze vom rechten Maulwinkel aus so tief in das Maul hinein wie möglich und drückt dann schnell ab.

Was tun bei Husten – gibt es lindernde Medikamente?

Hustensäfte und Latwergen können bei hustenden Pferden lindernd auf Rachen und Atemwege einwirken. Hustensaft gibt man am besten mit dem Futter; wenn das Pferd das Futter verweigert, spritzt man ihm das Medikament mit einer sauber ausgewaschenen Wurmkurspritze oder einer 20cc-Einwegspritze direkt ins Maul.

Als Latwerge wird eine breiige, z.B. auf Glyzerin- oder Lakritzensaft-Basis zubereitete Paste bezeichnet, die einen oder mehrere Zusätze (wie Kaliumchlorat, Wundbalsam, Kampfer) enthält und den Hustenreiz im Hals des Pferdes lindert. Sie wird mit einem Holzspatel oder einem Esslöffelrücken auf den hinteren Teil der Zunge gestrichen.

Das Wichtigste an der Hustenbehandlung ist jedoch, herauszufinden, warum das Pferd hustet. Wenn es an einer Allergie (COPD) leidet, ist es sinnlos, ihm Hustensaft zu geben. Bei Fieber oder dickflüssigem Nasenausfluß muß der Tierarzt gerufen werden, der das Pferd wahrscheinlich mit Antibiotika behandeln wird.

Hat es Sinn, Pferden mit einer Kolik etwas einzugeben?

Früher gab es verschiedene Patentmedikamente, die bei einer Kolik Wunder wirken sollten. Die meisten von ihnen waren allerdings ziemlich nutzlos; sie wurden den Pferden aus langhalsigen Weinflaschen ins Maul gegossen. Das ist jedoch sehr gefährlich, denn ein Teil der Flüssigkeit kann in die Luftröhre rinnen, zur «Eingußpneumonie» führen, die tödlich sein kann, wenn es sich um größere Flüssigkeitsmengen handelt. Flüssigkeiten sollten Pferden nur von erfahrenen Pferdekennern eingegeben werden, und der Kopf des Pferdes darf dabei nicht über die normale Höhe angehoben werden. Eine Gefahr besteht dabei aber immer, vor allem wenn die Tiere, zum Beispiel durch eine Kolik, bereits unruhig sind. Wenn einem Pferd wirklich Flüssigkeiten verabreicht werden müssen, sind gewöhnlich so große Mengen erforderlich, daß sie nur vom Tierarzt mit einer Nasenschlundsonde eingegeben werden können.

Das Eingeben von **Wurmkuren** gehört zu den Routineaufgaben des Pferdebesitzers.

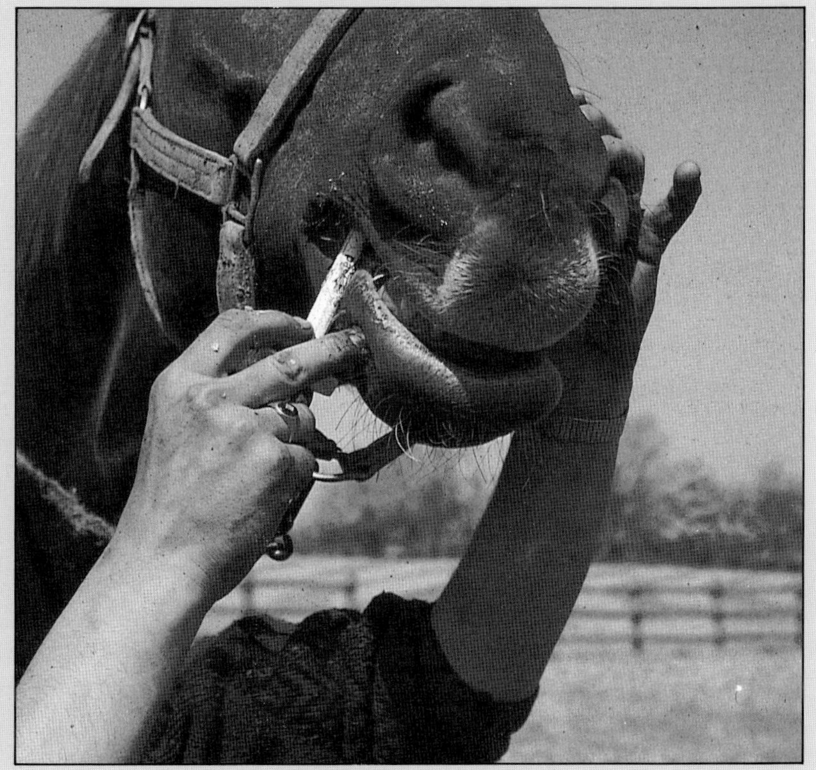

Behandlungsmethoden

Wärmepackungen oder das Abspritzen mit kaltem Wasser sind oft die besten Methoden, um das Abheilen von Verletzungen zu fördern. Tieferliegende Schäden allerdings erfordern meist eine andere Behandlung.

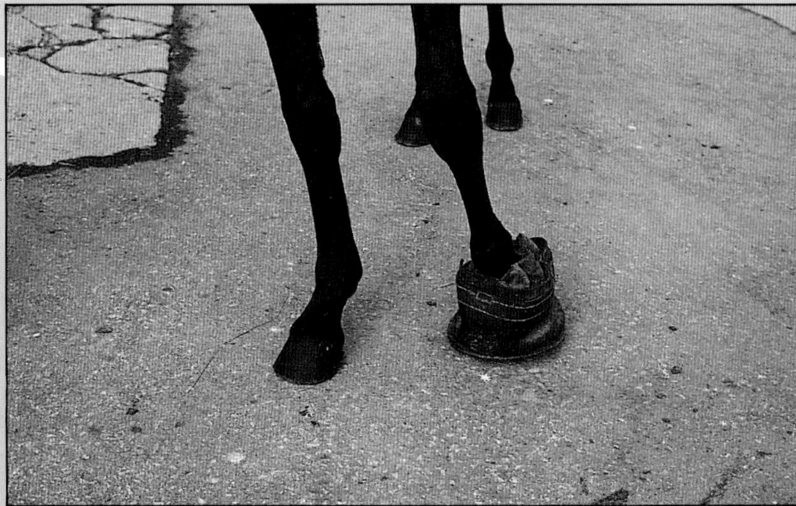

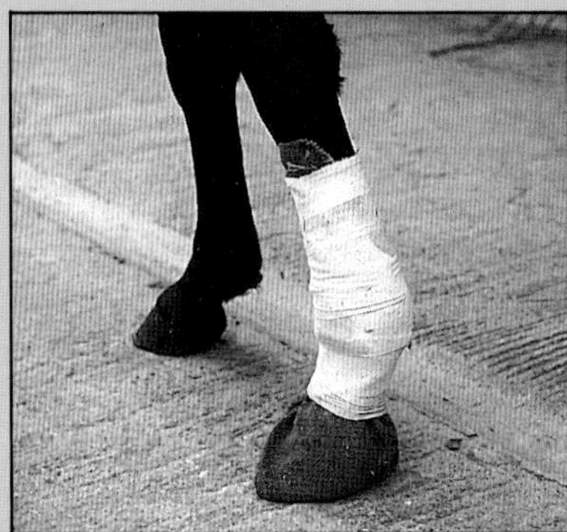

Wie wird Wärme angewendet?

Auf die Haut aufgelegte Wärmepackungen fördern die Durchblutung des darunterliegenden Gewebes. Dadurch werden entzündliche Schwellungen verringert, aber auch Abszesse zum Reifen gebracht. Man kann heißes Wasser direkt anwenden (zum Beispiel einen Huf in einen Eimer stellen) oder mit ihm ein Tuch oder eine Einreibung erwärmen und die erkrankte Körperstelle damit behandeln. Der Einsatz von Wärme ist am sinnvollsten, wenn ein Abszeß zum Reifen gebracht werden soll oder zum Entziehen von Gift aus entzündeten Wunden.

Wozu werden wärmende Umschläge verwendet?

Ein Breiumschlag ist eine einfache Methode, eine erkrankte Körperstelle zu wärmen. Einige dieser Umschläge enthalten zusätzliche Chemikalien, die dem Körper Flüssigkeit entziehen – für Wunden und Zerrungen zum Beispiel verwendet man häufig Kaolinumschläge. Kaolin (weißer Ton, ein Aluminiumsilikat) ist eine zähe Paste, die beim Erwärmen weich wird. Zum Erwärmen stellt man die Dose in einen Topf mit kochendem Wasser. Das Kaolin wird mit Hilfe eines Spatels oder eines Löffelrückens auf die erkrankte Körperstelle aufgetragen und mit einem Stück Plastikfolie abgedeckt, die durch eine Bandage an ihrem Platz gehalten wird. Kaolin wird auch verwendet, um die entzündliche Schwellung zu verringern, die bei einer Verstauchung auftritt. Wärmende Umschläge können auch dazu dienen, das Hufhorn zu erweichen oder eine eitrige Entzündung im Huf zu heilen, die eine häufige Lahmheitsursache darstellt. In der Vergangenheit wurden vielfach wärmende Kleieumschläge verwendet: Mit kochendem Wasser vermischte Kleie wurde in einen Jute- oder Plastikbeutel gefüllt, der um den Huf gelegt wurde. Darüber zog man einen speziellen Krankenschuh oder einen Jutesack, der mit einer Bandage befestigt wurde. Heute verwendet man häufiger speziell imprägnierte Wattepolster, die in warmem Wasser auf Körpertemperatur erwärmt werden und mit Hilfe einer Plastiktüte und eines ledernen Krankenschuhs an der Unterseite des Hufes gehalten werden. Eine andere Methode zur Bekämpfung von Hufabszessen ist die Verwendung von Glaubersalz und Glyzerin, die auf einen Gazetupfer aufgetragen und mit einer Bandage am Huf befestigt werden.

Wann empfiehlt sich das Abspritzen mit kaltem Wasser?

Verletzungen der Gelenke, Sehnen und Bänder, die entweder durch einmalige Traumen oder Überanspruchung entstehen, führen zu entzündlichen Veränderungen. Es kommt zu Blutergüssen, die den betreffenden Körperteil anschwellen und schmerzhaft sowie vermehrt warm werden lassen. In den ersten Stadien sollte daher versucht werden, den Umfang des Blutergusses möglichst gering zu halten – am besten durch Berieseln mit kaltem Wasser aus dem Schlauch. Bei Sehnen- und Gelenkverletzungen ist das sofortige Kühlen besonders wirksam. Die besten Ergebnisse erzielt man, wenn die betroffenen Körperteile mindestens zweimal täglich je zwanzig Minuten lang berieselt werden. Eine andere Form der Behandlung, die mit der Berieselung kombiniert, aber auch als Alternative dazu angesehen werden kann, ist die Verwendung von Eisbeuteln. Es gibt spezielle, wiederverwendbare Eisbeutel aus Plastik, die eine Flüssigkeit enthalten, die auch bei Minustemperaturen nicht erstarrt. Die Eisbeutel werden mit einer Bandage am Pferdebein befestigt und empfehlen sich vor allem für die anfängliche Behandlung von Zerrungen der Beugesehnen, bei denen es besonders wichtig ist, die Blutung innerhalb des Sehnengewebes möglichst schnell zum Stillstand zu bringen.

Eine Wärmepackung in einem ledernen Krankenschuh (**links**). Die Wärme erweicht das Horn und bringt einen Hufabszeß zur Reife.

Wärmende Umschläge. Ein Breiumschlag auf einer Wunde am Fesselkopf (**ganz links unten**). Der Brei wird vor dem Auftragen in heißem Wasser erwärmt und durch eine Bandage an seinem Platz gehalten.

Abspritzen mit kaltem Wasser empfiehlt sich vor allem bei Sehnenzerrungen an den Vorderbeinen (**links unten**).

Einstellen in heißes Wasser. Die Hufe werden zwanzig Minuten lang in heißem Wasser eingeweicht, um das Gift aus einer entzündeten Verletzung zu ziehen (**rechts**).

Welche anderen Behandlungsmethoden eignen sich für Verletzungen?

Die Physiotherapie, die in der Humanmedizin vielfach mit gutem Erfolg eingesetzt wird, spielt neuerdings auch bei der Behandlung von Pferden eine immer größere Rolle. Wärmepackungen, kaltes Abspritzen und Eisbeutel helfen zwar bei oberflächlichen Verletzungen, sind bei tieferliegenden Schäden aber ziemlich wirkungslos. Schon seit etlichen Jahren bedient man sich der Ultraschall- und Kurzwellenbestrahlung, um Blutgerinnsel aufzulösen, Schwellungen zu verringern und entzündliche Reaktionen in verletztem Gewebe zu verhindern. In der ersten Zeit nach einer Verletzung werden Pferde gewöhnlich zweimal täglich etwa 15 bis 20 Minuten lang bestrahlt. Besonders sinnvoll ist die Behandlung bei Sehnen- und Gelenkverletzungen.

Schon seit längerer Zeit ist bekannt, daß zwischen den einzelnen Körperteilen Unterschiede im elektrischen Aktionspotential bestehen. Inzwischen wird vermutet, daß diese Unterschiede bei der Wundheilung und Geweberegeneration eine wichtige Rolle spielen. Man vermutet außerdem, daß die Einwirkung eines Magnetfeldes auf das Aktionspotential von verletztem Gewebe eine günstige Wirkung ausübt. Inzwischen gibt es Geräte, die ein konstantes oder pulsierendes Magnetfeld in das verletzte Gewebe senden. Das Magnetfeld kann durch eine Anordnung von Magneten oder einen durch eine Drahtspule fließenden Schwachstrom erzeugt werden und wurde in der letzten Zeit bei Verletzungen eingesetzt. In der Humanmedizin ist die Wirkung dieser Therapie bereits erwiesen, und auch bei Pferden sind damit schon gute Erfolge erzielt worden. Die Geräte wurden auch vielfach zur Behandlung von Weichteilverletzungen wie Sehnen- und Bänderzerrungen eingesetzt, aber in diesem Bereich konnte die Wirksamkeit der Therapie bisher noch nicht nachgewiesen werden.

Eignen sich Laserstrahlen und Physiotherapie für Pferde?

Die Suche nach einer Möglichkeit zur Behandlung tiefliegender Gewebeschäden hat auch in der Pferdepraxis zum Einsatz von Laserstrahlen geführt. Es ist erwiesen, daß die Wundheilung durch sie beträchtlich beschleunigt wird. Laserstrahlen werden auch eingesetzt, um eine Vielzahl von entzündlichen Vorgängen (wie Arthritis, Sehnen- und Bänderzerrungen) zu behandeln und scheinen auch hier gute Resultate zu zeigen.

Von entscheidender Bedeutung ist es, vor dem Beginn der Physiotherapie erst eine eindeutige Diagnose stellen zu lassen. Wenn die Behandlung erst einmal eingeleitet wurde, können Schwellungen oder andere äußerlich sichtbare Symptome verschwinden, und es wird unmöglich, eine Diagnose zu stellen oder etwas über Heilungsaussichten oder Heilungsverlauf zu sagen. Deshalb sollte vor jeder Behandlung der Tierarzt konsultiert werden. Es gibt auch Physiotherapeuten, die sich auf Pferde spezialisiert haben und meistens über viel Erfahrung verfügen. Als Besitzer eines verletzten Pferdes sollte man nicht vorschnell ein Gerät zur Physiotherapie anschaffen, denn für viele Verletzungen können geeignete Geräte gemietet werden.

Gibt es alternative Heilmethoden für Pferde?

Wie auch in der Humanmedizin gibt es in der Tierheilkunde schon seit jeher Verfechter alternativer Heilmethoden. Kräuterkuren, Homöopathie und Akupunktur wurden bei Pferden bereits eingesetzt, und auch Osteopathen und Chiropraktiker haben schon Pferde kuriert. Die Nachfrage nach alternativen Heilmethoden wird ebenso wie in der Humanmedizin ständig größer. Die Akupunktur dient vor allem in China zum Behandeln und Betäuben von Pferden, wird aber im Westen bisher nur von wenigen Tierärzten angewendet. Wie in der Humanmedizin wird die alternative Medizin hauptsächlich von Pferdehaltern bevorzugt, deren Tiere Beschwerden haben, die durch die Schulmedizin nicht zu heilen sind. Dazu gehören Rückenschmerzen, obwohl es mehr als fraglich ist, ob Manipulationen an den Rückenwirbeln eines Pferdes möglich sind, da diese in vielen Fällen miteinander verwachsen sind. Der Vorteil der Behandlung ist wahrscheinlich, daß der am rechten Ort ausgeübte Druck eine Verringerung der Schmerzen bewirkt.

Kann ein «Blister» die Heilung beschleunigen? Und wenn ja, in welchen Fällen?

Nach dem Abklingen einer Entzündung (nach etwa zwei bis drei Wochen) hängt die Dauer des Heilungsprozesses von der Durchblutung des verletzten Körperteils ab. Um die Durchblutung anzuregen, wird in vielen Fällen die über der Verletzung liegende Haut gereizt. Diese Verfahrensweise war in der Vergangenheit weit verbreitet; die Pferde wurden entweder mit einem glühenden Eisen «gebrannt», oder es wurde «Blister» aufgetragen. Das Brennen ist heute aus der Mode gekommen, aber das Auftragen von Blister beschleunigt in vielen Fällen die Heilung und wird bei Überbeinen, Schale, Hasenhacken und Sehnenzerrungen vorgenommen.

Milde Formen des Medikamentes sind gewöhnlich flüssig und werden täglich aufgetragen. Sie werden «Arbeitsblister» genannt, weil das Pferd im Verlauf der Behandlung bewegt werden darf. Starke Blister (roter und grüner Blister) werden unter tierärztlicher Aufsicht verwendet. Diese Blister werden in die vorher geschorene Haut einmassiert. Man muß besonders darauf achten, daß das Pferd die über dem Blister angelegten Verbände nicht abreißt oder etwas von dem Medikament an seinen Kopf gelangt. Die Wirkung des Blisters hängt davon ab, wie kräftig und wie lange er einmassiert wurde, von seiner Stärke und der Dicke der Pferdehaut.

Deckenreißerschutz. Er wird in das Halfter eingeschnallt und soll verhindern, daß das Pferd Verbände oder Decken zerreißt.

Wie kann ich verhindern, daß das Pferd an das geblisterte Bein herankommt oder seine Decken oder Bandagen abfrißt?

Ein Deckenreißerschutz – ein halber Maulkorb aus Plastik oder Leder, der in das Halfter eingeschnallt wird – reicht gewöhnlich aus, um ein Pferd am Decken- oder Bandagenfressen zu hindern; er hindert es jedoch nicht daran, sich mit einer geblisterten Körperstelle zu beschäftigen. Das Tier kann zwar nicht mehr an der schmerzenden Körperstelle herumbeißen, aber es kann den Maulkorb daran reiben. Nach dem Blistern werden Pferde deshalb stets eine Zeitlang kurz angebunden und bekommen dann einen hölzernen Halskragen umgelegt. Er besteht aus einer Reihe von Hartholzstäben an zwei Lederriemen, die dem Pferd oben und unten um den Hals geschnallt werden. Die Holzstäbe erlauben es dem Pferd nicht, seinen Hals zu biegen, und verhindern, daß es die geblisterte Körperstelle mit dem Maul erreicht.

Wunden und Kratzer

Der wichtigste Aspekt bei der Behandlung von Wunden ist es, sie sauber und trocken zu halten. Ob eine Verletzung genäht werden muß oder nicht, muß der Tierarzt entscheiden.

Müssen Stacheldrahtverletzungen genäht werden?

Wunden, die genäht werden, heilen meistens, ohne daß es zur Bildung von Eiter kommt, und die entstehende Narbe ist relativ klein. Diese Art der Wundheilung, die Primärheilung genannt wird, ist jedoch nur bei sauberen und frischen Verletzungen möglich. Bei Wunden, die nicht genäht werden (oder die genäht wurden, aber wieder aufrissen), kommt es zur eitrigen oder Sekundärheilung. Die Heilung setzt an den Wundrändern ein. Die Wunde heilt von außen nach innen, und das geronnene Blut, das den Schorf bildet, wird durch neues Gewebe ersetzt (Granulationsgewebe), das von den Wundrändern aus nach innen wächst. Schließlich werden, ebenfalls von den Wundrändern ausgehend, neue Hautzellen gebildet, die das Granulationsgewebe überdecken. Ob eine Wunde genäht werden muß, kann nur der Tierarzt entscheiden, und diese Entscheidung hängt ab vom Alter der Wunde, ihrer Tiefe und ihrer Lokalisation (Wunden an Kopf und Körper heilen im allgemeinen besser als Wunden an den Gliedmaßen). Frische Wunden läßt man am besten ganz in Ruhe, bis der Tierarzt eingetroffen ist (man muß natürlich darauf achten, daß die Wunde nicht verschmutzt wird). Desinfektionsmittel dürfen nicht verwendet werden, denn sie können das Gewebe schädigen und den Heilungsprozeß stören. Zum Säubern der Wunde eignet sich am besten sauberes, handwarmes Wasser; eine Beinverletzung wird mit einem sterilen Gazetupfer unter einer Bandage abgedeckt, bis der Tierarzt kommt.

In Verletzungen, die älter als 12 bis 24 Stunden sind, haben sich bereits Bakterien angesiedelt; sie zu nähen hat wenig Sinn, denn damit würde die Infektion nur in der Wundhöhle eingeschlossen und die Wunde würde wieder aufreißen.

Wie behandelt man tiefe oder infizierte Wunden?

Verschmutzte Wunden werden mit einem in eine milde Desinfektionslösung getauchten Gazetupfer gesäubert. Dann wird eine vom Tierarzt verschriebene antibiotische Salbe auf die Wunde aufgebracht. Die Salbe verringert die Gefahr einer Infektion und beschleunigt die Heilung. Es gibt auch Wundauflagen, die bereits mit einer Heilsalbe imprägniert sind. Bei tieferen Wunden an bestimmten Stellen der Gliedmaßen muß mit Verletzungen des Bewegungsapparates gerechnet werden. Zu einem Riß der tiefen Beugesehne kommt es manchmal bei Drahtverletzungen an der Rückseite des Fesselkopfes, und die oberflächlichen Beugesehnen können reißen, wenn das Pferd mit der Kante des Hintereisens die Rückseite der Vorderröhre hart trifft. Diese Verletzungen sind sehr gefährlich – vollständig durchtrennte Sehnen müssen genäht werden. Wenn man den Eindruck hat, daß Teile des Bewegungsapparates in Mitleidenschaft gezogen sind, muß der Tierarzt unverzüglich konsultiert werden.

Pferde, die nicht geimpft sind, müssen nach jeder Verletzung Tetanusserum bekommen, um zumindest für kurze Zeit geschützt zu sein.

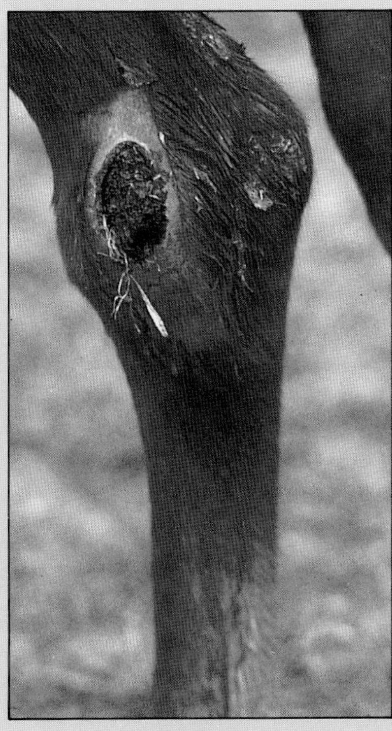

Worin unterscheidet sich die Wundheilung bei Pferden von der bei anderen Tieren?

Der Unterschied liegt darin, daß das Granulationsgewebe, das ein Bestandteil der normalen Sekundärheilung ist, wesentlich stärker wächst als nötig. Das deutlich sichtbare rosafarbene Gewebe wird erheblich dicker als die umliegende Haut. Diese Wucherung wird als «wildes Fleisch» bezeichnet. Bei anderen Tierarten heilen Wunden im allgemeinen am besten, wenn man sie der Luft aussetzt und nicht verbindet, aber bei Pferden kommt es zur Bildung von wildem Fleisch, wenn auf die Verletzung nicht ein gewisser Druck ausgeübt wird. Es ist daher wichtig, Verletzungen an den Gliedmaßen während des Heilungsverlaufes durch einen Druckverband abzudecken. Die Heilung wird je nach Größe der Wunde mindestens zwei bis drei Wochen in Anspruch nehmen. Im Verlauf des Heilungsprozesses sollten Wunden nicht ausgewaschen werden, denn die Feuchtigkeit kann die Bildung von wildem Fleisch beschleunigen. Eventuell hervorgetretenes Wundsekret soll daher beim täglichen Verbandwechsel mit einem trockenen Stück Gaze abgewischt werden. Wenn der Verband zu früh weggelassen oder gar nicht erst angelegt wird, muß das wilde Fleisch entfernt werden, denn sonst kann keine neue Haut darüberwachsen; das wilde Fleisch muß wieder auf das Niveau der umliegenden Haut gebracht werden. Normalerweise wird es mit einer Kupfersulfatlösung weggeätzt. Das wilde Fleisch enthält keine Nerven, und einige Tage der Anwendung reichen gewöhnlich aus, um den gewünschten Effekt zu erzielen. Der Tierarzt wird eine geeignete Lösung verschreiben und Anwendungshinweise geben. In seltenen Fällen müssen umfangreiche Wucherungen des Granulationsgewebes operativ oder mit Hilfe der Kryochirurgie (Einfrieren des Gewebes) entfernt werden.

Eine Wunde an der Außenseite des Sprunggelenks mit leichter Überproduktion von Granulationsgewebe oder «wildem Fleisch». Erst wenn der Tierarzt das überschüssige Gewebe entfernt hat, kann wieder Haut über die Verletzung wachsen.

Wie werden Stichwunden behandelt?

Stichwunden werden nicht genäht, sondern nur desinfiziert und verbunden, damit sie von innen heraus heilen können. Wenn sich ein Fremdkörper (ein Dorn oder ein Stachel) in der Wunde befindet und nicht entfernt wird, ist damit zu rechnen, daß wochen- oder sogar monatelang Gewebeflüssigkeit abgesondert wird. Wenn also zum Zeitpunkt der Verletzung der Verdacht besteht, daß sich ein Fremdkörper in der Wunde befinden könnte, muß die Verletzung vom Tierarzt untersucht werden. Aber auch wenn es nach der Behandlung noch zu Absonderungen kommt, muß der Tierarzt eingreifen. Es wäre möglich, daß die Stichverletzung eine Gelenkkapsel oder Sehnenscheide in Mitleidenschaft gezogen hat. Bei frischen Wunden ist die dickflüssige, gelbliche Sehnenscheiden- oder Gelenkflüssigkeit (Synovialflüssigkeit) nicht zu übersehen, aber bei älteren Wunden, die größere Mengen Wundsekret absondern, ist sie schwieriger zu entdecken.

Stichwunden müssen täglich gründlich gereinigt werden – mit Kochsalzlösung (ein Teelöffel voll Salz auf einen halben Liter warmes Wasser) oder einem milden Desinfektionsmittel. Die Lösung wird mit einer Einwegspritze aus Plastik in die Wunde gespritzt, wodurch sie sauber und, was noch wichtiger ist, offen gehalten wird. Einen oder zwei Tage nach der Verletzung wird ein wärmender Umschlag angelegt, der den durch die fast immer auftretende Infektion entstehenden Eiter aus der Wunde ziehen soll. Besonders wichtig ist diese Behandlung bei Stichwunden in der Hufsohle (Nageltritt, Vernagelung).

Sollen kleinere Verletzungen mit Wundpuder oder -salbe versorgt werden?

Spezielle, antibiotikahaltige Wundpuder können bei frischen Wunden eine Infektion verhindern. Manche Wundpuder wirken jedoch reizend und können die Bildung von wildem Fleisch anregen (siehe vorletzte Frage). Sulfanilamidpulver zum Beispiel, das früher gern verwendet wurde, soll diese Wirkung haben und wird deshalb für Pferde nicht mehr empfohlen. Antibiotische Sprays haben meist eine sehr gute, austrocknende Wirkung auf frische Wunden, aber Pferde mögen das Geräusch der Sprühdose nicht, vor allem nicht in der Nähe ihrer Beine.

Wunden an Körperstellen, die immer in Bewegung sind (die Fesselbeugen zum Beispiel), würden durch antibiotische Puder oder Sprays zwar ausgetrocknet, aber nur, um danach bei jeder Bewegung erneut aufzureißen. In diesem Fall empfiehlt sich eine antibiotische Salbe, die man auf einen Gazetupfer aufbringt, der dann mit Hilfe einer Bandage am gewünschten Körperteil fixiert wird. Auch um das Austrocknen und Einreißen von Schürfwunden zu verhindern, sind Salben am besten geeignet. Der aus infizierten Wunden oder Abszessen austretende Eiter kann die gesunde Haut rund um die Wunde beschädigen. Um dies zu verhindern, trägt man eine schützende Schicht Wundsalbe (zum Beispiel eine Zink-Rizinusölsalbe) an der Stelle auf, an der der Eiter herabfließt.

Mein Pferd ist geschlagen worden. Wie behandle ich die Schwellung?

Schlagverletzungen führen meistens zu Blutergüssen unter der Haut (Hämatom). Die ersten 24 Stunden lang wird ein Bluterguß gekühlt (mit Eisbeuteln, kaltem Abspritzen oder Kältepackungen), damit die Blutung zum Stillstand kommt und die Entzündung abklingt. Danach werden wärmende Umschläge gemacht. Nach zwei bis drei Tagen sollte die Schwellung zurückgehen. Falls es durch den Huftritt zu einer offenen Wunde gekommen ist, hat die Wundbehandlung Vorrang.

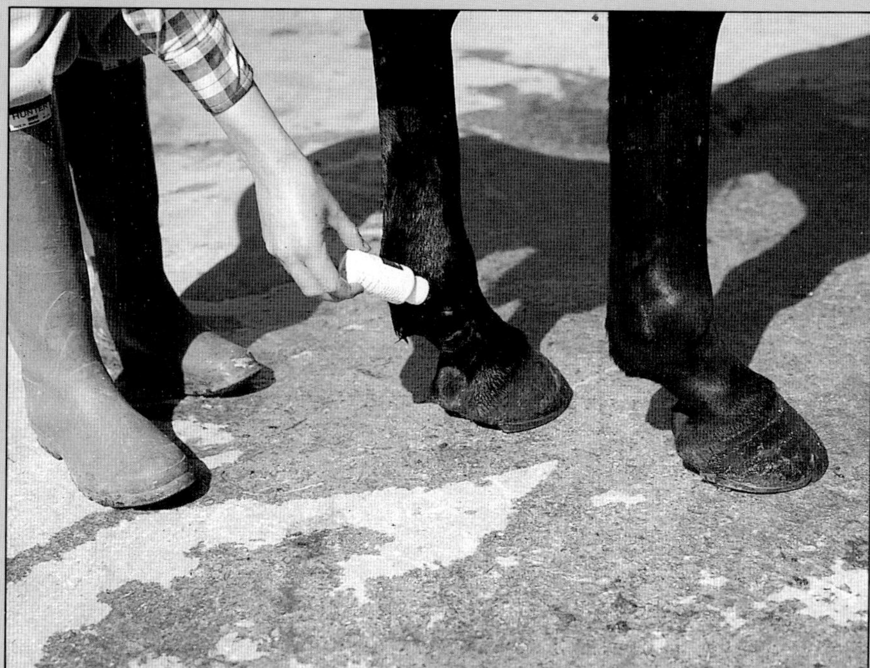

Erste Hilfe. Versorgung einer Wunde am Fesselkopf mit Puder (**oben**).

Erste Hilfe

Alle Pferdebesitzer sollten über eine einfache Erste-Hilfe-Ausstattung und das dazugehörige Grundwissen verfügen.

Ist ein Erste-Hilfe-Kasten notwendig?
Eine Erste-Hilfe-Grundausstattung sollte in jedem Stall vorhanden sein, und jeder Pferdebesitzer sollte wissen, wo sie zu finden ist. Die ideale Lösung ist ein Erste-Hilfe-Kasten, der in der Stallapotheke aufbewahrt wird. Er kann zu Turnieren mitgenommen werden und sollte bei keinem Pferdetransport fehlen.

Was gehört in den Erste-Hilfe-Kasten?
Zur Ausstattung des Erste-Hilfe-Kastens gehören: eine Schere, zwei 8 Zentimeter breite Elastikbinden, zwei 8 Zentimeter breite selbsthaftende Binden, vier 8 Zentimeter breite Mullbinden, eine Rolle Verbandwatte oder anderes Polstermaterial, eine Packung Gaze, eine Packung mit Heilsalbe imprägnierter Wundauflagen, antibiotischer Puder, Wundspray, ein Desinfektionsmittel und ein Thermometer. Diese Grundausstattung ist das absolute Minimum bei jedem Pferdetransport. Zusätzlich zu dieser Reiseapotheke sollte sich in jedem Stall noch ein umfassend ausgestatteter Medizinschrank befinden. In die Stallapotheke gehören: ein Kühlmittel, Hustensaft oder -pulver, Wurmkuren, Wasserstoffsuperoxyd, Tafelsalz, Glaubersalz, Methylalkohol oder ein Hamamelispräparat, zusammenziehende Mittel, Wunddesinfektionsmittel, Desinfektionsmittel für Gebäude und Ausrüstung, vier 10 Zentimeter breite wollene Stallbandagen oder 7,5 Zentimeter breite Bandagen zum Reiten und ein sauberer Eimer.

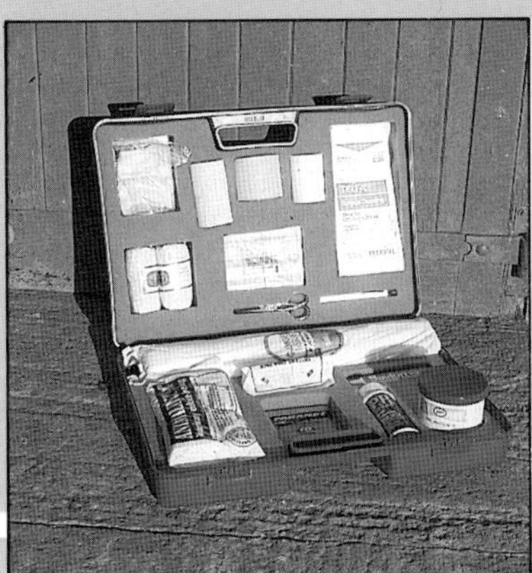

Mein Pferd steht beim Verbandwechsel nicht still. Was kann ich tun?
Beim Setzen von Spritzen oder anderen tierärztlichen Behandlungen, beim Scheren, Beschlagen und vielen weiteren Vorgängen kommt es immer wieder vor, daß Pferde sich dagegen wehren. Es gibt jedoch einige einfache Zwangsmaßnahmen, die, vernünftig angewendet, Pferd und Besitzer vor Schaden bewahren. Bei Vorgängen, die das Pferd aufregen könnten, wird es immer an der Trense festgehalten, denn damit hat man eine wesentlich bessere Einwirkung auf das Tier als mit einem Halfter. Bei guterzogenen Tieren ist das Aufheben eines Vorderbeins durch einen Helfer die einfachste Methode, das Pferd ruhigzustellen. Sie empfiehlt sich vor allem beim Fiebermessen oder beim Untersuchen empfindlicher Körperteile. Der Aufhalter muß nur darauf achten, daß sich das Pferd nicht zu sehr auf ihn stützt, denn mit Hilfe dieser Stütze kann es sehr leicht hinten ausschlagen. Ein Pferd, das nicht stillstehen will und herumzappelt, kann man zur Räson bringen, indem man eine große Hautfalte am Hals packt und zusammendrückt. Diese Methode empfiehlt sich aber nur zur kurzfristigen Anwendung, denn es ist recht schwierig, an dieser Stelle eine Hautfalte längere Zeit festzuhalten. Unruhige Fohlen und Jährlinge stellt man am besten ruhig, indem man sie am Ohr packt und es dann verdreht. Dieser Trick ist vor allem beim Entwurmen wild aufgewachsener Jungpferde sehr nützlich.

Wie wirkt eine Nasenbremse?
Die Nasenbremse wird immer an der Oberlippe des Pferdes angesetzt; niemals am Ohr. Die Verwendung der Nasenbremse ist in vielen Fällen die einzig sichere Methode, ein widerspenstiges Pferd dazu zu bringen, daß es die Behandlung duldet.
Wenn ruhige Behandlung und einfache Tricks nicht zum Erfolg führen, kann eine rasch aufgelegte Bremse das Pferd recht schnell zum Stillstehen bringen, ohne daß es dabei übermäßige Schmerzen erleiden muß – unter Umständen verringern sich seine Schmerzen sogar durch den von der Bremse ausgeübten Druck auf einen Akupunkturpunkt an der Oberlippe.

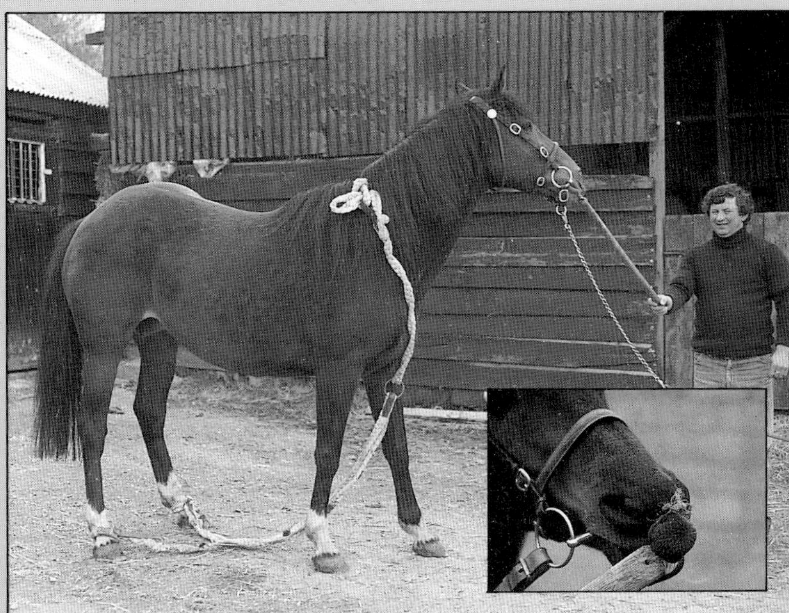

Zwangsmaßnahmen. Die Oberlippenbremse soll das Pferd am Steigen und Vorstürmen hindern (**oben**). In seltenen Fällen werden die Hinterbeine gefesselt, damit das Pferd nicht ausschlagen kann.

Notfälle

Gelegentlich kommt es vor, daß der Tierarzt nicht sofort kommen kann. In solch einem Fall muß der Pferdehalter einen kühlen Kopf bewahren und die bei blutenden Wunden, Koliken oder Schlundverstopfungen nötigen Sofortmaßnahmen einleiten.

Was tut man, wenn ein Pferd sich in seiner Box festlegt?

Ein Pferd hat sich «festgelegt», wenn es so in seiner Box liegt, daß es nicht allein wieder aufstehen kann, weil zum Beispiel seine Beine zu dicht an der Wand liegen. Normalerweise kommt es zum Festliegen, wenn Pferde sich in zu kleinen Boxen wälzen (möglicherweise aufgrund einer Kolik). Einem festliegenden Pferd nähert man sich stets langsam und besonnen, damit es nicht anfängt zu strampeln und sich womoglich verletzt. Ein Helfer hält den Kopf des Pferdes (kniet sich eventuell sogar auf seinen Hals), während man selbst zwei kräftige Seile (am besten ein sogenanntes Wurfgeschirr, sonst zwei Longen) um die Fesseln des Vorder- und Hinterbeins schlingt, die an der Wand liegen. Durch langsamen und stetigen Zug wird dann das Pferd über den Rücken gewälzt. Wenn es wieder auf den Beinen ist, wird es sorgfältig auf Bein- oder Rückenverletzungen untersucht.

Was tun bei blutenden Verletzungen?

Die erste Maßnahme bei der Behandlung frischer Wunden ist die Blutstillung. Bei kleineren Verletzungen reicht es im allgemeinen aus, einen Gazetupfer fest auf die Wunde zu drücken. Watte darf nicht verwendet werden, weil sie fusselt und Fasern an der Wunde haftenbleiben. Bei stärkeren Blutungen wird ein Druckverband angelegt. Wenn eine Arterie verletzt ist, spritzt hellrotes Blut stoßweise aus der Wunde. In diesem Fall legt man einen Gazetupfer über die Wunde und befestigt ihn stramm mit einer Bandage. Durch Bewegung wird die Blutung wieder angeregt; deshalb wird das Pferd beruhigt und angebunden, bis der Tierarzt kommt. Blutungen an Körperstellen, die nicht verbunden werden können, wie zum Beispiel Nasenbluten, können durch das Auflegen von Eisbeuteln oder das Kühlen mit dem Wasserschlauch gestillt werden. Staubinden dürfen bei Pferden nicht angelegt werden, denn vielfach verursachen sie noch schlimmere Schäden.

Wie rettet man ein Pferd aus einem brennenden Stall?

Pferde weigern sich häufig, sich aus einem brennenden Stall ins Freie führen zu lassen. Mit etwas Glück schafft man es jedoch, wenn man ihnen die Augen verbindet. Ein Mantel, eine Jacke oder ein feuchtes Handtuch, das in den Stirnriemen der Trense eingeklemmt wird, verhindert Reizungen der Augen und schützt die Atemwege, während das Pferd in Sicherheit gebracht wird.

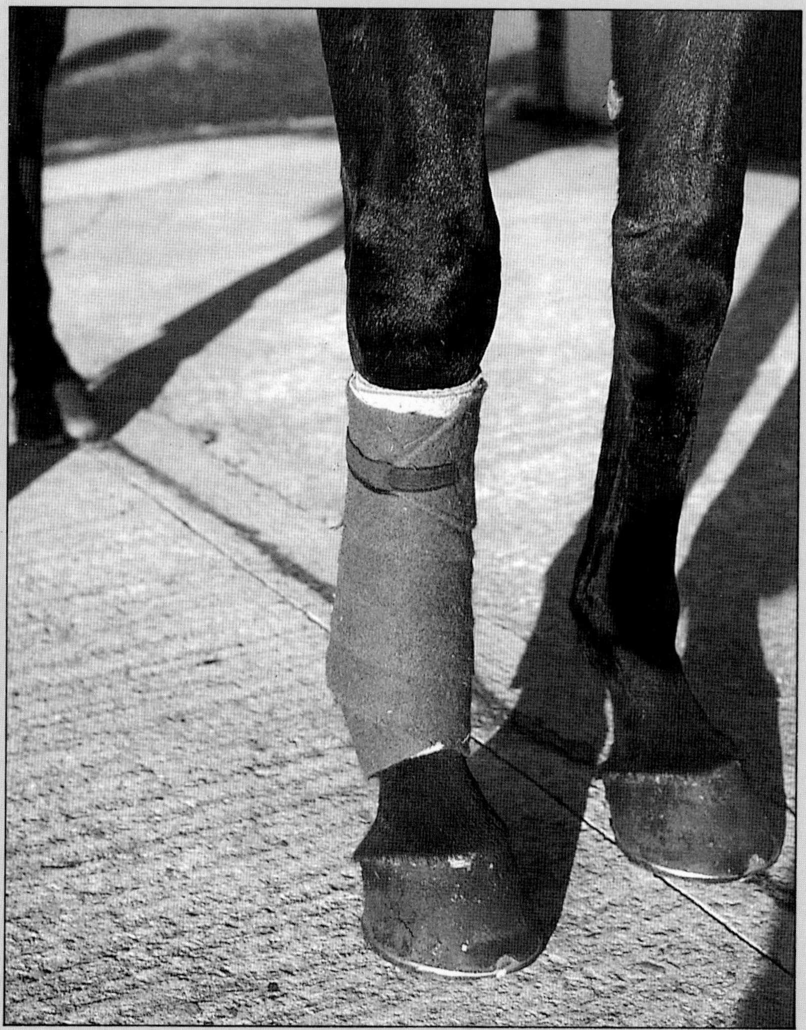

Verband über einer infizierten Verletzung. Das gesamte Röhrbein wird bandagiert, um ein Anschwellen zu verhindern.

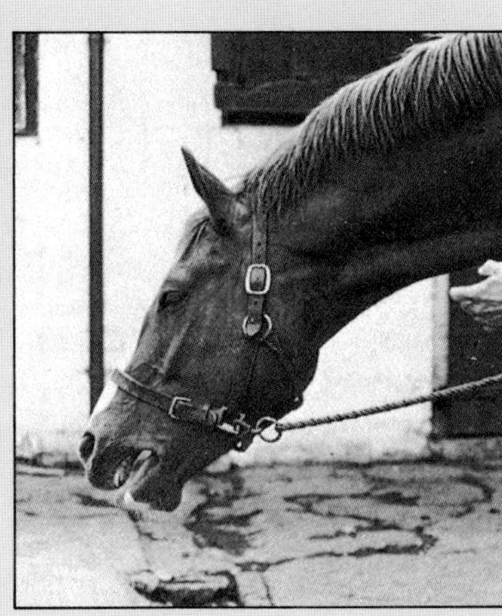

Ein Pferd mit einer **Kolik** wälzt sich häufig, was zur Darmverschlingung führen kann (**links und unten**).

Schlundverstopfung. Sie kommt relativ selten vor, ist aber sehr gefährlich (**oben**). Der Tierarzt muß so schnell wie möglich eingreifen.

Mein Pferd ist von einem Auto angefahren worden – was soll ich tun?

Das Wichtigste ist es, das Pferd nicht zu bewegen, ehe nicht ein Tierarzt das volle Ausmaß der Verletzungen beurteilt hat. Wenn das Pferd liegt und schwer verletzt erscheint (zum Beispiel ein gebrochenes Bein), ist es besonders wichtig, es am Aufstehen zu hindern. Dazu muß man seinen Kopf ruhigstellen, am einfachsten indem man sich hinlegt und den Kopf des Pferdes mit den Oberarmen niederdrückt oder sich direkt hinter den Ganaschen auf den Hals des Pferdes kniet. Manche Pferde werden ruhiger, wenn man ihnen einen Mantel oder ähnliches über den Kopf legt. Beim Führen oder Transportieren eines Pferdes mit einer schweren Beinverletzung (Sehnenriß, Knochenbruch o.ä.) muß besonders darauf geachtet werden, das verletzte Bein so gut wie möglich zu stützen. Dazu umwickelt man am besten das ganze Bein dick mit Verbandwatte, die mit mehreren strammgezogenen Bandagen befestigt wird. Auf diese Weise entsteht ein 15 bis 20 Zentimeter dicker, stabiler Watteverband. Bei Knochenbrüchen empfiehlt es sich, gerade Holzstücke als Schienen in den Verband einzulegen.

Mein Pferd würgt und scheint zu erbrechen. Was tun?

Würgen kann verschiedene Ursachen haben. Ein Tierarzt ist unverzüglich anzufordern, weil die Gefahr einer Eingußpneumonie besteht. Etwas Wasser – 0,5 Liter – darf dem Tier angeboten (nicht eingegeben) werden, damit es versuchen kann, den Schlund freizuspülen, aber mehr nicht (Wassereimer entfernen); größere Mengen könnten inhaliert werden.

Mein Pferd zeigt Anzeichen einer Kolik. Was ist zu tun?

Eine Kolik sollte immer als Notfall angesehen werden. Je schneller der Tierarzt eingreift, desto besser. Ein Pferd, das sich vor Schmerzen wälzt, wird hochgetrieben, aufgetrenst und bis zum Eintreffen des Tierarztes im Schritt (auf weichem Boden) geführt. In der Zwischenzeit läßt man die größte verfügbare Box dick mit Stroh einstreuen. Ein Tier zu führen, das sich vor Schmerzen immer wieder hinzuwerfen versucht, ist zu gefährlich; es wird in die vorbereitete Box gebracht. Wenn das Pferd einen Schweißausbruch hatte, muß es eingedeckt werden, um nicht zu stark auszukühlen.

Mein Pferd scheint unter Schock zu stehen. Was soll ich tun?

Unter Schock stehende Pferde machen einen niedergeschlagenen Eindruck, und ihre Haut fühlt sich kalt an (manchmal sinkt auch die Körpertemperatur). Der Puls schlägt meistens schnell, aber schwach, und die Schleimhäute (Maul, Nüstern und Augenlider) schimmern bläulich. Der Schock wird ausgelöst durch Verletzungen wie innere Blutungen oder akute Erkrankungen wie Durchfall, Kolik, Hufrehe oder Kreuzverschlag. Bis der Tierarzt eintrifft, wird das Pferd warm gehalten.

8

Allgemeine Gesundheitspflege

Jeder, der ein Pferd oder Pony versorgt, sollte erkennen können, ob das Tier krank oder verletzt ist. Pferde können von einer erstaunlichen Vielzahl von Leiden befallen werden, von denen viele beim Menschen überhaupt nicht vorkommen und deren Namen oft keinerlei Rückschlüsse auf die Natur oder die Entstehung der Krankheiten zulassen. Ein Pferdehalter braucht keine fundierten Kenntnisse über die verschiedenen Erkrankungen zu haben – das ist Aufgabe des Tierarztes. Er sollte aber ungefähr wissen, welche Krankheiten drohen und woran man sie erkennt, damit unnötige Verzögerungen beim Rufen des Tierarztes vermieden werden, denn eine rechtzeitig einsetzende Behandlung kann den Heilungsverlauf entscheidend beschleunigen.

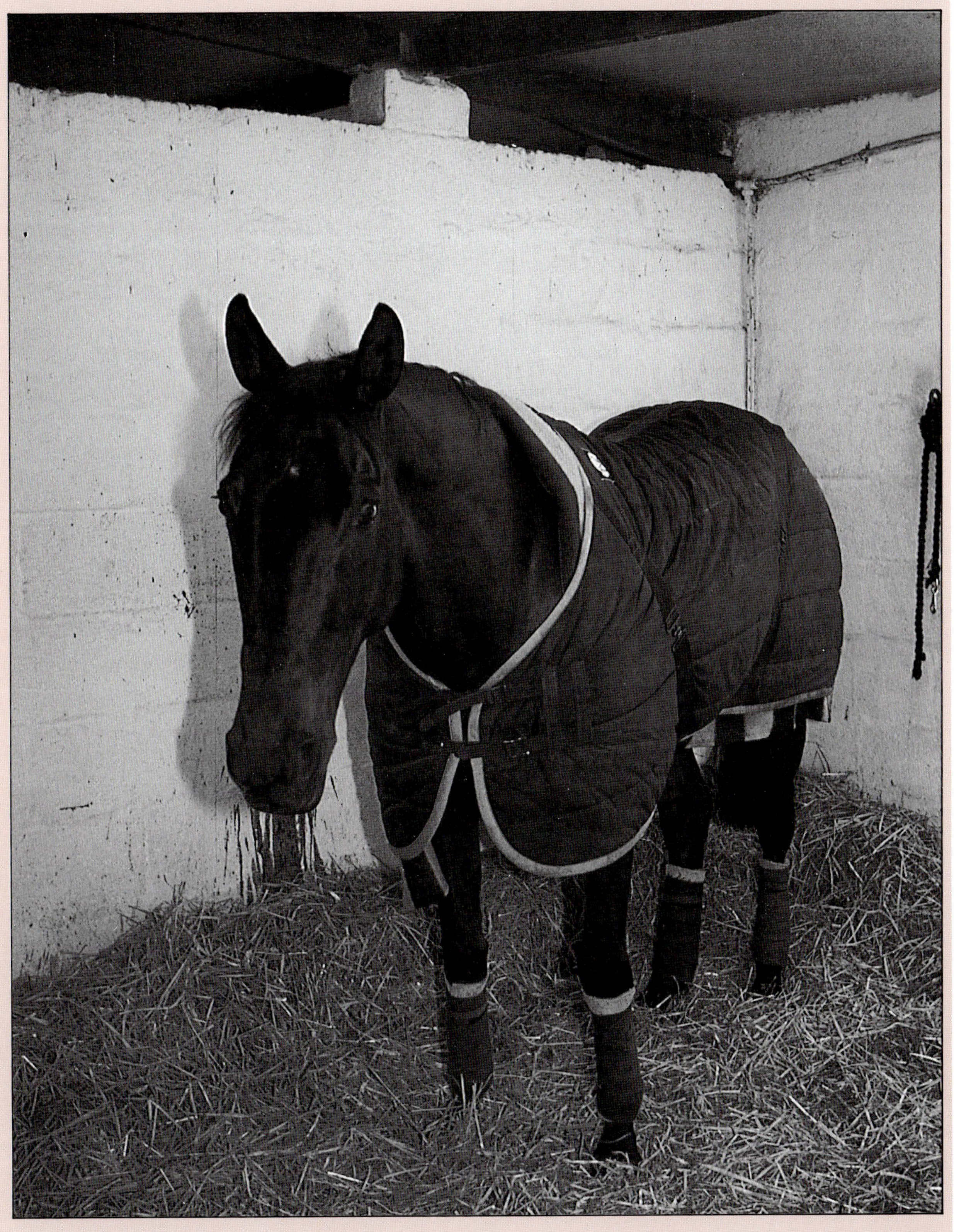

Hautkrankheiten

Pferde können von zahlreichen Hautkrankheiten und -leiden befallen werden. Viele von ihnen können jedoch durch gute Pflege vermieden werden. Bei Hautkrankheiten ist die frühe Erkennung und das frühe Einsetzen der Behandlung besonders wichtig.

Was tun bei Hautschwellungen in der Sattellage?

Schwellungen in der Sattellage werden häufig durch schlecht passende Sättel verursacht, es gibt jedoch auch andere Gründe, die ein erneutes Auflegen des Sattels verbieten. Harte Knötchen in der Haut des Pferdes, die am ganzen Körper auftreten können, der sogenannte Quaddelausschlag (Urtikaria), sind die Folge einer allergischen Reaktion auf Fliegenbisse (vor allem Haus- und Stallfliegen). Im Bereich der Sattellage macht dieser Ausschlag das Reiten natürlich unmöglich. Aber auch eine bakterielle Infektion der Haut, die Akne, kann in der Sattellage auftreten. Wenn die so geschädigten Hautstellen durch den Sattel aufgerieben werden, kommt es zu häßlichen Wunden.

Ein anderes, selteneres Problem ist der Befall mit Larven der Hautdasselfliege, die sich von innen durch die Haut des Rückens bohren. Diese Fliegen befallen gewöhnlich nur Rinder, aber bei gemeinsamer Weidehaltung von Pferden und Rindern werden manchmal auch Pferde befallen. Die Eier dieser Fliegen werden abgeschluckt, und die daraus entstehenden Larven wandern im darauffolgenden Jahr von den Därmen aufwärts und bohren sich schließlich durch die Haut des Rückens. Gelegentlich kommen die Larven nicht zum Vorschein, sondern sterben unter der Haut ab, was schmerzhafte Schwellungen verursacht. Bei allen Hautleiden in der Sattellage ist es besonders wichtig, die erkrankten Stellen bis zum Abheilen vor dem Druck des Sattels zu schützen. Entweder wird das Pferd während dieser Zeit nicht geritten – das empfiehlt sich vor allem, wenn große Teile der Sattellage befallen sind, wie zum Beispiel bei der Akne – oder man legt ein Stück Schaumgummi unter den Sattel, in das ein Loch geschnitten wurde, das genau über dem erkrankten Hautbezirk liegen muß. Natürlich müssen die verschiedenen Hauterkrankungen behandelt werden – bakterielle Infektionen mit antibiotischen Lösungen und Injektionen; wärmende Umschläge bei Hautdassellarven und Abszessen und Hamamelis bei Sattel- und Gurtdruckstellen.

Ist Haarausfall ein Zeichen für Läusebefall?

Läuse kommen im Winter bei Pferden relativ häufig vor. Zwei Arten von Läusen befallen Pferde – eine beißende und eine blutsaugende Art. Beide Arten verursachen starken Juckreiz, der das Pferd veranlaßt, sich zu scheuern, wodurch große, haarlose Stellen entstehen. Läuse kann man mit dem bloßen Auge erkennen – sie sind dunkel und haben etwa Stecknadelkopfgröße. Das einzige Leiden, das mit dem Läusebefall verwechselt werden könnte, ist das Sommerekzem, das allerdings nur im Sommer auftritt. Pferde, die unter Läusen leiden, werden mit einem Insektenvertilgungsmittel gewaschen oder eingepudert. Diese Mittel wirken gewöhnlich sehr gut, aber es dauert natürlich einige Zeit, bis das abgescheuerte Fell wieder nachgewachsen ist.

Weiße Haare im Bereich des Widerristes sind ein Zeichen für einen bereits überwundenen **Satteldruck**. Die Druckstellen, die durch Schonung und Behandlung abgeheilt sind, werden jetzt mit Alkohol eingerieben, um die Haut abzuhärten. Eine dicke Schaumgummi- oder Fellsatteldecke unter einem gutsitzenden Sattel hilft, Druckstellen zu vermeiden. (**Oben rechts**) Nahaufnahme der Druckschäden am Widerrist.

Das stumpfe, schuppige Fell auf dem Rücken dieses Pferdes (**unten**) ist die Folge eines **Befalls mit Läusen.** Unter Läusen haben Pferde hauptsächlich im Winter und zu Beginn des Frühjahrs zu leiden.

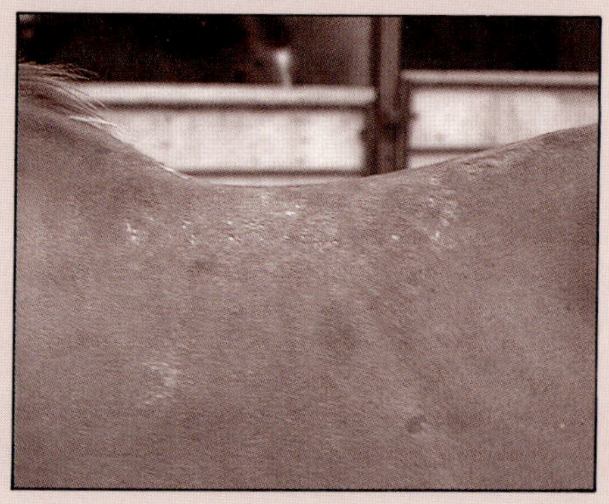

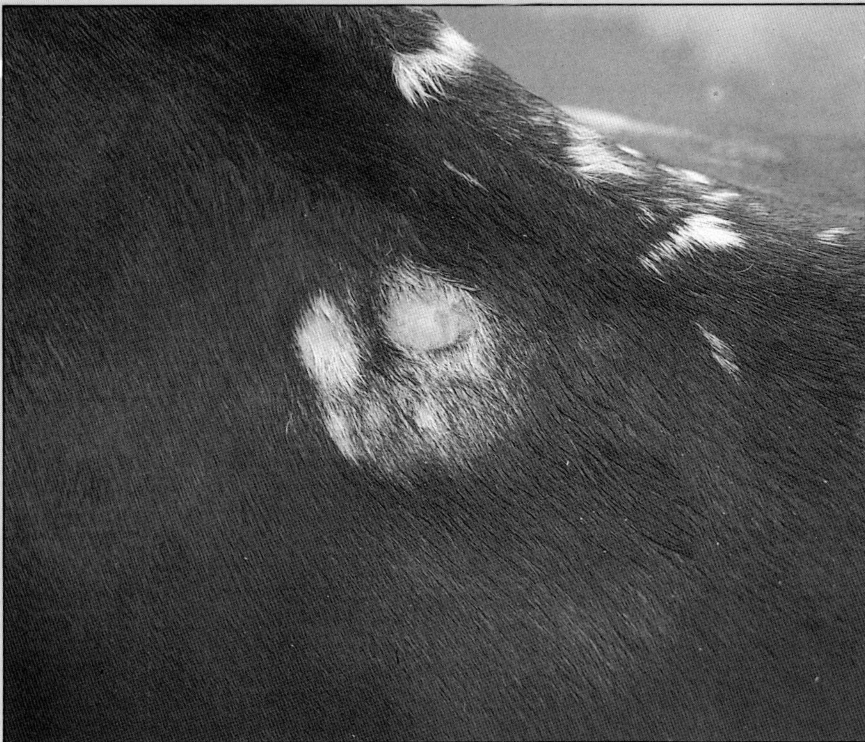

haarlose Stellen, die allmählich größer werden. Es gibt verschiedene Pilzmittel, die recht schnell helfen, vorausgesetzt, das Sattel- und Putzzeug wird ebenfalls mit einem Desinfektionsmittel gereinigt, das Pilze abtötet (dazu eignen sich nur wenige Desinfektionsmittel – am besten den Tierarzt fragen). Stark befallenen Pferden kann ein pilztötendes Mittel über das Futter eingegeben werden (zum Beispiel Griseofulvin, das für tragende Stuten allerdings nicht geeignet ist).

Wodurch entstehen Hautreizungen an den Beinen?

Die Larven der Herbstgrasmilbe *(Neotrombicula autumnalis)* sind rötlich gefärbt und saugen bei vielen Tierarten und beim Menschen Blut. Sie treten im Spätsommer und Herbst vor allem auf kalkhaltigen Böden und in Kornfeldern auf. Zur Erntezeit geraten diese Milben in die Stohballen, und mit ihnen verseuchte Einstreu führt zu starken Hautreizungen an den Beinen der Pferde. Wenn die roten Milben entdeckt oder auch nur vermutet werden, muß man sofort die Einstreu entfernen und die Beine des Pferdes mit einem Insektizid waschen. Das Auftragen von Benzylbenzoat kann noch an den Beinen verbliebene Larven abtöten und lindert den Juckreiz.

Was ist Sommerekzem?

Das Sommerekzem ist ein Leiden, das vor allem Mähne und Schweif betrifft. Die befallenen Tiere leiden unter starkem Juckreiz, scheuern sich viel und richten auf diese Weise große Schäden an, die vom Haarausfall bis zu rohen Wunden an Schweifrübe, Hals und Widerrist reichen.

Nur etwa zwei Prozent aller Pferde leiden unter dem Sommerekzem, das durch eine Allergie gegen die Stiche bestimmter Mücken ausgelöst wird. Diese Mükken (*Culicoides*) sind nur im Sommer aktiv. Besonders verbreitet sind sie in feuchten, sumpfigen Gegenden, und ihre Hauptflugzeit ist die Abenddämmerung. Das Sommerekzem ist schwierig zu behandeln, oft sind Kortison- oder Antihistamininjektionen notwendig, um den Teufelskreis zwischen Juckreiz und Scheuern zu unterbrechen. Verschiedene Lotionen beruhigen die Haut und verhindern das Austrocknen und Reißen. Hat man erst einmal erkannt, daß das Pferd unter Sommerekzem leidet, ist es am sinnvollsten, dafür zu sorgen, daß die Allergie in den folgenden Jahren gar nicht erst auftritt. Dazu muß verhindert werden, daß das Pferd von Mücken gestochen wird. Es muß jeden Tag gegen vier Uhr nachmittags in den Stall gebracht werden und dort die Nacht verbringen. Das Pferd während der Hauptflugzeit der Mücken im Stall zu halten, ist die einzige Möglichkeit, den Ausbruch des Sommerekzems zu verhindern. Die Stallfenster und oberen Türhälften werden mit sehr feinem Maschendraht insektensicher gemacht, und im Stall werden Fliegenfänger und chemische Insektenvernichter aufgehängt.

In absehbarer Zeit wird es vermutlich einen Impfstoff geben, mit dem allergische Tiere desensibilisiert werden können. Anzunehmen ist auch, daß die Anlage zum Sommerekzem erblich ist; es ist daher nicht ratsam, darunter leidende Tiere zur Zucht zu verwenden.

Sind Hautpilzerkrankungen von Rindern auf Pferde übertragbar?

Die verbreitetste Hautpilzerkrankung der Pferde wird durch den Fadenpilz *Trichophyton equinum* verursacht. Dieser Pilz wird nur von Pferd zu Pferd übertragen. Wenn Pferde in Gebäuden untergebracht werden, in denen pilzbefallene Kälber oder Rinder standen, können sie sich mit einer Hautpilzerkrankung infizieren, die durch *Trichophyton verrucosum* hervorgerufen wird. Pilzerkrankungen verbreiten sich durch den direkten Kontakt der Pferde untereinander und auch durch infiziertes Sattel- oder Putzzeug. Es entstehen kreisrunde,

Sind Hauttumore bei Pferden ein Grund zur Sorge?

Bei Pferden kommt es zwar relativ häufig zur Bildung von Hauttumoren, aber in der Regel sind diese gutartig. Bösartige Geschwülste sind seltener, aber es empfiehlt sich, jede Neubildung dem Tierarzt zu zeigen, vor allem, wenn sie schnell wächst oder an einer Körperstelle sitzt, an der sie zu Problemen führen kann – zum Beispiel im Augenwinkel, in der Leistengegend oder der Sattellage. Besonders häufig treten Tumore bei älteren Schimmeln auf, vor allem an der Unterseite der Schweifrübe und im Bereich des Afters. Obwohl diese Neubildungen (Melanome) gewöhnlich gutartig sind, bilden sich in seltenen Fällen gefährliche Metastasen in den inneren Organen. Wie alle anderen Geschwülste sollte man auch Melanome vom Tierarzt untersuchen lassen, der sie dann entweder operativ entfernt oder anordnet, sie in Ruhe zu lassen.

Welches ist die häufigste Form von Hauttumoren?

Sarkoide sind wahrscheinlich die bei Pferden am häufigsten auftretenden Neubildungen. Neuere Untersuchungen haben ergeben, daß Pferde, die in jungen Jahren unter den Warzen einer Virusinfektion litten, im Alter häufiger Sarkoide bekommen. Bei Pferden mit Sarkoiden entwickeln sich ein oder mehrere Tumore an verschiedenen Körperteilen, vor allem an der Brust, dem Unterbauch und in der Leistengegend (bei männlichen Tieren besonders im Bereich des Schlauches). Beim Anstoßen an Gegenstände kommt es zu Blutungen, und es können Infektionen und Geschwüre entstehen. Gelegentlich bilden sich gestielte Geschwülste, die durch Abbinden entfernt werden können. In seltenen Fällen werden die Sarkoide ungewöhnlich groß und bis zu neun Kilogramm schwer. Durch Medikamente sind diese Neubildungen kaum zu beeinflussen, aber sie können unter örtlicher Betäubung oder unter Narkose operativ entfernt werden. Es besteht jedoch stets die Gefahr, daß sich die Geschwülste neu bilden oder daß nach der operativen Entfernung neue Geschwülste an anderen Körperteilen auftreten. Aus diesem Grund werden Sarkoide häufig durch Kryochirurgie, das heißt durch Einfrieren, entfernt. Das Pferd wird narkotisiert, und in eine Kühlflüssigkeit (zum Beispiel flüssigen Stickstoff) getauchte Metallstäbe werden an die Geschwulst angelegt, gleichzeitig wird die Temperatur des umliegenden gesunden Gewebes überwacht, damit dieses nicht mit eingefroren wird. Die Geschwulst wird eingefroren, taut wieder auf und wird erneut eingefroren. Nach dieser Behandlung empfindet das Pferd keine Schmerzen, das Gewebe stirbt ab, und die Wunde heilt wie jede andere Verletzung. Da Sarkoide sich ausbreiten und schwer zu bekämpfen sind, empfiehlt es sich nicht, ein Pferd zu kaufen, das unter ihnen leidet.

Eine **Geschwulst** im Augenwinkel (**oben**). Diese Körperstelle ist besonders problematisch, denn es kommt zu Hautreizungen, Tränenfluß und starken Beschwerden durch Fliegen. Eine solche Geschwulst kann nur operativ entfernt werden.

Dieses Leiden wird als **Mauke** bezeichnet (**rechts**) – ein feuchtes Hautekzem in der Fesselbeuge, hervorgerufen durch übermäßige Feuchtigkeit, die zu einer Verdickung und schließlich zum Einreißen der Haut in der Fesselbeuge führt.

Was ist Dermatophilose?

Die Dermatophilose ist eine ansteckende Hautentzündung, die durch das Bakterium *Dermatophilus congolensis* hervorgerufen wird. Im Gegensatz zu anderen Bakterien bildet dieser Keim Sporen, die auf der Haut des Pferdes und in seiner Umgebung mehrere Jahre überleben können. Außerdem gehört er zu den Anaerobiern, das heißt, er wächst nur, wenn kein Sauerstoff vorhanden ist. Zudem werden die Sporen nur aktiv, wenn die Pferde über einen längeren Zeitraum im Regen stehen. Bei Pferden, die im Freien überwintern, zeigt sich besonders auf der Kruppe dickes, verfilztes Winterfell. Die Infektion entsteht in der Haut unter dem verfilzten Winterhaar und ist von einer dicken Schorfschicht bedeckt. Die verfilzten Haarbüschel lassen sich leicht entfernen und sehen aus wie Pinsel. Eine ähnliche Infektion kann auch an der unteren Hälfte der Extremitäten auftreten, wenn diese naß und mit Schlamm bedeckt sind. Da die Erreger das Vorhandensein von Sauerstoff nicht überleben, muß der Schorf vorsichtig abgelöst werden (was nur sinnvoll ist, wenn das betroffene Gebiet nicht allzu groß ist), damit der darunterliegende Eiter der Luft ausgesetzt ist. Diese Maßnahme allein führt im allgemeinen schon zur Heilung; sie läßt sich jedoch beschleunigen, wenn die wunden Stellen mit einer zwei- bis dreiprozentigen Chloramphenicollösung bestrichen werden. Bei starkem Befall oder einem Anschwellen der Beine können Antibiotika angebracht sein. Vor allem aber muß das Pferd aufgestallt, sauber und trocken gehalten werden, bis die Infektion abgeheilt ist.

Wodurch wird Mauke verursacht?

Als Mauke bezeichnet man eine Hautentzündung in der Fesselbeuge. Gewöhnlich ist mehr als ein Bein betroffen, und Beine mit weißen Abzeichen scheinen anfälliger zu sein. Zur Mauke kommt es gewöhnlich, wenn Pferden, die in verschlammten Ausläufen stehen, die Beine gewaschen werden. Bei der Mauke rötet sich die Haut oberhalb der Ballen, ist druckempfindlich und schuppt. Später bilden sich kleine, flüssigkeitsgefüllte Bläschen, die aufplatzen, und es entstehen Hautrisse. Aus ihnen ausfließendes Wundsekret trocknet auf der Haut ein, doch die Wunden reißen bei jeder Bewegung des Pferdes wieder auf. Es kann zu umfangreichen Hautveränderungen kommen, die sogar Lahmheit bewirken können. Häufig kommt es zu einer bakteriellen Sekundärinfektion, die sich am Bein aufwärts ausbreiten kann. Behandelt wird die Mauke durch gründliches Abwaschen des Eiters oder Wundsekretes mit einer medizinischen Seife, dann werden die Fesselbeugen so gut wie möglich abgetrocknet und eine lindernde Salbe aufgebracht (zum Beispiel Zink- oder Lebertransalbe). Die Behandlung dauert unter Umständen recht lange, aber sie verhindert ein erneutes Aufreißen der Wunde, das die Heilung erheblich verzögern würde. Zur Verhütung dieses Problems werden die Fesselbeugen bei feuchtem Wetter eingecremt und während der Nacht im Stall bandagiert.

Leiden auch Pferde unter allergischen Hautreaktionen?

Obwohl es bei Pferden relativ häufig zu allergischen Hautreaktionen kommt, wurden diese noch nicht eingehend untersucht. Es bilden sich flüssigkeitsgefüllte Quaddeln auf der Haut, die zuerst klein sind, sich aber schnell vergrößern. Man nimmt an, daß diese Reaktion auftritt, wenn das Pferd Pflanzen aufnimmt, gegen die es allergisch ist – entweder beim Weiden oder mit dem Heu. Möglich sind auch Allergien gegen bestimmte Medikamente, bei denen es zu Hautreaktionen kommt, die gewöhnlich von Atem- und Kreislaufbeschwerden von zum Teil bedrohlichen Ausmaßen begleitet sind. Die Quaddeln können einen starken Juckreiz verursachen, aber sie verschwinden gewöhnlich auch ohne Behandlung recht schnell wieder. Wenn das Leiden (Urtikaria) aber große Teile des Körpers betrifft oder das Pferd noch andere Symptome zeigt (Atemnot, Unruhe oder Schwanken), muß sofort der Tierarzt gerufen werden. Die Hautreaktion wird durch eine Antihistamininjektion unter Kontrolle gebracht, aber im Falle einer Medikamentenunverträglichkeit muß das Pferd dringend auch gegen Schock behandelt werden. Vergessen darf man nicht, daß Pferde ebenso wie Menschen gegen Penicillin und andere Antibiotika allergisch sein können. Die Verabreichung dieser Medikamente an allergische Pferde kann schlimme Folgen haben, und wenn der Verdacht besteht, daß ein Pferd ein bestimmtes Medikament schlecht verträgt, sollte der Tierarzt davon unterrichtet werden.

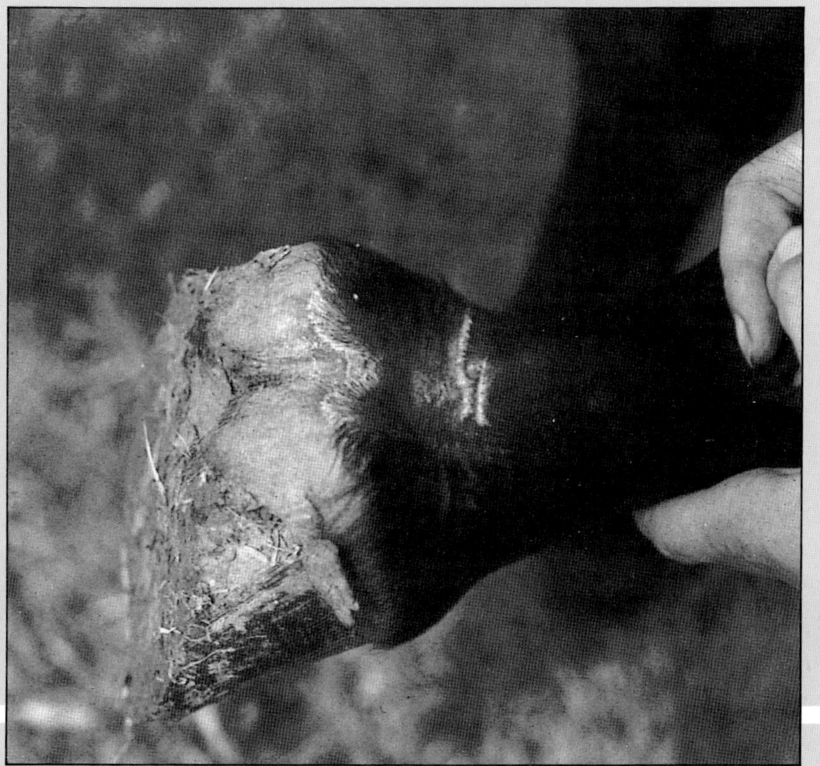

Augenleiden

An den Augen der Pferde kommt es häufig zu Verletzungen, und es sollte nichts unversucht bleiben, um das Sehvermögen zu erhalten. Unter Bindehautentzündung leiden Pferde sehr oft, aber in Zweifelsfällen sollte stets der Tierarzt zugezogen werden.

Welcher Unterschied besteht zwischen dem Auge des Pferdes und dem des Menschen?

Im Gegensatz zum Menschen haben Pferde, wie auch Katzen und Hunde, ein drittes Augenlid. Diese sogenannte Nickhaut setzt am inneren Augenwinkel an und ist ein zusätzlicher Schutz. In seltenen Fällen bilden sich auf diesem Lid Zysten und häufiger auch bösartige Tumore. Bei Neubildungen auf der Nickhaut ist immer Vorsicht geboten, und der Tierarzt sollte konsultiert werden. Bei Verletzungen der Hornhaut kann die Nickhaut über das Auge gezogen und mit einigen Stichen festgenäht werden. Auf diese Weise stellt sie einen ausgezeichneten Schutz für die abheilende Verletzung dar.

Was tun bei Bindehautentzündung?

Bindehautentzündungen kommen bei Pferden recht häufig vor. Sie entstehen, wenn Staub, Heu- oder Strohteilchen oder andere Fremdkörper ins Auge geraten. Die Bindehaut rötet sich und schwillt an, und das Auge tränt stark. Normalerweise läßt sich das Problem durch Einbringen einer antibiotischen Augensalbe und das Säubern mit einem in warmes Wasser getauchten Gazetupfer schnell lösen.

Eine Bindehautentzündung tritt auch bei Hornhautverletzungen und periodischer Augenentzündung auf.

Wie behandelt man Augenverletzungen?

Da die Pferdeaugen relativ ungeschützt an den Seiten des Kopfes liegen, sind Verletzungen keine Seltenheit. Überhängende Äste und Zweige sind häufig die Ursache für Verletzungen der äußeren Schutzschicht des Auges (Hornhaut), die von oberflächlichen Kratzern bis zur völligen Durchtrennung reichen. Solche Verletzungen sind stets ernst zu nehmen und müssen unbedingt vom Tierarzt behandelt werden. Im Auge befinden sich immer Bakterien, die sofort in die verletzte Hornhaut eindringen und dort Geschwüre hervorrufen können. Geschwüre, die besonders tief geworden sind oder auf Antibiotika nicht ansprechen, können unter Narkose kauterisiert (gebrannt) werden, damit sie besser heilen. Hornhautwunden heilen sehr langsam, weil die Hornhaut nicht von Blutgefäßen durchzogen ist. Sie müssen von der Seite aus «hineinwachsen», was auch deutlich zu sehen ist, aber das ist kein Grund zur Aufregung, denn dabei handelt es sich nur um ein Zeichen der Heilung. Nach dem Abheilen bleibt eine deutliche weiße Narbe zurück, die das Sehvermögen des Pferdes aber nur beeinträchtigt, wenn sie sehr groß ist.

Was bedeuten die schwarzen Flecken auf der Pupille des Pferdes?

Im Gegensatz zu anderen Tierarten haben Pferde mehrere (oft drei) schwarze Aufwulstungen am oberen Rand der Iris (des runden braunen Teils, der die Pupille umgibt). Diese sogenannten Traubenkörner sind schon aus einiger Entfernung zu entdecken und ganz normal.

Leiden auch Pferde unter Katarakten?

Als Katarakt bezeichnet man eine Trübung der Linse, die das Sehvermögen beeinträchtigt. Ältere Pferde leiden häufig unter Linsentrübungen, aber in den meisten Fällen ist nur ein geringer Teil der Linse betroffen, und es kommt nur zu geringgradigen Beeinträchtigungen des Sehvermögens. Die Pupille erkrankter Pferde schimmert weißlich, aber das Ausmaß der Veränderung kann nur mit Hilfe eines Opthalmoskopes ermittelt werden. Im Grunde könnte man die Linsentrübung beim Pferd ebenso wie beim Menschen durch die Entfernung der Linse behandeln, was aber nicht üblich ist, weil Pferde nach dieser Operation nur noch unscharf sehen und unter hellem Licht zu leiden haben. Alte Pferde, die nicht mehr gut sehen, finden sich in ihrer gewohnten Umgebung oft erstaunlich gut zurecht, und es ist auch keine Seltenheit, daß Pferde, die so schlecht sehen, daß sie in fremder Umgebung hilflos wären, mit ihrem gewohnten Reiter sogar Hindernisse überwinden. Es ist zwar nicht ungefährlich, mit einem fast blinden Pferd zu springen, beweist aber, wie fein die anderen Sinnesorgane der Pferde funktionieren und auch, wie schwer es ist, das Sehvermögen eines Pferdes in seiner gewohnten Umgebung zu beurteilen. Im Vollblut-Stutbuch werden einige völlig erblindete Zuchtstuten geführt, die sich in ihrer gewohnten Umgebung bestens zurechtfinden und deren Fohlen eine Glocke am Hals tragen, damit die Stuten jederzeit wissen, wo sie sich aufhalten.

Was versteht man unter periodischer Augenentzündung?

Die periodische Augenentzündung oder Mondblindheit ist eine in regelmäßigen Zeitabständen wieder auftretende Entzündung der inneren Organe des Auges, vor allem der Iris. Sie ist die häufigste Ursache für Erblindung bei Pferden. Die genaue Ursache ist unbekannt, es könnte sich jedoch um eine Autoimmunreaktion handeln, die im Gefolge einer Infektion auftritt. In den Vereinigten Staaten wird vermutet, daß die periodische Augenentzündung als Folge einer Infektion mit *Leptospira pomona* auftritt, was aber nicht zu stimmen scheint, da dieser Erreger z.B. in Großbritannien nicht vorgefunden wurde. Erste Anzeichen sind normalerweise Entzündungen der Bindehaut und starker Tränenfluß aus einem Auge. Die Pupille ist zusammengezogen und erweitert sich nicht. Durch die Entzündung entstehen größere Eitermengen, die sich gewöhnlich am unteren Rand des Augeninnern sammeln; eine dicke, gelbliche Erscheinung vor dem unteren Rand der Iris (unter der Pupille) sollte daher nicht auf die leichte Schulter genommen und das Tier sofort dem Tierarzt vorgeführt werden. Zur Behandlung gehören Augentropfen, die die Pupille erweitern und die Schmerzen lindern und auch kortisonhaltige Augentropfen und Injektionen gegen die entzündliche Reaktion. Die Erkrankung ist ernst zu nehmen. Sie tritt in dem betroffenen Auge häufig wieder-

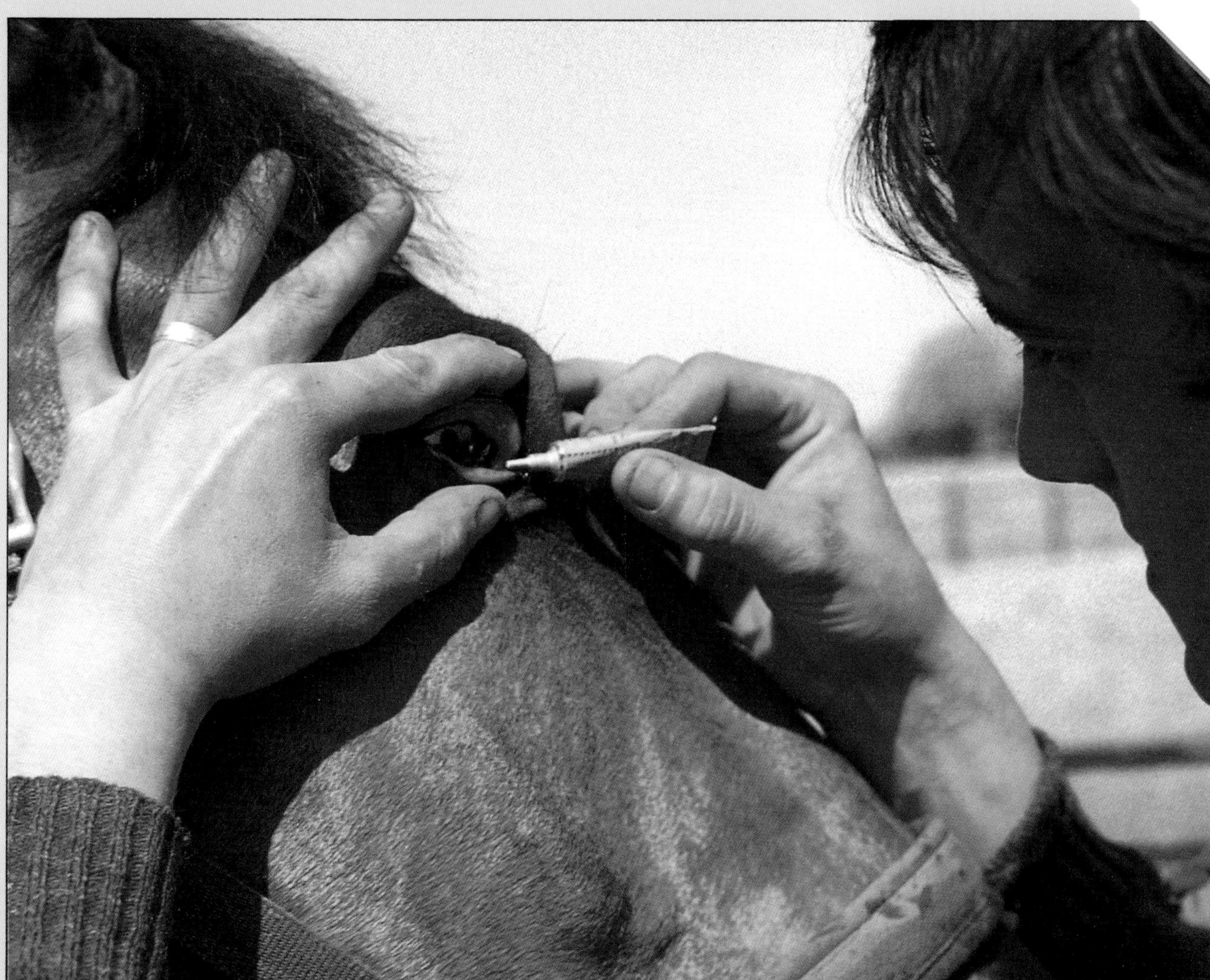

Einbringen von **Augensalbe** in den inneren Augenwinkel. Die Lider werden so weit wie möglich auseinandergespreizt. Besondere Vorsicht ist dabei jedoch geboten: Die Augen der Pferde sind ebenso empfindlich wie die des Menschen.

holt auf und kann auf das gesunde Auge übergreifen. Die Entzündung schädigt die Linse (Kataraktbildung) und kann zu Verklebungen zwischen der Iris und der Hornhaut oder der Linse führen. Häufig kommt es zur Erblindung eines oder beider Augen. Je früher die Erkrankung entdeckt und behandelt wird, desto besser. Es ist oft nicht ganz einfach, zwischen einer Bindehautentzündung und den ersten Symptomen der periodischen Augenentzündung zu unterscheiden, aber alle Pferdehalter sollten sich darüber im klaren sein, daß es sich um diese Krankheit handeln könnte, und wissen, wie gefährlich sie ist. Aus Sicherheitsgründen empfiehlt es sich, bei Augenproblemen immer den Tierarzt um Rat zu fragen.

Was tun bei tränenden Augen?

Bei Weidepferden, die von Fliegen belästigt werden, kommt es häufig zu gesteigertem Tränenfluß. Es empfiehlt sich, die Absonderungen in den Augenwinkeln, die die Fliegen anziehen, regelmäßig mit einem Gazetupfer oder einem sauberen Schwamm und klarem Wasser abzuwaschen. Starkes Tränen nur eines Auges ist meistens ein Zeichen für eine Krankheit, vor allem, wenn die Lider geschlossen sind. Mögliche Ursachen sind Verletzungen oder eingedrungene Fremdkörper. In seltenen Fällen kann auch eine Tränendrüse verstopft sein. Übermäßiges Tränen eines Auges kann auch ein Symptom der periodischen Augenentzündung sein. Dickflüssige oder eitrige Absonderungen sind meistens ein Anzeichen für eine Bindehautentzündung, die vom Tierarzt behandelt werden muß. Eine genaue Untersuchung der Augen ist nur schwer vorzunehmen, weil sie sehr empfindlich sind. Wenn die Lider krampfhaft geschlossen gehalten werden und der Verdacht auf eine Verletzung besteht, sollte sofort der Tierarzt geholt werden.

Ernährungsstörungen

Wie bei den Menschen unterscheidet sich der Appetit auch bei Pferden von Tier zu Tier. Wenn sie jedoch wiederholt das Futter verweigern, ist dies meistens ein Zeichen für Zahnerkrankungen oder Verdauungsstörungen.

Ist Futterverweigerung ein Grund zur Sorge?

Appetitlosigkeit ist häufig ein Zeichen für eine Krankheit und zeigt sich vor allem bei Pferden, die Fieber haben. Sie kann aber auch ein Symptom einer Verdauungsstörung sein: Pferde, die unter einer Kolik und/oder Verstopfung leiden, rühren ihr Futter oft nicht an. Es kommt aber auch vor, daß sie sich zwar für ihr Futter interessieren, es aber nur unter Schwierigkeiten fressen können, stark speicheln oder halbgekautes Futter wieder aus dem Maul fallen lassen. Das ist ein Zeichen für Zahnprobleme, und es lohnt sich, dem Pferd ins Maul zu schauen und herauszufinden, wo das Problem liegt. Bei Pferden, die die Zunge über das Gebiß legen, kommt es recht häufig zu einer Zerreißung des Zungenbändchens, das die Zunge mit dem Unterkiefer verbindet. Ein Pferd mit einer solchen Verletzung hat natürlich Schmerzen und verweigert das Futter.

Dasselbe Problem wird durch Schnittwunden im Maul verursacht, wie sie durch scharfkantige Gebisse, ungleich abgenutzte Zähne oder scharfe Gegenstände entstehen. Günstig ist allerdings, daß die Maulschleimhaut gut durchblutet ist und Verletzungen deshalb schnell heilen, vorausgesetzt, sie werden nicht durch Futterteile infiziert. Um die Heilung zu begünstigen, sollte das Pferd auf Mash umgestellt werden, und es dürfen keine Futtermittel gegeben werden, die sich in den Verletzungen festsetzen können.

Welche Probleme können die Zähne verursachen?

Wenn die Schneidezähne nicht genau aufeinanderpassen, fällt dem Pferd das Grasen schwer. Solche Fehlstellungen sind angeboren, und entweder stehen die Zähne des Oberkiefers weiter vor (Karpfengebiß) oder die des Unterkiefers (Hechtgebiß). Pferde mit diesen Mißbildungen sollte man nicht kaufen.

Um das Futter zermahlen zu können, brauchen Pferde Backenzähne mit glatten, ebenen Kauflächen. Im Gegensatz zu den Zähnen der Menschen wachsen die der Pferde während des ganzen Lebens. Das bedeutet, daß ständig soviel neuer Zahn nachwächst, wie durch das Kauen abgenutzt wird, und die Reibung mit dem gegenüberliegenden Zahn sollte die Kaufläche eben halten. Tatsächlich werden die Kauflächen aber oft ungleichmäßig abgenutzt, und die scharfen Außenkanten der oberen Backenzähne sowie die Innenkanten der unteren Zähne verletzen Maulschleimhaut und Zunge. Manchmal bilden sich auch Vertiefungen, in denen sich Futterpartikel festsetzen, was zur Entstehung von Karies führen kann. Regelmäßiges Raspeln der Zähne erhält die Kauflächen glatt und eben, verhindert Verletzungen und ermöglicht es dem Pferd, sein Futter ausreichend zu zermahlen.

Wann sind Zahnbehandlungen notwendig?

In seltenen Fällen kann es zur Zahnwurzelentzündung kommen, bei der sich ein Abszeß bildet, der als Schwellung am Unterkiefer oder unterhalb des Auges zu sehen ist. Diese Abszesse können durch Antibiotika beeinflußt werden, aber manchmal ist es unumgänglich, den erkrankten Zahn zu entfernen. Die Bak-

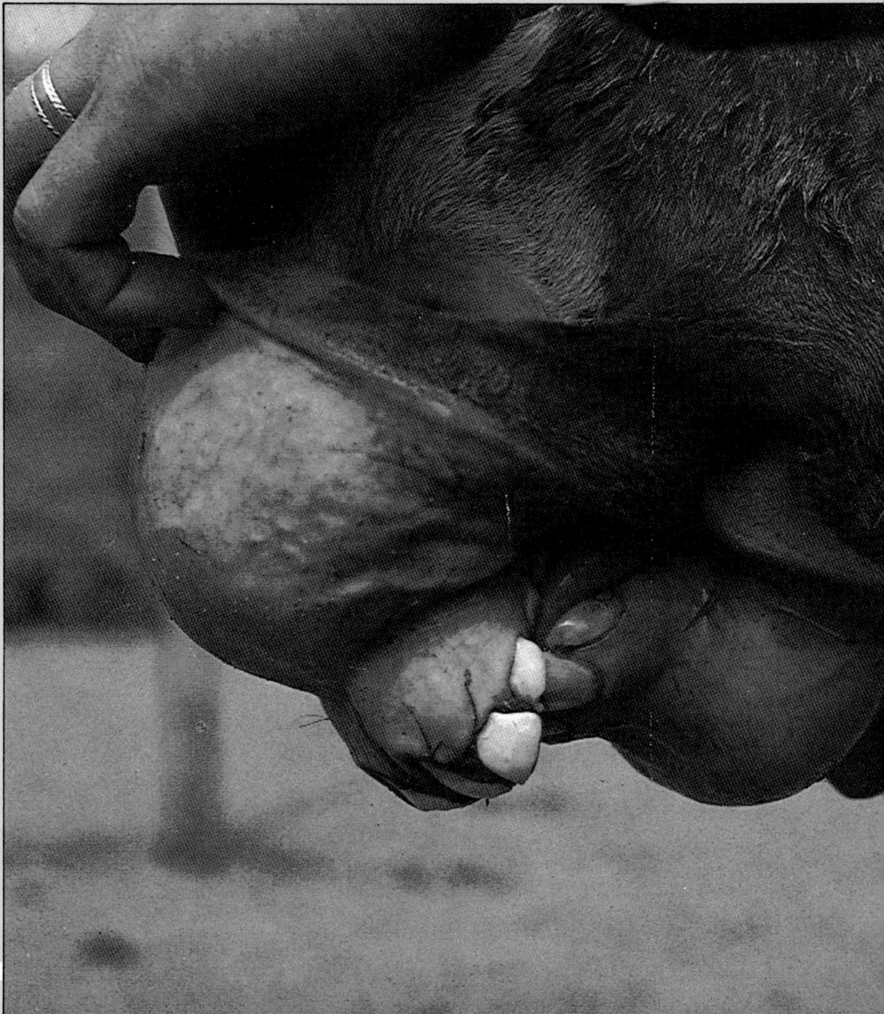

Ein deutliches **Karpfengebiß.** Der Oberkiefer ist wesentlich länger als der Unterkiefer, so daß es dem Pferd unmöglich ist zu grasen.

kenzähne des Pferdes sind fest mit dem Knochen verankert. Ein Zahn des Unterkiefers kann möglicherweise auf die herkömmliche Weise gezogen werden, aber einen Zahn aus dem Oberkiefer ziehen zu wollen, ist hoffnungslos, es sei denn, er wäre schon sehr locker. Um einen Zahn aus dem Oberkiefer zu entfernen, wird gewöhnlich unterhalb des Auges eine Öffnung in die Kieferhöhle geschnitten und der Zahn durch Druck auf die Wurzeln nach unten in die Maulhöhle getrieben.

Zahnprobleme treten häufiger bei älteren Pferden auf. Beim Verlust eines Zahnes wird sein Gegenüber nicht mehr abgenutzt, wird lang und scharfkantig und kann Maulschleimhaut oder Zunge verletzen. Außerdem können die Kauflächen der Zähne sehr alter Pferde sich unregelmäßig abnutzen, so daß es unter Umständen notwendig wird, scharfe

Zahnpflege

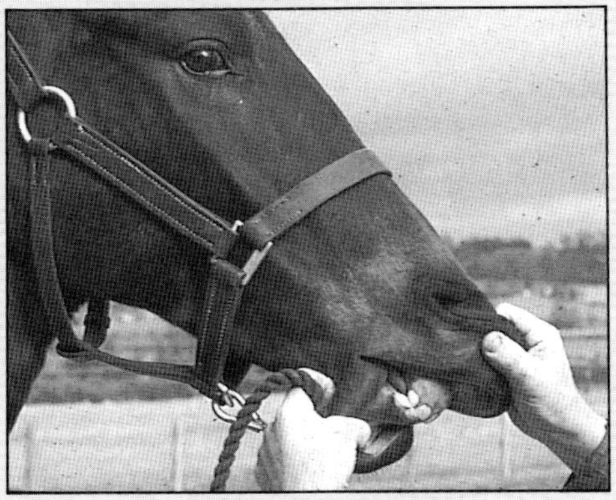

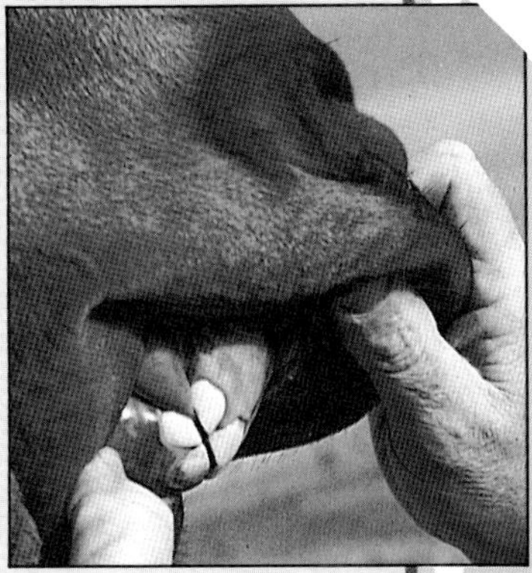

Untersuchung von Maul und Zähnen. Routineuntersuchungen wie diese sind sehr wichtig. Abmagerung, Verdauungsstörungen, Unleidlichkeit und Widersetzlichkeit haben häufig ihre Ursache in schmerzenden Zähnen.

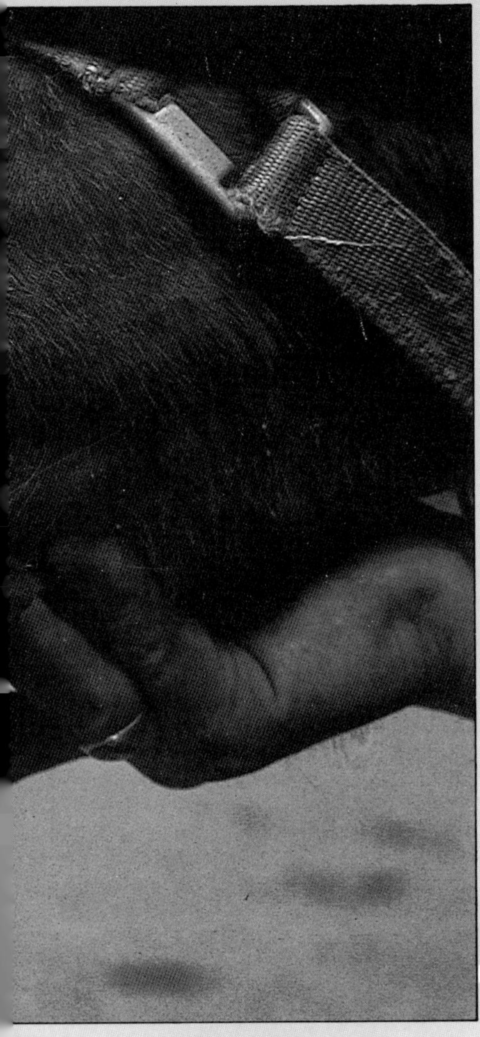

Spitzen unter Betäubung abzubrechen oder zu raspeln. Bei dieser Gelegenheit werden lockere Zähne gleich gezogen.

Können Pferde erbrechen?

Die Anatomie des Magenschließmuskels macht es Pferden unmöglich, Futter vom Magen zurück in die Maulhöhle zu befördern; das bedeutet, sie können nicht erbrechen. Bei manchen Krankheiten, wie zum Beispiel der Magenüberladung, kann es allerdings vorkommen, daß ein Teil des Mageninhaltes die Speiseröhre hochgedrückt wird und aus den Nüstern herausläuft. Dieses Hervorwürgen von Futter durch die Nüstern zeigt sich auch bei sehr jungen Fohlen, bei denen der Magenausgang verengt ist (Pylorusstenose). Wenn Milch aus den Nüstern läuft, kann es aber auch sein, daß das Fohlen von Geburt an unter einem gespalteten Gaumen leidet.

Zum Hervorwürgen von Futter aus den Nüstern kommt es bei erwachsenen Pferden hauptsächlich bei einer Magenüberladung, die nach einer Darmverschlingung oder einer Darmlähmung auftritt. Aus den Nüstern ausfließender Futterbrei ist immer ein ernstzunehmendes Krankheitssymptom.

Wie entsteht eine Schlundverstopfung, und wie behandelt man sie?

Bei einer Schlundverstopfung bleibt Futter in der Speiseröhre stecken und kann nicht abgeschluckt werden. Die Pferde sind gewöhnlich unruhig, versuchen wiederholt zu schlucken und spannen die Halsmuskeln an. Häufig tropft Speichel aus dem Maul, und aus den Nüstern wird Futter hervorgewürgt. Außerdem hustet das Pferd, und es besteht die Gefahr, daß es Speichel und Futterpartikel einatmet. In diesem Fall kommt es 12 bis 24 Stunden später zu einer Lungenentzündung.

Eine Schlundverstopfung ist immer ein Notfall, der sofort vom Tierarzt behandelt werden muß. Eine kleinere Menge Wasser (ein halber bis ein ganzer Liter) kann es dem Pferd unter Umständen ermöglichen, die steckengebliebenen Futterteile abzuschlucken, aber beim Eingeben von Flüssigkeiten besteht immer die Gefahr, daß sie statt in die Speiseröhre in die Luftröhre laufen. Der Tierarzt wird versuchen, den steckengebliebenen Futterbrocken mit einer Nasenschlundsonde magenwärts zu schieben. Über die Nasenschlundsonde eingegebene kleine Mengen Paraffinöl machen den Brocken gleitfähiger.

Zur Schlundverstopfung kommt es besonders häufig bei Pferden, die ihr Futter gierig herunterschlingen, ohne es zu kauen. Um ein solches Pferd zum langsameren Fressen zu zwingen, kann man einen oder mehrere große Steine oder Ziegel in seine Krippe legen.

Bei einer **Kolik** – einem Schmerzzustand der Verdauungsorgane – wälzen sich Pferde vielfach, um sich von den Schmerzen zu befreien.

Was bedeutet Kolik, und was sind die Anzeichen dafür?

Das Wort Kolik ist ein Sammelbegriff für Magen- und Darmbeschwerden. In den Därmen des Pferdes befindet sich eine Vielzahl von sensorischen Nerven, die auf das kleinste Unwohlsein reagieren; so erklärt es sich, daß Pferde bei leichten Bauchschmerzen dieselben Symptome zeigen wie bei lebensbedrohlichen Erkrankungen. Aus diesem Grund ist es für den Laien fast unmöglich, anhand der Symptome festzustellen, wie gefährlich eine Kolik wirklich ist.

Die Anzeichen für eine Kolik variieren geringfügig, abhängig von der Ursache, aber meistens zeigen sich Appetitlosigkeit, Lethargie (manchmal auch Gähnen) und ein mangelndes Interesse an der Umwelt. Außerdem sehen sich die Pferde nach dem Bauch um, scharren mit einem Vorderhuf oder schlagen mit einem Hinterhuf gegen den Bauch. Wenn die Schmerzen stärker werden, wälzen sich die Pferde häufig, um sich Erleichterung zu verschaffen. Unter Umständen bleiben sie auch auf dem Rücken liegen und strecken die Beine in die Luft. In schweren Fällen sind Anzeichen eines Schocks festzustellen – kalte Extremitäten, bläulich verfärbte Schleimhäute und ein schwacher, schneller Puls.

Wie gefährlich sind Koliken?

Obwohl einige Kolikformen, wie zum Beispiel die Verstopfungskolik, dem Pferd nur kurzzeitig Unbehagen bereiten, ist es doch unmöglich, die Symptome, die das Pferd zeigt, von denen einer gefährlichen Kolik zu unterscheiden. Außerdem ist die natürliche Reaktion eines unter Kolik leidenden Pferdes, sich zu wälzen. Dadurch kann es zu einer gefährlichen Komplikation, der sogenannten Darmverschlingung, kommen (siehe unten), die tödlich verläuft, wenn sie nicht behandelt wird.

In vielen Kolikfällen bedarf es nur eines Schmerzmittels, damit das Pferd sich nicht selbst verletzt oder es zu Komplikationen kommt. Je früher der Tierarzt eingreift, desto besser – eine Kolik ist immer als Notfall zu betrachten.

Was versteht man unter Darmverschlingung?

Die Därme des Pferdes werden vom Gekröse (Mesenterium) umhüllt, durch das Nerven und Blutgefäße verlaufen. Dieses Gekröse ist an der Oberseite des Bauchraumes angewachsen und auch mit einigen Darmabschnitten fest verbunden, während andere sich freier bewegen können. Der Dünndarm hat die meiste Bewegungsfreiheit, und es kann vorkommen, daß er sich um sich selbst dreht. In diesem Fall spricht man von einer «Strangulation» des Darmes, weil die Blutzufuhr abgeschnitten ist. Gewebe, das nicht mehr durchblutet wird, verursacht Schmerzen, was die heftigen Koliksymptome erklärt.

Eine Darmverschlingung kann spontan auftreten oder als eine Komplikation bei einer anderen Kolikform. Zu einem Aussetzen der Darmtätigkeit kann es auch kommen, wenn ein Darmabschnitt durch eine Öffnung im Gekröse rutscht und sich dort festklemmt. Eine solche Gefahr stellen die natürlichen Öffnungen der Gekrösebänder im Bereich des Magens dar, aber auch Öffnungen, die auf die eine oder andere Weise im Gekröse entstanden sind. Gelegentlich finden sich auch faserige Bänder im Bauchraum, die gewöhnlich durch wandernde Wurmlarven entstanden sind. Sie können sich um Darmabschnitte herumlegen und sie abschnüren.

Abschnürungen des Darmes lassen sich nur operativ beheben. Leider sind solche Operationen nicht immer erfolgreich, aber wenn sie nicht vorgenommen werden, stirbt das Pferd am Schock.

Die Heilungsaussichten hängen ausschließlich davon ab, wie früh die Abschnürung entdeckt und die Behandlung eingeleitet wird. Wenn eine Darmverschlingung schon seit sechs oder acht Stunden besteht, ist die Prognose relativ ungünstig. Eine Darmverschlingung zu diagnostizieren, ist nicht immer einfach, und die heute erhältlichen starken Schmerzmittel tragen noch dazu bei, die Symptome zu verschleiern. Regelmäßiges Messen des Pulsschlages, Abhören der Darmgeräusche, Untersuchungen des Darmes durch eine in den After eingeführte Hand, Blutuntersuchungen und wenn möglich auch Untersuchungen der Bauchhöhlenflüssigkeit können nötig sein, um eine Darmverschlingung zu diagnostizieren. Wenn das Pferd nicht auf Schmerzmittel anspricht und unter Schock steht, handelt es sich um einen ernsten Fall. Die Bauchhöhle muß so bald wie möglich unter Narkose eröffnet werden, damit das verdrehte Darmstück gefunden und wieder normalisiert werden kann. Während einer solchen Ope-

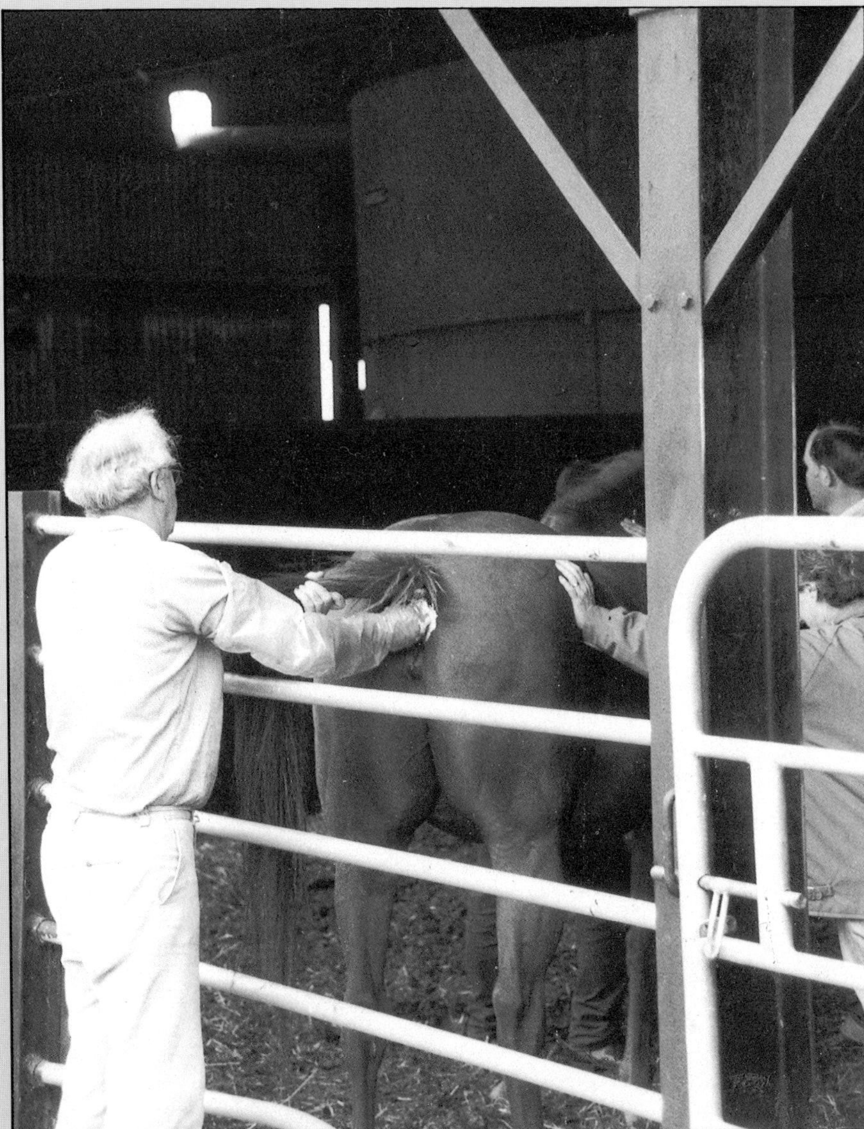

Ein Tierarzt bei der **rektalen Untersuchung** eines Pferdes. Obwohl das Pferd unter dem Einfluß von Beruhigungsmitteln steht, hält sich der Tierarzt doch sicherheitshalber hinter einem Gatter auf, um beim eventuellen Ausschlagen nicht getroffen zu werden.

ration müssen dem Pferd große Mengen an Elektrolyten (30–40 Liter) verabreicht werden, um den Schock zu bekämpfen.

Welches ist die häufigste Kolikursache?

Die meisten Koliken entstehen durch Schäden, die von Würmern verursacht wurden. Wandernde Fadenwurmlarven *(Strongylus vulgaris)* schädigen die Wände der Blutgefäße, die den Darm versorgen. Dadurch wird die Blutzufuhr unterbrochen, und es kommt zu Schmerzen. Erst kürzlich wurde festgestellt, daß Pferde mit Beschwerden am Übergang vom Dünndarm in den Dickdarm und Blinddarm – einer Stelle, an der es häufig zu Verstopfungen kommt – oft unter einer großen Zahl von Bandwürmern litten. Inzwischen ist relativ sicher, daß Bandwurmbefall eine der Ursachen für Probleme in diesem Darmabschnitt darstellt.

Was versteht man unter Krampfkolik?

Die Krampfkolik ist eine sehr häufige Kolikform, die vielfach wiederholt auftritt. Der Schmerz setzt gewöhnlich plötzlich ein und wird von den normalen Koliksymptomen sowie einem beschleunigten Puls und schnellerer Atmung während der Schmerzanfälle begleitet. Die Schmerzen lassen gewöhnlich nach einigen Stunden nach, um sechs bis zwölf Stunden später wieder aufzutreten. Beim Abhören der Darmgeräusche und bei der rektalen Untersuchung läßt sich meist nichts Ungewöhnliches feststellen, und es wird vermutet, daß Wurmschäden die häufigste Ursache für diese Form der Kolik sind. Schmerz- und krampflösende Mittel befreien das Pferd von seinen Schmerzen, müssen aber unter Umständen mehrmals gegeben werden.

Was ist eine Gaskolik?

Von einer Wind- oder Gaskolik spricht man, wenn sich im Magen oder in den Därmen große Mengen an Gasen gebildet haben. Die dadurch entstehende Überdehnung der Verdauungsorgane verursacht dem Pferd anhaltende Schmerzen. Diese Kolikform tritt auf, wenn sich ein Pferd überfrißt oder Futter zu sich nimmt, das zur Gärung neigt (Rasenmähergras, verwelkte Luzerne oder Klee). Normalerweise dauert es zwei Stunden, bis das Futter vom Magen in den Dickdarm gelangt, das heißt, die Gaskolik stellt sich kurze Zeit nach der Fütterung ein. Anfänglich kann die Darmtätigkeit noch gesteigert sein, und es sind klingende und gurgelnde Geräusche zu vernehmen. Später verlangsamt sich die Darmtätigkeit, und wenn der Dickdarm betroffen ist, wirkt der Bauch des Pferdes aufgebläht. In sehr schweren Fällen beeinträchtigt der Druck der gasgefüllten Eingeweide die Atmung, und die Pferde nehmen die «hundesitzige» Stellung ein, um besser atmen zu können. Der Tierarzt wird Schmerzmittel verabreichen und eine Nasenschlundsonde einführen, die das Gas aus dem Magen ableitet und durch die Medikamente eingegeben werden, die die Gärung verhindern. In den seltenen Fällen, in denen die Medikamente keine Wirkung zeigen, wird der Darm operativ eröffnet, um das Gas abzulassen.

Kleiebrei – mit warmem Wasser angerührte Weizenkleie – hat einen äußerst geringen Nährwert, wirkt aber leicht abführend, empfiehlt sich also bei Pferden, die zu Verstopfung neigen.

Wie kommt es zur Verstopfung?

Normalerweise wird das vom Pferd aufgenommene Futter schon zu Beginn des Verdauungsvorganges mit großen Mengen an Speichel und Verdauungssäften angereichert. Ein Großteil dieser Flüssigkeit wird dann am Ende des Verdauungstraktes zusammen mit den Nährstoffen vom Körper wieder aufgenommen. Wenn die Peristaltik – die Muskelkontraktionen, die den Nahrungsbrei in den Därmen vorwärtstreiben – aber zu langsam verläuft, wird zuviel Flüssigkeit absorbiert, und der Kot wird hart und trocken und kann nur schwer ausgeschieden werden. Zu einer solchen Verstopfung kommt es häufig bei Stallpferden, die große Mengen an trockenen Futtermitteln (Heu, Pellets u.a.) bekommen. Das Risiko erhöht sich, wenn die Pferde nicht genug Wasser aufnehmen oder nicht genug Bewegung haben. Um die Verstopfungskolik zu verhindern, gibt man im allgemeinen Mash, der eine abführende Wirkung hat. Kochsalz (Natriumchlorid) oder ein mildes Abführmittel wie Epsomsalz (Magnesiumsulfat) oder Glaubersalz (Natriumsulfat) sorgen dafür, daß das Pferd mehr Wasser aufnimmt. Bei einer Verstopfungskolik zeigen Pferde gewöhnlich die Symptome leichter, andauernder Schmerzen (Scharren, Umsehen zum Bauch, aber kein Wälzen), erscheinen deprimiert und interesselos und verweigern das Futter. Es können Schmerzmittel gegeben werden, wichtiger aber ist das Eingeben von Paraffinöl und Salzen (Epsom- oder Glaubersalz) per Nasenschlundsonde, um die Peristaltik anzuregen. Meistens muß die Nasenschlundsonde mehrmals eingeführt werden, weil es unter Umständen mehrere Tage dauert, die Verstopfung zu lösen.

Was versteht man unter «Graskrankheit»?

Als «Graskrankheit» bezeichnet man eine besonders schwere Kolikform, die nur in bestimmten Teilen Großbritanniens auftritt, und zwar vor allem in den Monaten Mai und Juni, gelegentlich aber auch zu anderen Zeiten. Normalerweise erkrankt nur ein Tier einer Herde, und das Leiden tritt besonders häufig auf, wenn die Tiere den Stall wechseln. In seltenen Fällen erkranken auch mehrere Tiere einer Herde, eines nach dem anderen. Bei der «Graskrankheit» werden die Nerven geschädigt, die den Darm kontrollieren, und es kommt zur Darmlähmung. Der Stillstand der Darmbewegungen führt zur Verstopfung. Außerdem wird das aufgenommene Futter vom Magen nicht mehr an die Därme weitergereicht, und der Magen füllt sich mit speicheldurchsetztem Futterbrei. Wenn der Magen überladen ist, werden Futterpartikel durch die Nüstern hervorgewürgt. Es kann zur Magenzerreißung kommen, die tödlich endet. Im Anfangsstadium läßt sich die «Graskrankheit» nicht von anderen Kolikformen unterscheiden. In schweren Fällen schreitet die Krankheit jedoch sehr schnell fort, und das Pferd stirbt innerhalb von 24 Stunden am Schock. In den meisten Fällen zieht sich die Erkrankung jedoch über zwei bis drei Tage hin, und den anfänglichen Koliksymptomen folgen Schweißausbrüche, Muskelzuckungen in der Haut und Zeichen eines Schocks. Die Diagnose kann gestellt werden, weil keinerlei Darmgeräusche zu vernehmen sind und sich große Flüssigkeitsmengen im Magen ansammeln. Um ihr Leiden zu beenden, werden erkrankte Tiere gewöhnlich eingeschläfert. In leichten Fällen setzen die Symptome langsamer ein, und es kann eine leichte Darmtätigkeit erhalten bleiben. Wenn diesen Tieren mehrere Wochen lang aufgeweichtes Pelletfutter per Nasenschlundsonde verabreicht wird, können sie die Krankheit überleben, tragen aber meistens bleibende Schäden davon.

Was weiß man über die Ursache dieser Krankheit?

Trotz jahrelanger, intensiver Nachforschungen ist die Ursache der «Graskrankheit» noch nicht bekannt. Die Krankheit scheint nicht ansteckend zu sein. Möglicherweise sind mehrere zusammenwirkende Faktoren für ihre Entstehung verantwortlich.

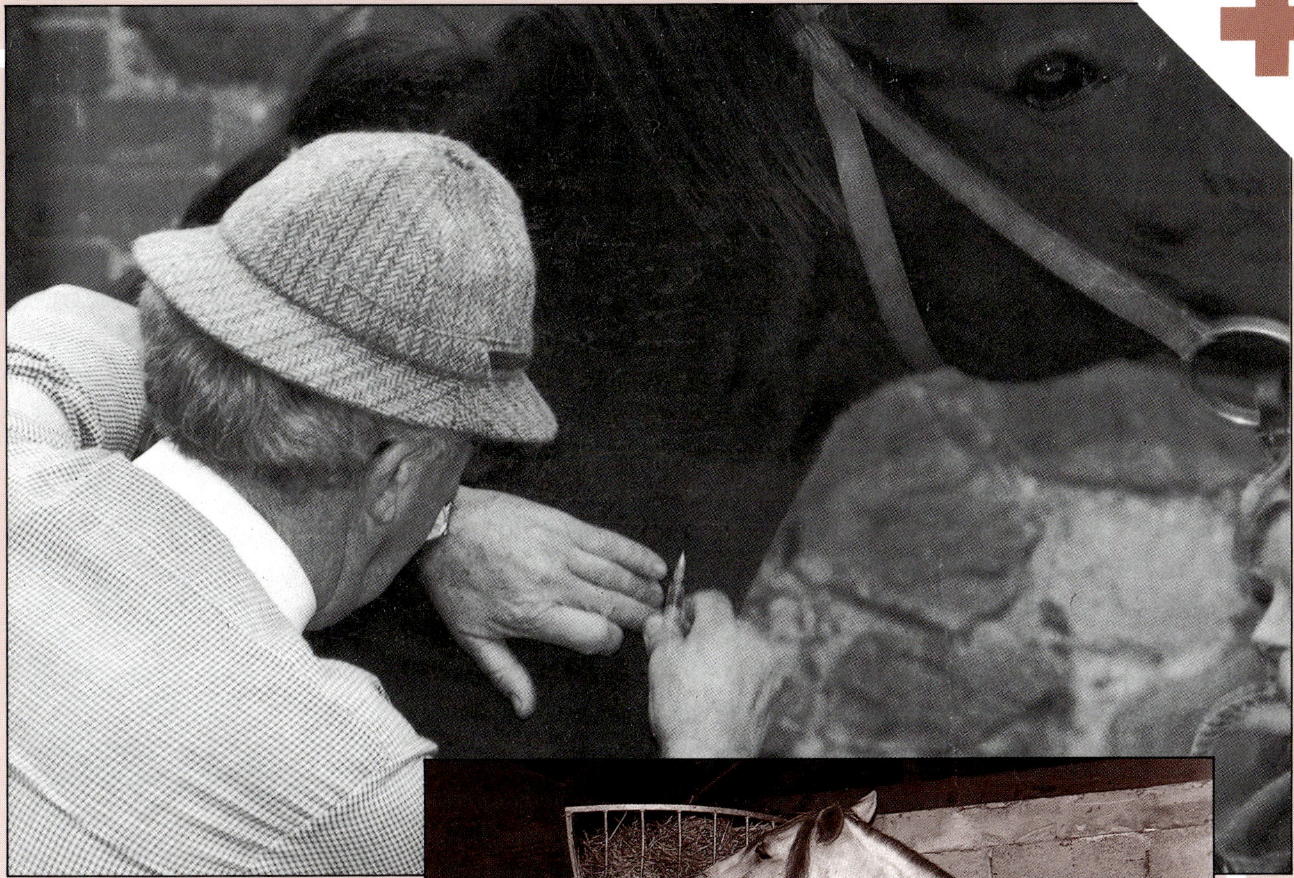

Verabreichen eines Schmerzmittels bei Kolik (oben). Ein Koliker sollte möglichst daran gehindert werden, sich hinzulegen, und es ist immer ein gutes Zeichen, wenn er nach der Behandlung durch den Tierarzt wieder Interesse an seinem Heu zeigt (**unten**).

Welche anderen Verdauungsbeschwerden können auftreten?

Starke Verwurmung kann sowohl bei ausgewachsenen Pferden als auch bei Fohlen zu Darmentzündung und Durchfall führen. Akute Darmentzündungen bei Fohlen können jedoch auch durch Bakterien wie zum Beispiel Salmonellen hervorgerufen werden. Bei erwachsenen Pferden kommt es gelegentlich zur Darmentzündung als Folge von Streß oder nach der Verabreichung von Breitspektrum-Antibiotika. Die genauen Zusammenhänge dieses Leidens, das als Colitis X bezeichnet wird, sind noch nicht geklärt. In den Fällen, in denen Antibiotika die Ursache darstellen, scheinen sich Clostridien im Darm zu vermehren, und Darmentzündung und Schock sind die Reaktion auf die von ihnen produzierten Gifte. Pferde mit diesem Leiden sind teilnahmslos, verweigern das Futter, trocknen schnell aus und zeigen Anzeichen eines Schocks. Der Tod kann innerhalb von 12 Stunden eintreten, aber meistens sterben die Tiere nach ein- bis zweitägigem Durchfall. In leichteren Fällen kommt es zur Heilung, wenn dem Pferd intravenös Flüssigkeit zugeführt wird, die das Elektrolytgleichgewicht wiederherstellt und die ausgeschiedene körpereigene Flüssigkeit ersetzt.

Wenn ausgewachsene Pferde unter Durchfall leiden, ist die Ursache entweder die Unfähigkeit des Darmes, Flüssigkeit zu absorbieren, oder eine Darmentzündung. Ersteres kann durch Blutuntersuchungen nachgewiesen werden und tritt relativ selten auf, ist aber eine Möglichkeit, die in Betracht gezogen werden sollte.

Atemwegerkrankungen

Atemwegerkrankungen wie Virusinfektionen, Influenza und Druse treten bei Pferden recht häufig auf. Wichtige Maßnahmen sind das Isolieren erkrankter Pferde und das Lindern der Beschwerden, zum Beispiel des Hustens.

Wie werden Atemwegerkrankungen untersucht?

Neben den Lahmheiten sind Erkrankungen der Atemwege die häufigsten Gesundheitsprobleme bei Pferden. Viele wichtige Informationen vermittelt das Abhören der Lunge, und auch Proben aus dem Nasenausfluß geben einigen Aufschluß über den Erreger einer Krankheit, aber bisher war das größte Problem, daß es keine Möglichkeit gab, das Innere der Atemwege zu untersuchen. Dieses Problem wurde jedoch in den letzten Jahren durch das Endoskop gelöst. Dieses Instrument ist ein aus einer Vielzahl von biegsamen Glasfaserfäden zusammengesetzter Schlauch, an den eine starke Lichtquelle angeschlossen ist; die Lichtleitfähigkeit der Fasern ermöglicht es dem Untersuchenden, von einem Ende des Schlauches aus zu beobachten, was sich am anderen Ende befindet. Der Schlauch wird durch eine Nüster in die Nasenhöhle eingeführt und von dort aus durch die Luftröhre in die Lunge geschoben.

Ist Nasenausfluß ein Grund zur Sorge?

Pferde können an verschiedenen Virusinfektionen erkranken, die grippeähnliche Symptome hervorrufen. Normalerweise kommt es dabei zu einem wäßrigen Nasenausfluß. Dickflüssiger Nasenausfluß tritt gewöhnlich auf, wenn es sich um eine bakterielle Infektion handelt (zum Beispiel Druse), oder wenn die Kieferhöhlen vereitert sind. Am häufigsten führt das Equine-Herpes-Virus Typ I (EHV I) zu einer Atemwegerkrankung. Es verursacht leichte, grippeähnliche Symptome, darunter einen wäßrigen Nasenausfluß, erhöhte Temperatur, geschwollene Drüsen und eventuell Husten. Das Virus ist leicht übertragbar und besonders bei Rennpferden häufig für einen Verlust der gewohnten Kondition verantwortlich. Die auf eine Infektion folgende Immunität ist nur von kurzer Dauer, das Pferd kann also schon bald erneut erkranken. Einen wirksamen Impfstoff gibt es bisher noch nicht. Eine Behandlung ist in der Regel nicht nötig, da die Pferde sich schnell wieder erholen. Allerdings dürfen sie nicht arbeiten, während sie die Infektion durchmachen, weil die Heilung sonst verzögert wird.

Das Equine-Influenza-Virus verursacht stärkere Symptome. Erkrankte Pferde haben oft hohes Fieber sowie geschwollene Drüsen am Unterkiefer. Der ursprünglich wäßrige Nasenausfluß wird aufgrund von bakteriellen Sekundärinfektionen schnell dicker. Bei dieser Infektion kommt es stets zu Husten. Die Infektion ist hochansteckend und tritt gewöhnlich in Epidemien auf, ist aber durch regelmäßiges Impfen zu verhindern.

Was ist Druse?

Druse ist eine Atemweginfektion, die durch das Bakterium *Streptococcus equi* hervorgerufen wird. Dabei kommt es zu dickflüssigem Nasenausfluß, Fieber und manchmal Husten und zum Anschwellen der Kehlgangslymphknoten. Die Inkubationszeit dieser hochansteckenden Krankheit beträgt zwei bis sechs Tage. Im Verlauf der Erkrankung vergrößern sich die Lymphknoten immer stärker, und es bilden sich eitrige Abszesse, die nach außen aufbrechen. In seltenen Fällen bilden sich außer in den Kehlgangslymphknoten auch Abszesse in der Brust- oder Bauchhöhle, was eine ernste Komplikation darstellt, weil diese den Tod des Tieres bedeuten können. Im Anfangsstadium ist die Verabreichung von Antibiotika zwar geeignet, um das Fieber zu senken, sie verhindert aber auch das Reifen der Abszesse, die erst aufbrechen, wenn die Behandlung eingestellt wird. Aus diesem Grund setzen einige Tierärzte keine Antibiotika ein, sondern empfehlen warme Umschläge, die die Abszesse zum Reifen bringen.

Wodurch wird Nasenbluten verursacht?

Blutungen aus den Nüstern kommen bei Pferden recht selten vor. Sie können die Folge einer Verletzung der Nüstern oder einer Kopfseite sein oder aus den Luftsäcken oberhalb der Maulhöhle kommen. In diesen Fällen läuft das Blut gewöhnlich nur aus einer Nüster. In seltenen Fällen treten Blutungen aus den Gefäßen der Nebenhöhlen auf, wobei das Blut aus beiden Nüstern ausfließt.

Bei Rennpferden ist Nasenbluten öfter zu beobachten (es tritt bei ungefähr 1,5 Prozent aller Galopprennpferde auf), und bisher wurde angenommen, daß das Blut aus der Nasenhöhle kommt. Röntgenaufnahmen und Untersuchungen mit dem Endoskop haben jedoch erwiesen, daß das Blut aus einem bestimmten Teil der Lunge austritt. Außerdem wurde – zur großen Überraschung der Fachleute – entdeckt, daß bei einem großen Prozentsatz der Rennpferde (60–70 %) während des Trainings Lungenblutungen auftreten und daß dieses Blut durch die Luftröhre in die Maulhöhle gelangt und von dort abgeschluckt wird – nur in Extremfällen tritt es durch die Nüstern nach außen.

Neuere Untersuchungen haben ergeben, daß Lungenblutungen nicht nur bei Rennpferden auftreten, sondern auch bei Vielseitigkeits- und Springpferden und sogar bei Ponys, die an schnellen Reiterspielen teilnehmen. Bis jetzt ist noch keine zufriedenstellende Erklärung für dieses Phänomen gefunden worden, aber es ist so weit verbreitet, daß mit Sicherheit körperliche Faktoren eine Rolle spielen. Da eine Lungenblutung die Leistungsfähigkeit beeinträchtigt, ist es durchaus möglich, daß Rennpferde, die nicht ihre abstammungsgemäß zu erwartende Form zeigen, sich nur schonen, um eine Blutung zu vermeiden.

Kommt es auch bei Pferden zu Infektionen der Nebenhöhlen?

Im Innern des Pferdeschädels befinden sich mehrere große Hohlräume, die das

Das Auswaschen der Nüstern mit einem sauberen Schwamm (**rechts**) gehört zur täglichen Pflege. Wenn das Pferd jedoch unter Nasenausfluß leidet, sollten die Nüstern mehrmals täglich ausgewaschen werden. Den Schwamm jedesmal gut ausspülen und nicht für andere Pferde verwenden.

Gewicht des Kopfes gering halten sollen. Zu ihnen gehören die große Stirnhöhle und die unter den Augen liegenden Kieferhöhlen. Die beiden Nebenhöhlen an den Seiten sind nicht miteinander verbunden, sondern öffnen sich jeweils direkt in die Nasenhöhle. Wenn Bakterien aus der Nasenhöhle eindringen, kann es leicht zur Nebenhöhlenentzündung kommen – das Merkmal hierfür ist ein dicker Nasenausfluß aus einer Nüster. Diese Erkrankung spricht jedoch in der Regel gut auf eine Behandlung mit Antibiotika an. Damit der Eiter besser abfließt, bekommen die Pferde ihr Futter auf dem Boden vorgelegt; auch das Inhalieren ist oft eine große Hilfe. Wenn die Öffnung zur Nasenhöhle blockiert ist, sammelt sich der Eiter in der Nebenhöhle an. In diesem Fall muß operativ für einen Abfluß gesorgt werden. Zu Entzündungen der Kieferhöhlen kann es kommen, wenn sich an der Wurzel eines Oberkieferzahns ein Abszeß gebildet hat.

Was sind Luftsäcke?

Die Luftsäcke sind zwei blind endende Schleimhautaussackungen, die weit hinten im Maul auf beiden Seiten von der Eustachischen Röhre abzweigen und unterhalb der Ohrmuskeln liegen. Unter den Haustieren haben nur die Pferde solche Luftsäcke. Sie scheinen keinerlei Funktion zu erfüllen, und es ist daher unklar, aus welchem Grund sie sich entwickelt haben. An der Oberseite dieser Luftsäcke verlaufen wichtige Blutgefäße und Nerven. Infektionen, vor allem durch Pilze, können von der Nasenhöhle in die Luftsäcke eindringen, worauf sie sich mit Luft (vor allem bei jungen Fohlen) oder Eiter füllen. Solche Infektionen können die Blutgefäße schädigen (Blutungen) oder die Nerven (Schluckbeschwerden). Die Luftsäcke werden mit einem durch die Nüstern eingeführten Endoskop untersucht, und mit Hilfe einer Sonde werden Spülungen vorgenommen, Eiter entfernt oder Medikamente in die Luftsäcke eingebracht.

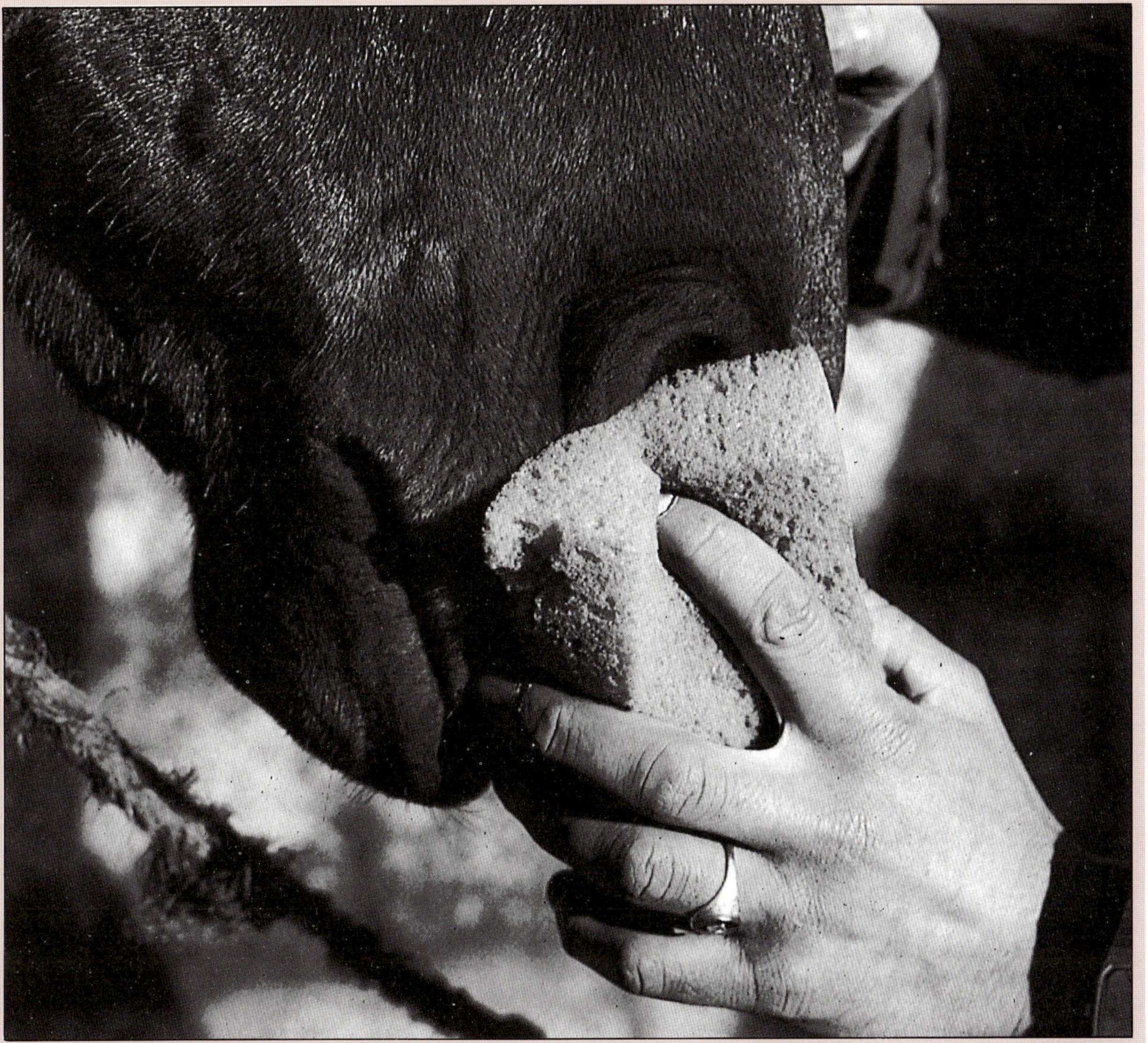

Was ist Kehlkopfpfeifen?

Schon seit vielen Jahrhunderten kennt man ein Leiden, bei dem die Pferde bei Belastung mit einem hörbaren Geräusch Luft holen. Dieses Problem wird als Kehlkopfpfeifen oder Roaren bezeichnet. Man nimmt an, daß das Leiden erblich ist; es gilt als Gewährsmangel.

Das Hauptsymptom ist ein Schwund der Muskeln am Kehlkopf, in der Regel auf der linken Seite. Diese Muskeln sind bewegungsunfähig, weil die zu ihnen führenden Nerven geschädigt sind. Das Leiden wird daher auch als Kehlkopflähmung oder, weil gewöhnlich nur die linke Seite betroffen ist, als Hemiplegia laryngis (halbseitige Kehlkopflähmung) bezeichnet. Die Ursache der Nervenschäden ist unbekannt.

Unter Kehlkopfpfeifen leiden hauptsächlich große Pferde, bei Ponys kommt es fast überhaupt nicht vor. Die verringerte Luftzufuhr zur Lunge beeinträchtigt die Leistungsfähigkeit des Pferdes, aber da es sich gewöhnlich nicht um eine vollständige Lähmung handelt, hängt die Leistungsminderung vom Grad der Behinderung ab.

Eine vorläufige Diagnose kann gestellt werden, wenn man das Pferd in schnellen Gangarten bewegt. Bestätigt wird die Diagnose durch eine Untersuchung mit dem Endoskop, mit dessen Hilfe man den Knorpel und die Stimmbänder der linken Seite im Luftstrom «flattern» sieht, wenn das Pferd tatsächlich ein Kehlkopfpfeifer ist. Es kann jedoch auch vorkommen, daß Pferde, die unter einer Kehlkopflähmung leiden, beim Atmen keinerlei Geräusche von sich geben, aber auch, daß ein dem Kehlkopfpfeifen ähnliches Geräusch auftritt, obwohl das Pferd unter einem anderen Problem leidet – zum Beispiel einer Schwellung der Kehlgangslymphknoten, dem Äquivalent zur Mandelentzündung des Menschen.

Ist Kehlkopfpfeifen heilbar?

Es ist unmöglich, die geschädigten Nerven oder die geschrumpften Muskeln zu regenerieren. Bei der Behandlung eines Kehlkopfpfeifers beschränkt man sich daher auf den Versuch, die der Lunge zugeführte Luftmenge zu vergrößern. Dazu wird gewöhnlich die Stimmbandtasche operativ entfernt. Wenn die Wunde abheilt, bilden sich Verklebungen, die den störenden Knorpel und das Stimmband zur Seite ziehen. Eine andere Methode ist es, den Knorpel mit einem elastischen Kunststoffaden zur Seite zu ziehen. Vollständig wiederhergestellt wird das Pferd durch diese Operation zwar nicht, aber die Luftzufuhr wird deutlich verbessert und die Leistungsfähigkeit erhöht. In der Vergangenheit wurde Kehlkopfpfeifern ein Schlauch in die Luftröhre eingeführt, durch den sie ungehindert atmen konnten. Diese Methode hat jedoch einige Nachteile und wird deshalb heute nicht mehr angewendet.

Was versteht man unter COPD?

Viele Ponys und Pferde, die im Stall gehalten werden, haben einen harten, trockenen Husten, erscheinen aber sonst gesund. Früher bezeichnete man diese Pferde als «dämpfig» und nahm an, daß der Husten die Folge einer Lungenüberdehnung war, die durch Überanstrengung ausgelöst wurde. Kürzlich wurde jedoch entdeckt, daß die Ursache der Erkrankung ein Lungenschaden (Emphysem) ist, der durch eine Allergie gegen Schimmelpilze im Futter ausgelöst wird. Wenn diese Schimmelpilzsporen in die Lunge geraten, geben bestimmte Zellen, die Mastzellen, chemische Stoffe ab, die zu einer Verengung der kleineren Atemwege (Bronchiolen) führen; dadurch gelangt natürlich weniger Atemluft in die Lunge. Dieses Leiden erhielt den Namen COPD (Chronic Obstructive Pulmonary Disease).

Bei reiner Weidehaltung erscheinen an COPD erkrankte Pferde völlig gesund. Wenn ein Pferd mit einer Schimmelpilzallergie jedoch in den Stall gebracht wird, entwickelt es einen harten, trokkenen Husten, der besonders zu Beginn der Arbeit auftritt und häufig wieder verschwindet, sobald das Pferd warmgeritten wurde. Normalerweise ist das Ausatmen ein passiver Vorgang, bei dem sich der nach dem Einatmen gedehnte Brustkorb mühelos wieder entspannt. Pferde, die unter COPD leiden, sind aufgrund der verengten Atemwege nicht in der Lage, die eingeatmete Luft vollständig wieder auszustoßen, ohne dazu ihre Bauchmuskeln anspannen zu müssen. Beim Beobachten des Brustkorbes fällt auf, daß sie normal ausatmen und dann die noch in der Lunge verbliebene Atemluft mit Muskelkraft herauspressen, das heißt, sie atmen «doppelschlägig». In schweren Fällen werden die Muskeln durch diese Anstrengung so trainiert, daß sich die sogenannte Dampfrinne bildet; zum Teil leiden die Pferde auch unter Atemnot, und die sichtbaren Schleimhäute schimmern bläulich.

Kann man der COPD vorbeugen?

In den meisten Fällen kann das Problem verringert oder sogar gelöst werden, wenn man versucht, die Menge der Pilzsporen in der Umgebung des Pferdes möglichst gering zu halten. Untersuchungen haben ergeben, daß fast alle Pilzsporen so klein sind, daß sie nicht in den Nüstern herausgefiltert werden, sondern bis in die Lunge gelangen. In Heu und Stroh sind große Mengen von Pilzsporen enthalten, vor allem, wenn es sich nicht um die beste Qualität handelt. Aber auch in einer Matratzenstreu aus anderen Materialien bilden sich unzählige Pilzsporen. Untersuchungen haben ergeben, daß die Belastung der Luft mit Pilzsporen am größten ist, wenn Stroh aufgeschüttelt wird; deshalb sollen die Pferde zu diesem Zeitpunkt nicht im Stall sein und frühestens nach zwanzig Minuten in ihre Boxen zurückgebracht werden, denn dann hat sich der sporenhaltige Staub wieder gesetzt. Um eine hohe Konzentration der Pilzsporen zu verhindern, ist die Belüftung ein besonders wichtiger Faktor, denn bei schlechter Belüftung können selbst ausgezeichnetes Heu und Stroh für eine gefährliche Sporenkonzentration sorgen. Das Heu wird vom Boden gefüttert (nicht aus einer Hochraufe oder einem Heunetz), denn auf diese Weise ist das Pferd vor den Sporen am besten geschützt. Am wirksamsten schützt man Pferde vor Schimmelpilzsporen, indem man das Heu in einem Heunetz vor dem Verfüttern etwa fünf Minuten lang einweicht.

Seit kurzem sind Medikamente für Pferde im Handel, die denen ähneln, die beim Menschen gegen Asthma eingesetzt werden. Sie werden mit einem Inhaliergerät verdampft. Die Pferde sollen an vier aufeinanderfolgenden Tagen jeweils 20 bis 30 Minuten lang inhalieren. Diese Behandlungsfolgen erhalten das Pferd etwa drei Wochen lang beschwerdefrei. Das Medikament hindert die Mastzellen daran, die Chemikalie

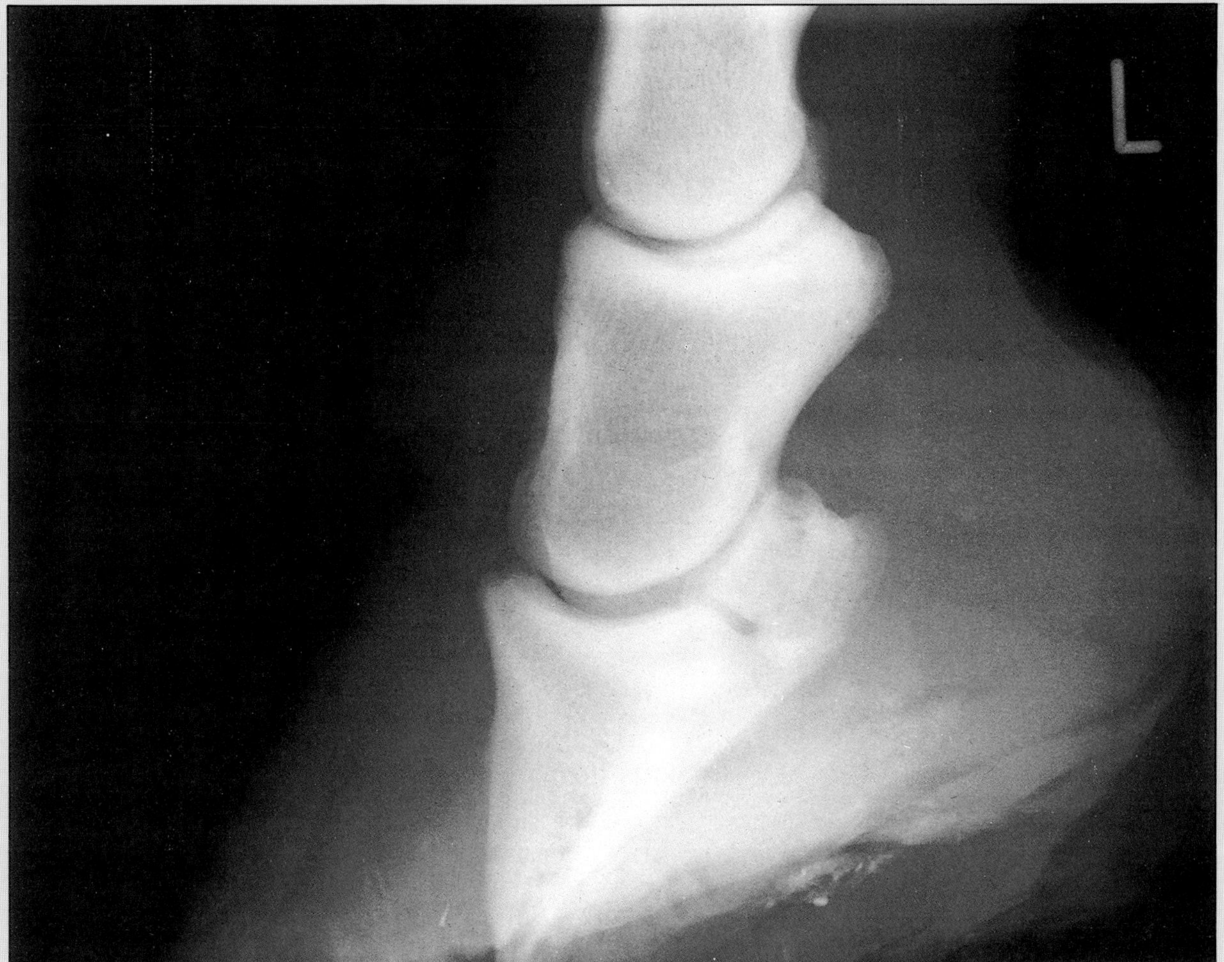

freizusetzen, die zur Verengung der Atemwege führt. Wie das Umstellen auf Weidehaltung führt auch diese Behandlung nicht zur Heilung, sondern unterdrückt nur die Symptome. Die Schimmelpilzallergie ist weit verbreitet und eine häufige Ursache für einen schlechten Gesundheitszustand.

Husten – was ist die wahrscheinlichste Ursache?

Wenn ein Pferd feucht hustet und Nasenausfluß hat, und wenn andere Pferde im Stall dieselben Symptome zeigen, handelt es sich wahrscheinlich um eine Atemweginfektion oder um Druse. Bei Stallpferden, die trocken husten und deren Lymphknoten nicht geschwollen sind, liegt vermutlich COPD vor. Weidepferde, die mit einem Esel zusammenstehen oder -standen, können sich mit Lungenwürmern infiziert haben. Durch Virusinfektionen oder bakterielle Sekundärinfektionen verursachter Husten spricht im Gegensatz zu COPD und Lungenwürmern gut auf Antibiotika und hustenreizstillende Medikamente an. Lungenwürmer und COPD werden durch Entwurmen oder Inhalieren behandelt oder, noch besser, von vornherein verhütet, indem die Belastung der Luft durch Pilzsporen verringert und die Pferde nicht mit Eseln auf dieselben Koppeln gelassen werden.

Welche anderen Lungenprobleme gibt es?

Eine Lungenentzündung kann durch eine bakterielle Infektion hervorgerufen werden, die entweder durch Streß (z.B. Unterkühlung) entsteht oder sich von einem anderen infizierten Organ ausbreitet. Bei älteren Pferden ist die Lungenentzündung selten, kommt aber

Die Folgen einer schweren **Hufrehe** – einer Entzündung der empfindlichen Lederhaut in der Hufwand.

recht häufig bei Fohlen vor, die als Folge davon trocken husten und oft stark an Gewicht verlieren. Bei Fohlen ist besonders eine Infektion mit *Corynebacterium equi* sehr gefährlich, denn bei dieser Form der Lungenentzündung kommt es zur Bildung von Abszessen in der Lunge, die gegen Antibiotika resistent sind. Eine bei der Lungenentzündung gelegentlich auftretende Komplikation ist die Brustfellentzündung (Entzündung der Membrane, die den Brustkorb auskleidet und die Lunge umschließt). Lungenkrebs ist bei Pferden sehr selten. Bei sehr alten, krebskranken Pferden kann es unter Umständen zur Metastasenbildung in der Lunge kommen.

Beinprobleme

Eine Lahmheit zu entdecken, fällt dem Neuling nicht immer leicht. Wenn man festgestellt hat, welches Bein lahm ist, empfiehlt es sich, zu überprüfen, ob die Lahmheitsursache nicht vielleicht so simpel ist, daß sie sich leicht abstellen läßt. Ist dies nicht der Fall, muß der Tierarzt gerufen werden.

Woran erkennt man, ob ein Pferd lahmt?

Eine Lahmheit zu erkennen, ist vor allem für Anfänger schwierig. Viele Lahmheiten sind nur geringgradig, treten nicht ständig auf, verschwinden, wenn das Pferd warmgeritten wurde, oder treten vielleicht auch erst auf, wenn das Pferd hart gefordert wird. Häufig ist es der Reiter, der zuerst merkt, daß mit dem Pferd etwas nicht stimmt, daß es nicht wie gewohnt ausgreift. Obwohl man Lahmheiten manchmal auch im Galopp oder im Schritt sieht, ist der Trab doch die geeignetste Gangart zum Feststellen und Untersuchen von Lahmheiten. Im Trab versucht das lahme Pferd den Schmerzen zu entgehen, indem es das erkrankte Bein entlastet, und dabei ändern sich seine Kopfhaltung oder die Bewegungen der Kruppe.

Wie kann man feststellen, auf welchem Bein das Pferd lahmt?

Um eine Lahmheit zu entdecken, läßt man sich das Pferd auf einem harten, ebenen Untergrund am losen Zügel oder Führstrick im Trab vorführen. Bei Verdacht auf eine Lahmheit der Vorderbeine läßt man das Pferd auf sich zutraben; deutliches Kopfnicken ist ein Zeichen für Lahmheit – der Kopf geht mit einem Ruck nach oben, wenn das lahme Vorderbein aufgesetzt wird. Lahmheiten der Hinterbeine lassen sich besser erkennen, wenn das Pferd vom Betrachter wegtrabt. In diesem Fall achtet man auf die Bewegungen der Kruppe: Wenn ein lahmes Hinterbein aufgesetzt wird, hebt sich die entsprechende Kruppenseite, um das erkrankte Bein zu entlasten. Das Beobachten von Kopf und Kruppe ist bei der Lahmheitsuntersuchung besonders wichtig, und man kann sich leicht merken, daß der Kopf und eine Hälfte der Kruppe sich stets senken, wenn das Pferd auf das gesunde Bein fällt. Bei einem Pferd, das auf beiden Vorder- oder Hinterbeinen lahmt, zeigen sich keine typischen Kopf- oder Kruppenbewegungen. Diese Lahmheiten sind schwieriger zu entdecken, obwohl die Pferde vorn gewöhnlich einen klammen, gebundenen Gang zeigen oder mit den Hinterbeinen sehr kurze Schritte machen. Bei Dressurpferden mit Rücken- oder Muskelschäden wird man zur Entdeckung einer Lahmheit beobachten, wie das Pferd seine Beine vorschwingt. Der Länge und der Ausdruckskraft der Tritte ist besonderes Augenmerk zuzuwenden. Die Bewegungen der einzelnen Gliedmaßen werden dann mit denen verglichen, die das Pferd an der Longe oder nach einem Handwechsel zeigt.

Wie kann man die Lahmheitsursache feststellen?

Wenn man herausgefunden hat, auf welchem Bein das Pferd lahmt, empfiehlt es sich, zu überprüfen, ob die Lahmheit nicht vielleicht eine ganz simple Ursache hat (zum Beispiel ein Dorn, eine Hautverletzung oder ein in den Huf getretener Stein). Wärme, Schwellung und Schmerzempfindlichkeit sind deutliche Anzeichen für die Lokalisation der Verletzung. Im Huf kann es nicht zu einer Schwellung kommen, aber bei fast allen Hufproblemen tritt vermehrte Wärme auf. Wenn man eine Hand auf die Hornwand legt und ihre Temperatur mit der

Lahmheit

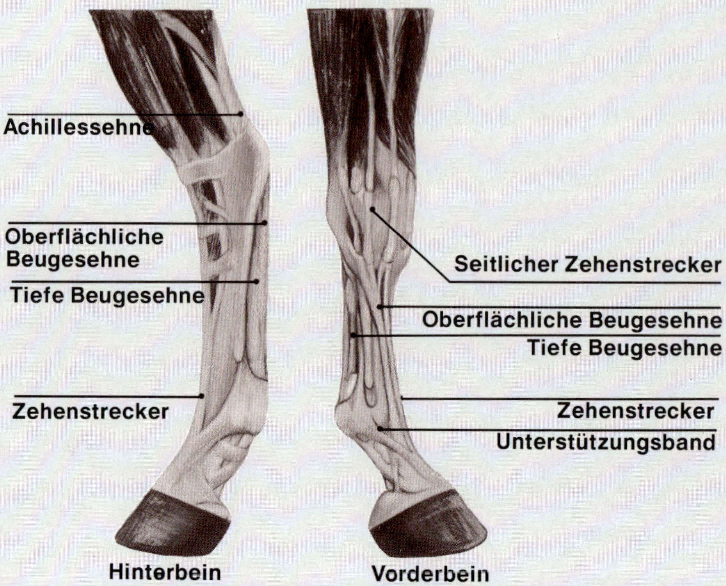

Es ist fast unmöglich zu entscheiden, welcher Teil des Pferdekörpers bei seiner Evolution die größte Rolle gespielt hat, aber sicherlich stehen die Gliedmaßen auf der Liste ganz oben. In der Natur muß sich das Pferd auf seine Beine verlassen, um seinen Feinden zu entkommen, aber auch ein in der Obhut des Menschen lebendes Pferd ist ohne gesunde Beine nutzlos. Wiederholtes, langanhaltendes Reiten auf hartem Boden und das Vernachlässigen von Hufpflege und Beschlag sind wahrscheinlich die häufigsten Ursachen für **Lahmheiten**, die jedoch verhindert werden können.

Im Falle einer **Lahmheit vorn** läßt man das Pferd am lockeren Zügel (mindestens 15 Zentimeter lang) auf hartem, ebenem Boden auf sich zu traben (**oben**).

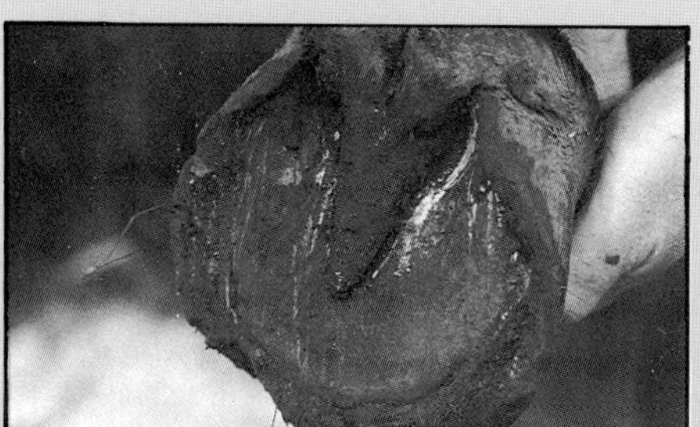

Ein Vorderhuf des oben abgebildeten Pferdes. Deutlich zu sehen ist die **hohle Wand.** Infolge einer Entzündung im Huf hat sich das Wandhorn abgelöst. Beim Beklopfen des Hufes ist ein hohles Geräusch zu vernehmen.

des anderen Hufs vergleicht, wird man Unterschiede leicht registrieren. Besonders auffällig ist die starke Erwärmung des Hufs bei einer Infektion (Hufabszeß oder nach Vernagelung beim Beschlagen), aber auch bei Hufrehe. Den Pulsschlag an der Mittelfußarterie zu fühlen, ist unter normalen Umständen nicht leicht. Sie verläuft an der Rückseite der Fessel, beiderseits der tiefen Beugesehne. Bei Hufrehe oder Hufabszessen kann man in diesen Arterien gewöhnlich ein schnelles, starkes Pulsieren fühlen. Wenn der Huf sich kühl anfühlt und normal aufgesetzt wird, kann man den Rest der Gliedmaße auf Wärme und Schwellungen abtasten. Bei den Vorderbeinen wird besonderes Augenmerk auf die Sehnen an der Rückseite des Röhrbeines gelegt. Verdächtig sind jegliche Schwellungen der beiden Beugesehnen oder der Unterstützungsbänder. Schwellungen und vermehrte Wärme am Fesselgelenk deuten auf eine Gelenkentzündung (Arthritis) hin, die an den Vorderbeinen häufiger auftritt. Bei jungen Pferden können auch Überbeine Lahmheiten verursachen.

Welche Methoden wenden Tierärzte zur Lahmheitsuntersuchung an?

Tierärzte haben spezielle Hufuntersuchungszangen, mit denen an verschiedenen Stellen des Hufes Druck ausgeübt wird, um auf diese Weise schmerzempfindliche Stellen zu lokalisieren. Nach der gründlichen Untersuchung der Gliedmaße wird der Tierarzt außerdem das Bein abbeugen und die einzelnen Gelenke auf Schmerzhaftigkeit untersuchen. Manche Lahmheiten (vor allem des Sprunggelenks) sind deutlicher zu sehen, wenn das Gelenk vor dem Antraben einige Minuten lang stark abgebeugt gehalten wird. Rücken- und Hüftgelenkprobleme werden deutlich, wenn man das Pferd rückwärtsrichtet oder eng wenden läßt. Wenn der Sitz des Problems nicht zu ermitteln ist, kann eine diagnostische Injektion vorgenommen werden. Dabei wird ein örtlich wirkendes Betäubungsmittel gespritzt, das die Nerven unterhalb der Injektionsstelle lahmlegt. Das bedeutet, das Pferd geht lahmheitsfrei, wenn der erkrankte Teil der Gliedmaße unterhalb der Injektionsstelle liegt. Manchmal merkt man erst, daß das Pferd auch auf dem gegenüberliegenden Bein lahmt, wenn das offensichtlich lahme Bein betäubt und damit schmerzunempfindlich gemacht wurde. Örtlich wirkende Betäubungsmittel können auch in Gelenke injiziert werden, um sicherzustellen, daß die Lahmheitsursache ihren Sitz wirklich an dieser Körperstelle hat.

Auch das Röntgen spielt bei der Lahmheitsuntersuchung eine wichtige Rolle, vor allem bei Erkrankungen im Innern der Hornkapsel. Von Ellenbogen- und Sprunggelenken und den unterhalb von ihnen liegenden Teilen der Gliedmaßen lassen sich auch mit tragbaren Röntgengeräten, die in den Stall gebracht werden, gute Aufnahmen machen, aber für gute Aufnahmen von Schulter, Knie, Hüfte und Wirbelsäule sind längere Belichtungszeiten und stärkere Geräte notwendig. In den meisten Fällen muß das Pferd dazu in Narkose gelegt werden, was in der Regel nur in einer Klinik möglich ist.

Nach einem harten Ritt sind Lahmheit und eine Schwellung an der Rückseite des Röhrbeins aufgetreten – handelt es sich um eine Sehnenzerrung?

Sehnenschäden sind die häufigste und eine der schwerwiegendsten Lahmheitsursachen bei Leistungspferden. Die oberflächliche Beugesehne, die direkt unterhalb der Haut von den Muskeln des Unterarms an der Rückseite des Beines zum Fesselkopf verläuft, und die tiefe Beugesehne, die vor der oberflächlichen verläuft und am Hufbein im Innern der Hornkapsel ansetzt, erfüllen wichtige Funktionen. Diese beiden Sehnen stehen in schnelleren Gangarten unter starker Belastung. Der ursprüngliche Schaden ist im allgemeinen nur geringfügig, und es kommt zu einer leichten Blutung in der Sehnenscheide. Gewöhnlich sind einige Sehnenfasern beschädigt, und es entsteht eine vermehrt warme Schwellung, die am Vorderbein zu fühlen ist. Wenn das Pferd nicht geschont wird, zerreißen weitere Sehnenfasern, die Blutung verstärkt sich und die Sehnenscheide schwillt entsprechend stark an. Die Dauer der Heilung hängt von der Durchblutung des verletzten Gewebes ab, und da Sehnen und Bänder sehr schlecht durchblutet sind, heilen sie sehr langsam. Außerdem bildet sich bei der Heilung von Sehnenfasern anstelle von neuem Sehnengewebe in der Regel eher Narbengewebe. Dieses Narbengewebe ist jedoch weniger belastbar als die Sehnenfasern, und es kommt daher häufig zu Rückfällen. Man muß also stets damit rechnen, daß es erneut zu einem Sehnenschaden kommt, vor allem, wenn das Pferd zu früh wieder eingesetzt wird. In extremen Fällen kann die Sehne sogar ganz zerreißen. Verletzungen treten in der Regel hauptsächlich an der oberflächlichen Beugesehne auf.

Wie werden Sehnenschäden behandelt?

Frische Sehnenverletzungen werden mit kaltem Wasser oder Eisbeuteln behandelt, um die entzündliche Reaktion zu bekämpfen. Das Pferd muß lange Zeit ruhiggestellt werden – die Heilung von Sehnenschäden dauert durchschnittlich sechs Monate, die von Bänderschäden neun Monate. In der Vergangenheit wurden Sehnenverletzungen gebrannt oder mit scharfen Einreibungen (Blister) behandelt, um die Durchblutung anzuregen und so die Heilung zu beschleunigen. Diese Behandlungsmethoden (besonders das Brennen) haben aber erwiesenermaßen keine oder nur sehr geringe durchblutungsfördernde Wirkung und werden heute nicht mehr angewendet. Ihre Heilerfolge sind wahrscheinlich eher der durch sie erzwungenen Boxenruhe zuzuschreiben. Es gibt jedoch einige Operationstechniken, die die Blutzufuhr zu den verletzten Sehnen erhöhen sollen. Zu ihnen gehört das sogenannte «tendon splitting», bei dem die verletzte Sehne der Länge nach eingeschnitten wird. Vor kurzem wurde entdeckt, daß sich nach der Einpflanzung hauchdünner Kohlefaserbänder in die verletzte Sehne entlang dieser Bänder neue Sehnenfasern bilden, die anscheinend stärker sind und weniger leicht wieder reißen als das normalerweise gebildete Narbengewebe. Aus diesem Grund scheint dieses Verfahren den anderen Behandlungsweisen überlegen zu sein. Sehnenverletzungen können aber auch auf andere Arten behandelt werden, zum Beispiel mit Ultraschall, Elektromagnetismus und Laserstrahlen. Während des Heilungsprozesses wird die Spannung innerhalb der Sehne verringert, indem ein Hufeisen mit erhöhten Schenkelenden aufgeschlagen wird. Gelegentlich werden auch stützende Gipsverbände angelegt. Obwohl die klinischen Anzeichen eines Sehnenschadens in der Regel nicht zu übersehen sind, geht die Tendenz seit kurzem jedoch dahin, Veränderungen an den Sehnen schon möglichst frühzeitig zu entdecken. Dazu bedient man sich der Diagnosestraße, bei der ein Computer aufzeichnet, wie und mit welcher Kraft das Pferd seine Hufe aufsetzt, außerdem werden hochempfindliche Meßgeräte, die selbst kleinste Temperaturänderungen registrieren (Thermographie) und Ultraschallgeräte eingesetzt.

Was ist der Fesselträger?

Der Fesselträger ist ein Band, das von der Rückseite des Vorderfußwurzelgelenks bis zur Mitte des Röhrbeines verläuft und dort in das Unterstützungsband übergeht. Schwere Überanstrengung kann zu einer Verletzung des Fesselträgers führen, wobei die Schwellung an der Rückseite des Beines etwa eine Handbreit unterhalb des Vorderfußwurzelgelenkes auftritt. Da der Fesselträger tief im Innern des Beines verläuft, sind Verletzungen schwer zu behandeln und treten häufig erneut auf. Der Grund dafür ist meistens die zu frühe Wiederaufnahme der Arbeit, denn da Bänder nur sehr schlecht durchblutet sind, dauert ihre Heilung mindestens neun bis zehn Monate, das heißt, das Pferd darf etwa zwölf Monate lang nicht belastet werden. Wie bei Verletzungen des Unterstützungsbandes kann es auch hier zu bleibenden Verdickungen kommen.

Was sind Griffelbeine?

Die Griffelbeine sind lange, dünne Knochen, die an allen vier Beinen beiderseits des Röhrbeines liegen. Sie sind die Überreste der Mittelfußknochen, die einst zu der im Verlauf der Evolution zurückgebildeten zweiten und vierten Zehe gehörten. Die Griffelbeine sind durch starke Bänder mit den Röhrbeinen verbunden. Bei jungen Pferden bildet sich häufig eine harte Schwellung am oberen Ende des inneren Griffelbeins, meist an einem Vorderbein, gelegentlich auch an beiden. Die Ursache für diese Überbeine ist die Erschütterung, der die unreifen Knochen bei zu starker reiterlicher Belastung ausgesetzt sind und durch die sich die Knochenhaut entzündet. Direkt unterhalb des Vorderfußwurzelgelenkes bildet sich eine schmerzempfindliche Schwellung, und das Pferd lahmt oder zeigt zumindest einen steifen Gang. Als Reaktion auf die Entzündung wird neues Knochengewebe gebildet, und es entsteht ein relativ großes, hartes Überbein. Im Anfangsstadium wird das Pferd ruhiggestellt und mit kaltem Wasser oder Eispackungen behandelt; später folgen Einreibungen mit kortisonhaltigen Flüssigkeiten, die mit einem anderen Medikament gemischt werden, das dafür sorgt, daß die Einreibung die Haut durchdringt. Nach 10 bis 14 Tagen kann ein milder «Arbeitsblister» aufgetragen werden, der die Durchblutung fördert und die Schwellung zurückgehen läßt. Ein Überbein darf nicht mit einem Griffelbeinbruch verwechselt werden, der durch Huftritte oder Anschlagen an harte Gegenstände entsteht und bei dem die Knochenneubildung wesentlich größer ist. Einen Bruch erkennt man natürlich auf dem Röntgenbild, und zur Heilung reicht völlige Boxenruhe gewöhnlich aus. Wenn das abgebrochene untere Ende des Griffelbeines aber nicht wieder anwächst, muß es operativ entfernt werden, weil es sonst auf die Beugesehne drücken kann.

Ist eine Schwellung am Vorderfußwurzelgelenk ein Grund zur Sorge, wenn das Pferd nicht lahmt?

Über die Front des Vorderfußwurzelgelenks verläuft eine große Sehnenscheide, die bei Springfehlern häufig harten Schlägen ausgesetzt ist. Wiederholte Schläge auf das Gelenk verursachen eine umfangreiche Schwellung (Hygrom). Das Pferd lahmt zwar nicht, aber bei erneutem Anschlagen wird die Schwellung noch größer. Als Folge einer solchen Verletzung kann eine bleibende Schwellung zurückbleiben; man kann jedoch versuchen, sie mit scharfen Einreibungen zu verringern. Eine ähnliche bleibende Schwellung tritt als Folge von Hautabschürfungen auf, wenn das Pferd zum Beispiel auf der Straße gestürzt ist. Diese Verletzungen, die keine Lahmheit verursachen, müssen von Erkrankungen im Innern des Vorderfußwurzelgelenkes unterschieden werden, bei denen es häufiger zu Lahmheiten kommt. Gelenkentzündungen (Carpitis) oder Absprengungsfrakturen treten zwar in der Regel nur bei jungen Rennpferden auf, aber auch sie verursachen ein extremes Anschwellen des Vorderfußwurzelgelenks.

Was sind Gallen – muß man sie ernst nehmen?

Gallen sind weiche Schwellungen, die gewöhnlich beiderseits des Fesselkopfes auftreten. Schwellungen an der Rückseite des Beines haben ihre Ursache in einer übermäßigen Füllung der Sehnenscheide. Diese sogenannten Sehnenscheidengallen verursachen keine Lahmheit und sind ein Schönheitsfehler. Eine Behandlung ist nicht nötig. Wichtig ist, zwischen einer Sehnenscheidengalle (die hinter dem Unterstützungsband auftritt) und einer Gelenkgalle (bei der die Schwellung zwischen Unterstützungsband und Röhrbein liegt) zu unterscheiden. Diese Schwellung der Gelenkkapsel ist ein Zeichen für eine chronische Gelenkentzündung und häufig mit Lahmheit verbunden. Fesselgelenksgallen sind ein Zeichen für Verschleiß und möglicherweise damit verbundenen Gelenkproblemen. Sie müssen vom Tierarzt behandelt werden.

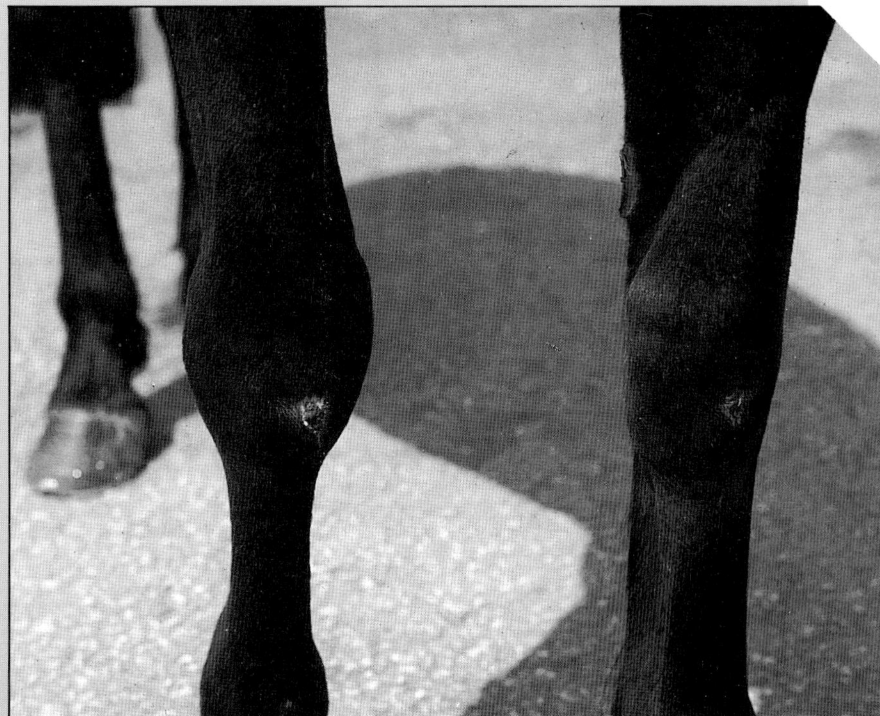

Gallen. Weiche Schwellungen, die direkt oberhalb des Fesselkopfes auftreten (**unten**). Sie entstehen durch Überanstrengung, verursachen aber nur selten Lahmheit. Sie sind jedoch ein Schönheitsfehler und ein Zeichen für unvernünftiges Reiten. Bei frischen Gallen sollten die Pferde eine Zeitlang nur leicht bewegt werden.

Hautabschürfungen. Diese Verletzungen sind die Folge eines Sturzes auf harten oder steinigen Untergrund (**oben**). Die Ursache dafür kann vernachlässigte Hufpflege mit zu langen Zehen sein, aber auch nachlässiges Reiten. Nach dem Abheilen der Verletzung werden an diesen Stellen weiße Haare nachwachsen.

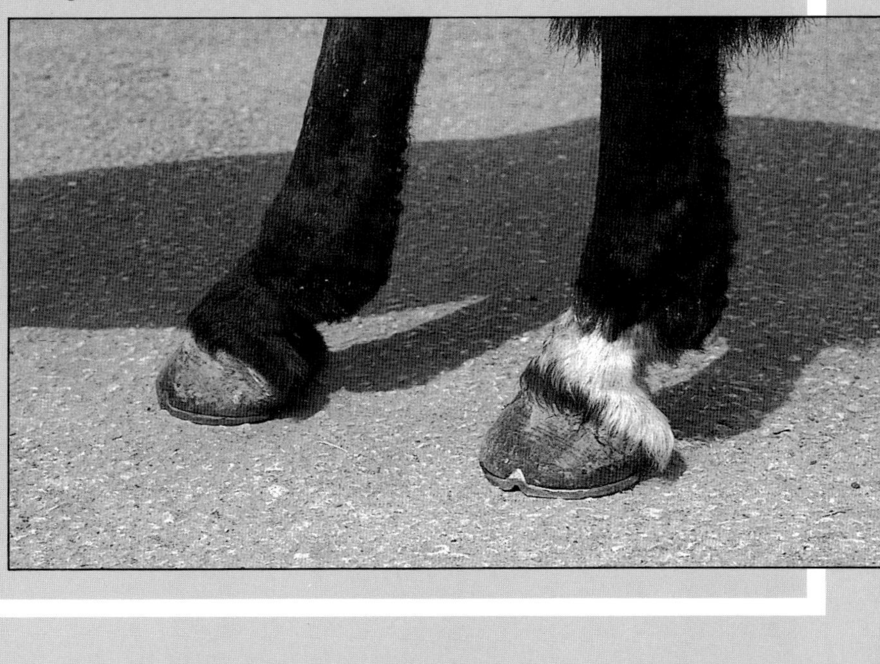

Was versteht man unter chronischer Arthritis?

Bei der chronischen Arthritis handelt es sich um eine durch Abnutzung verursachte Entzündung eines Gelenks. Die Zusammensetzung der Gelenkflüssigkeit verändert sich: Sie wird dickflüssiger und kann die Reibung zwischen den einzelnen Teilen eines Gelenks nicht länger geringhalten. Gleichzeitig werden durch die Entzündung chemische Stoffe freigesetzt, die Gelenkknorpel und Knochen angreifen. Darauf reagiert der Körper mit der Bildung neuen Knochengewebes, das die Beweglichkeit einschränkt. Diese Erkrankung kommt am häufigsten in den Fesselgelenken der Vorderbeine vor. Bei erkrankten Tieren sind die Gelenke angeschwollen und warm. Die Schwellung ist von vorn und von den Seiten besonders deutlich zu erkennen (Fesselgelenksgalle) und kann in schweren Fällen etwa Apfelgröße erreichen. Auf einem Röntgenbild sind die Veränderungen im Gelenk oft nur schwer zu entdecken, aber seit einiger Zeit wird auch in der Tiermedizin ein Gerät eingesetzt, das es ermöglicht, das Innere eines Gelenkes zu betrachten (Arthroskop). In der Vergangenheit wurden erkrankte Tiere mit entzündungshemmenden und schmerzlindernden Medikamenten wie Butazolidin behandelt. Diese Medikamente haben jedoch Nebenwirkungen und belasten, da sie mit dem Futter eingegeben werden, den ganzen Körper des Pferdes. Aus diesem Grund neigt man heutzutage eher dazu, nur die erkrankten Gelenke zu behandeln und die Medikamente direkt in das Gelenk einzubringen. Die Injektion von Medikamenten mit einem Anteil an Hyaluronsäure zum Beispiel scheint die «Schmierfähigkeit» der Gelenkflüssigkeit zu erhöhen, was weitere Schäden verhütet. Außerdem wurde ein neues Medikament entwickelt, das die Wiederherstellung des angegriffenen Gelenkknorpels anregt. Diese Medikamente werden vom Tierarzt ein- oder mehrmals in das erkrankte Gelenk injiziert. Das behandelte Pferd muß Ruhe haben; Kühlen des Gelenkes mit dem Wasserschlauch oder Eisbeuteln sowie andere physiotherapeutische Maßnahmen lassen die Entzündung abklingen und beschleunigen die Heilung. In fortgeschrittenen Fällen kann die Lahmheit bestehen bleiben, dann muß das Pferd täglich eine geringe Dosis eines Schmerzmittels bekommen oder in den Ruhestand versetzt werden.

Mein Pferd lahmt auf einem Vorderbein, aber ich kann keine Ursache entdecken – kann sie in der Schulter liegen?

Schulterlahmheiten sind bei Pferden relativ selten, sie treten in der Regel nur nach Huftritten oder Stürzen beim Springen auf. Bei der Schulterlahmheit erscheint das betroffene Bein steif und wird in der Bewegung nicht abgebeugt oder nach vorn geschwungen. Das Pferd hebt den Kopf sehr hoch, wenn es das erkrankte Bein belasten muß. In schweren Fällen wird in der Ruhe nur die Zehe aufgesetzt – etwas hinter dem gesunden Huf.

Was ist Schale?

Der Begriff Schale bezeichnet eine Knochenneubildung im Bereich des Huf-, Kron- oder Fesselgelenks als Folge eines harten Schlages oder allgemeinen Verschleißes. Das neue Knochengewebe ist in der Regel auf dem Röntgenbild zu sehen und kann fühlbar warme Schwellungen verursachen. Die Auswirkungen der Schale hängen ausschließlich von ihrer Lage ab. Knochenneubildungen innerhalb eines Gelenks haben schwerwiegendere Folgen als solche am äußeren Rand und bewirken meistens eine chronische Lahmheit. Knochenauftreibungen an den Außenkanten eines Gelenks entstehen durch Reizungen der Knochenhaut und verursachen nach einiger Zeit keine Beschwerden mehr.

Man unterscheidet die Hufgelenks-, Krongelenks- und Fesselgelenksschale und außerdem die Schale innerhalb eines Gelenks (artikuläre) und die außen um das Gelenk herumführende (periartikuläre) Schale. Bei der periartikulären Schale hat das Blistern eine günstige Wirkung auf die Knochenneubildung. Bei besonders wertvollen Turnierpferden ist es schon einige Male gelungen, das betroffene Gelenk mit Hilfe einer komplizierten Operation (Arthrodese) zu versteifen.

Das Pferd hält ein Hinterbein starr ausgestreckt und kann es nicht mehr nach vorn bringen – was ist passiert?

Manchmal entdeckt man ein Pferd in seiner Box, das ein Hinterbein steif nach hinten wegstreckt und nicht in der Lage ist, es abzubeugen; auch dem Besitzer ist es unmöglich, das Bein aufzuheben. Dieses Problem tritt vor allem bei schwächlichen Fohlen und Jährlingen mit sehr steiler Hinterhand auf. Es kommt aber auch bei älteren Pferden vor, die plötzlich aus dem Training genommen werden und sehr schnell an Muskeln verlieren. Die Ursache für dieses Leiden ist, daß sich das innere der drei Bänder, die die Kniescheibe mit dem Unterschenkel verbinden, an einem Vorsprung am unteren Ende des Oberschenkelknochens verhakt hat. Dann kann das Pferd Knie und Sprunggelenk nicht mehr beugen. Betroffenen Pferden kann durch Rückwärtsrichten geholfen werden. Wenn dies nicht funktioniert, kann das Band durch manuellen Druck auf die Außenseite des Knies und den Versuch, die Kniescheibe nach innen und unten zu schieben, wieder gelöst werden. Bei jungen Pferden gibt sich das Leiden meistens mit der Zeit, aber ältere müssen in der Regel operiert werden.

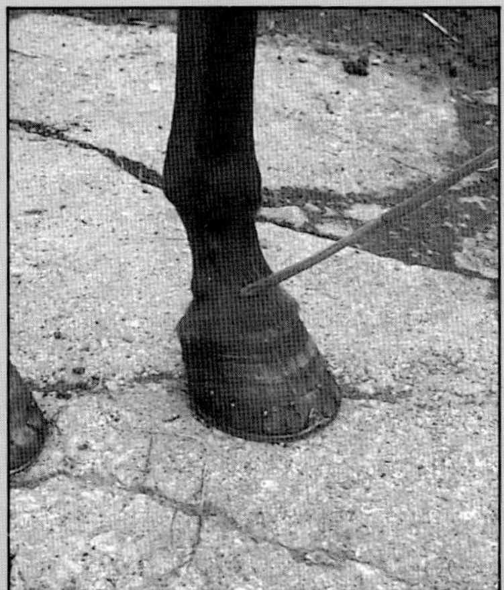

Schale oberhalb des Krongelenks – eine ringförmige Knochenneubildung. Sie wird entweder durch Überanstrengung auf hartem Boden verursacht oder ist erblich bedingt.

Wodurch entstehen Schwellungen am Sprunggelenk?

Das Sprunggelenk ist das am stärksten belastete Gelenk im Körper des Pferdes, denn es dient als Stoßdämpfer für die Hinterhand. Aus diesem Grund zeigen sich an ihm auch häufig Abnutzungserscheinungen oder Verletzungen. Sprunggelenksgallen sind Schwellungen der Sehnenscheiden oberhalb des Sprunggelenks beiderseits der Achillessehne. Diese Schwellung ist ein Zeichen für Überlastung, vor allem bei jungen Pferden. Sie verursacht keine Lahmheit und kann wieder zurückgehen, wenn mit dem Pferd nicht gearbeitet wird. Wenn die Schwellung nicht zurückgeht, kann sie vom Tierarzt punktiert werden. Als Kreuzgalle bezeichnet man eine Schwellung am Sprunggelenk, die beiderseits des Gelenks auftritt. Außerdem ist auch die Vorderseite des Sprunggelenks angeschwollen, und wenn auf diese Schwellung Druck ausgeübt wird, vergrößert sich die Schwellung an der Hinterseite des Gelenks. Kreuzgallen werden im allgemeinen mit einer ungünstigen (steilen) Stellung der Hinterbeine in Verbindung gebracht, die das Sprunggelenk überlastet. Aber auch plötzlicher, extremer Einsatz der Sprunggelenke wie zum Beispiel beim Polo oder Springreiten können die Gelenkkapsel überdehnen, und es kommt zur Kreuzgalle.

Am Sprunggelenk kann noch eine weitere Form der Schwellung auftreten. Dabei handelt es sich um eine harte Knochenneubildung auf der Innenseite des Gelenks direkt über dem Röhrbeinansatz, die als Spat bezeichnet wird. Der Spat entsteht als Folge einer Entzündung der kleinen Knochen in der unteren Hälfte des Sprunggelenks. Bei Pferden mit unkorrekter Stellung der Hinterbeine (Kuhhessigkeit oder Säbelbeinigkeit) kommt es besonders häufig zu Spat. Aber auch eine Überlastung der Sprunggelenke (wie beim Polo oder Springen) kann Spat verursachen. Die Stärke der Lahmheit steht in keinem Verhältnis zur Größe der Schwellung. Spatkranke Pferde können stark lahmen, obwohl keine oder nur sehr kleine Knochenauftreibungen zu finden sind. Manchmal kommt der Spat auch zur Ruhe, und es entstehen große, harte Schwellungen, die das Pferd in keiner Weise stören. Die Lahmheit kann ausgelöst werden, indem das Hinterbein eine Minute lang stark abgebeugt gehalten wird (um das Sprunggelenk zu beugen) und das Pferd daraufhin sofort angetrabt wird (die sogenannte Spatprobe). Sitz und Ausmaß der Knochenneubildungen sind auf dem Röntgenbild zu sehen. Zur Behandlung gehören Ruhe sowie ein orthopädischer Beschlag mit erhöhten Trachten und deutlicher Zehenrichtung. Entzündungshemmende Medikamente sind angebracht, und manchmal wird versucht, die Knochenneubildung durch Punktfeuer zu verringern. Es kann aber auch ein Teil der Sehne operativ entfernt werde, die über den Spatknoten hinwegführt, um das Pferd von dem auf diese Sehne wirkenden Druckschmerz zu befreien. Mit einem spatkranken Pferd wird es immer wieder Probleme geben, deshalb sollte ein solches Tier gar nicht erst angeschafft werden.

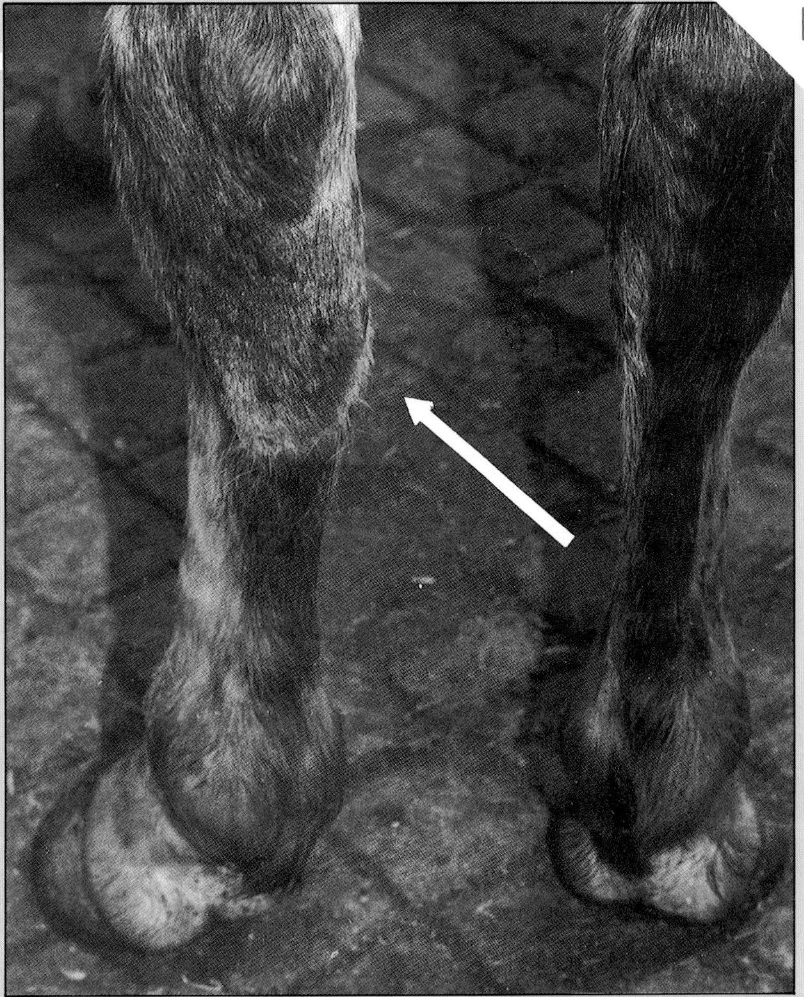

Eine Schwellung direkt unterhalb des Sprunggelenks (**oben**) deutet auf eine **Bänderzerrung** hin.

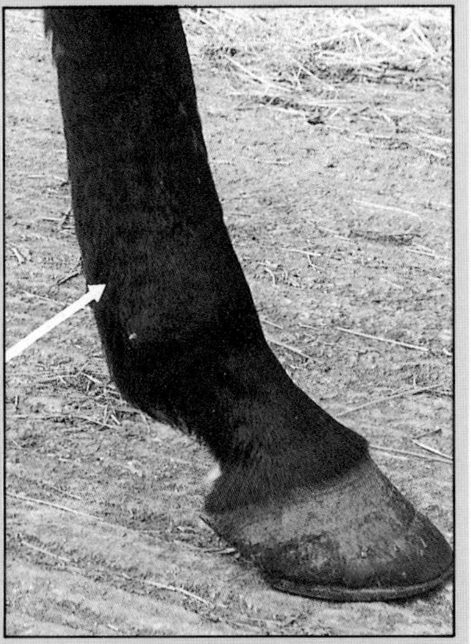

Ein **Sehnenschaden**, erkennbar an der deutlich sichtbaren «Wade». Bei der Zerreißung von Sehnenfasern kommt es immer zu Schwellungen und Lahmheit.

Was ist eine Hasenhacke?

Als Hasenhacke bezeichnet man eine Schwellung am Hinterbein, etwa eine Handbreit unterhalb des Sprunggelenkhöckers. Sie tritt vor allem bei Jungpferden mit schwachen Sprunggelenken auf – in erster Linie bei Tieren mit säbelbeiniger Hinterbeinstellung. Die Überlastung eines Bandes *(des Ligamentum plantare)* unterhalb des Sprunggelenks ist Ursache der Schwellung, die entsteht, wenn plötzlich große Kräfte auf das Sprunggelenk einwirken, zum Beispiel beim Springen oder beim Ziehen schwerer Lasten. Häufig ist die Hasenhacke ein Zeichen für die Überanstrengung eines Jungpferdes. Meistens sind beide Hinterbeine betroffen, obwohl das Pferd gewöhnlich auf einem Bein wesentlich stärker lahmt. Die erkrankten Körperpartien sind druckempfindlich, vermehrt warm und geschwollen. Anfangs kommt es zu Lahmheit, und die Pferde versuchen sich so hinzustellen, daß die Trachten höherstehen als die Zehen. Im Anfangsstadium wird das Pferd ruhiggestellt und mit kaltem Wasser oder Eispackungen behandelt, außerdem können kortisonhaltige Medikamente aufgetragen werden, die mit einem Stoff vermischt wurden, der die Resorption beschleunigt. Im späteren Stadium hilft ein täglich aufgetragener milder Blister, die Heilung des Bandes zu beschleunigen. Außerdem können Hufeisen mit verdickten Schenkelenden aufgeschlagen werden. Bei der Entstehung einer Hasenhacke muß es nicht immer zu einer Lahmheit kommen. Gelegentlich bildet sich an der Ansatzstelle des Bandes neues Knochengewebe, und es bleibt eine harte Schwellung zurück. In den meisten Fällen sorgt jedoch bereits das Narbengewebe für eine bleibende Schwellung, die als Schönheitsfehler zu betrachten ist. Die Schwellung verursacht gewöhnlich keinerlei Probleme, und wenn man jungen Pferden etwas mehr Zeit zum Auswachsen gibt, sollten in dieser Hinsicht keine weiteren Schwierigkeiten auftreten.

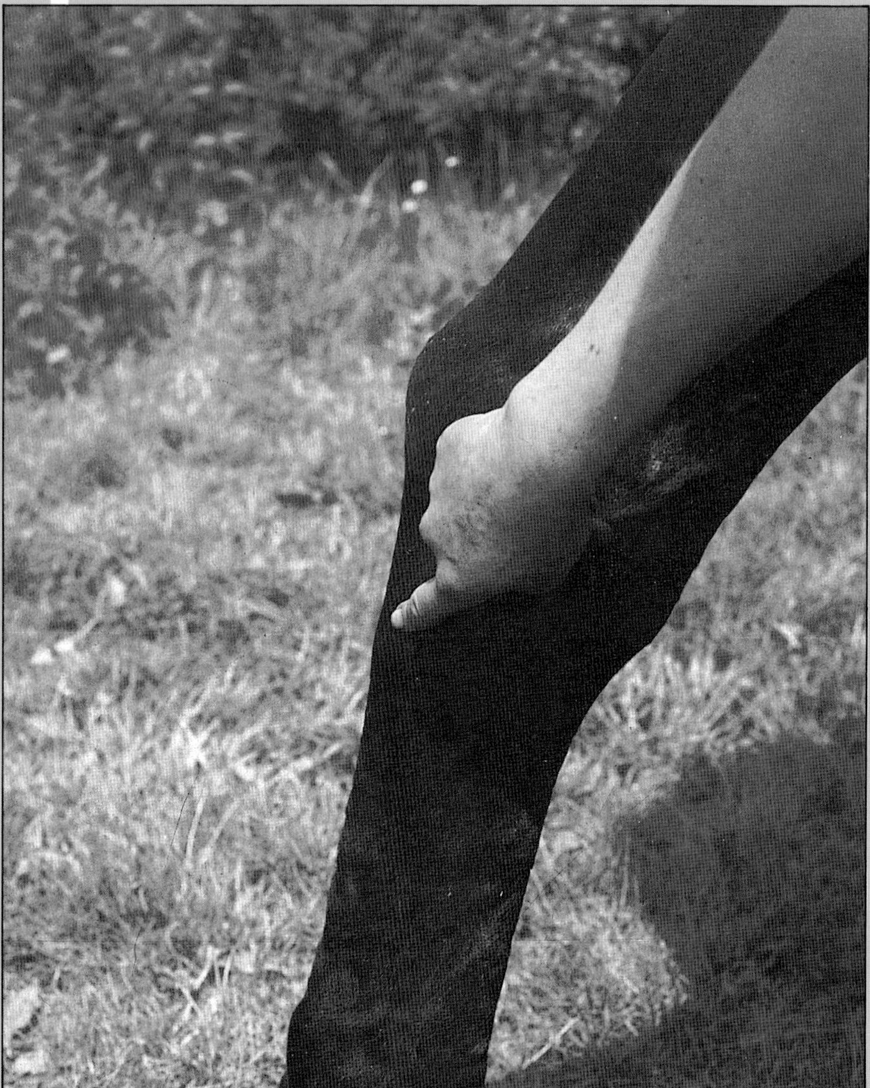

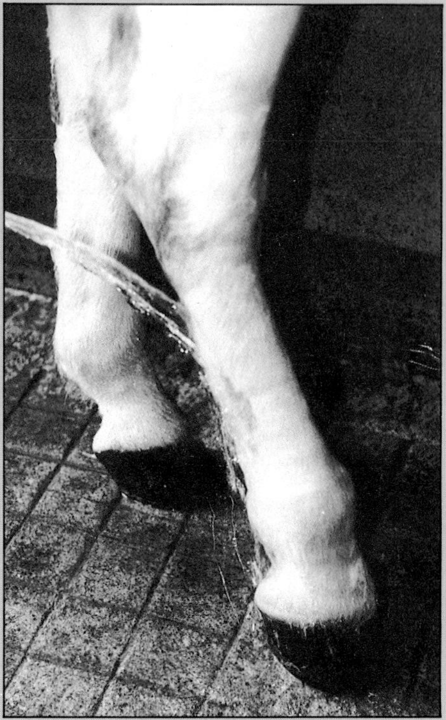

Bei akuten Lahmheiten empfiehlt es sich, das betroffene Bein etwa zehn bis fünfzehn Minuten lang mit dem **Wasserschlauch** zu kühlen (**oben**).

Eine Verdickung der Sehnen oder Bänder direkt unterhalb des Sprunggelenks bezeichnet man als **Hasenhacke**. Sie entsteht durch Zerrungen und Überanstrengung.

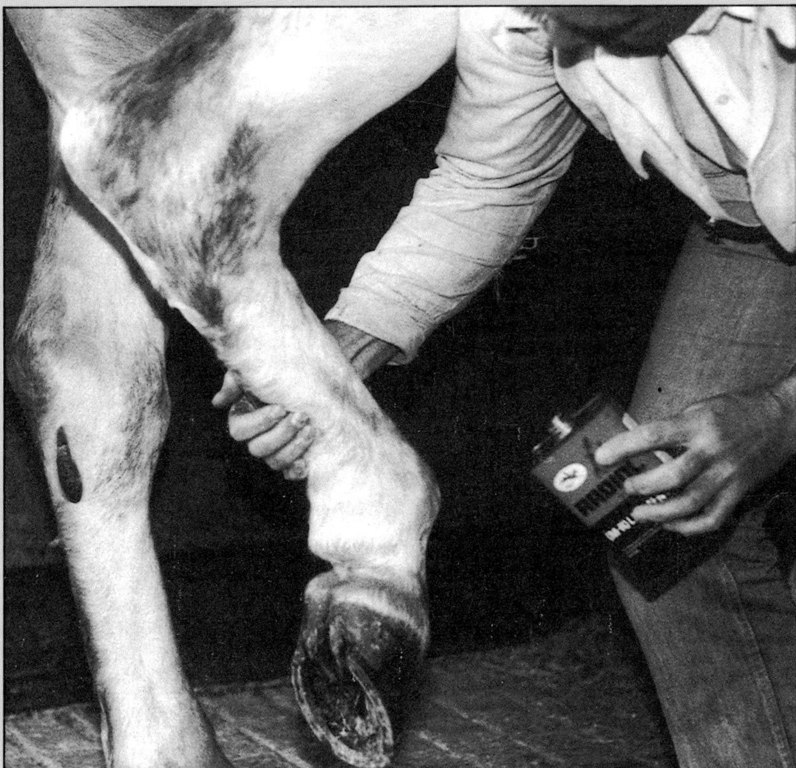

Nach dem Abspritzen werden die Pferdebeine gründlich abgetrocknet und mit **durchblutungsförderndem Liniment** eingerieben.

Was ist Frühlähme?
Frühlähme ist die häufigste Lahmheitsursache bei sehr jungen Fohlen. Vielfach werden die ersten Symptome der Frühlähme nicht ernst genommen, weil der Besitzer vermutet, daß das Fohlen getreten wurde oder sich gestoßen hat, denn die Lahmheit tritt häufig auf, bevor es zu vermehrter Wärme oder Schwellungen kommt.
Die Gelenke neugeborener Fohlen üben eine besondere Anziehungskraft auf im Körper des Tieres befindliche Bakterien aus. Oft dringen diese Bakterien schon kurz nach der Geburt über die Nabelschnur in den Körper ein. Infiziert werden kann jedes Gelenk des Körpers, aber in der Regel tritt die Infektion zuerst am Kniegelenk auf. Zusätzlich zu der Lahmheit sind noch vermehrte Wärme und Schwellung festzustellen, und die Körpertemperatur ist erhöht. Das Fohlen macht einen schläfrigen Eindruck und saugt nicht. Um bleibende Schäden an den Gelenken zu verhindern, muß das Fohlen so schnell wie möglich mit großen Dosen Antibiotika versorgt werden. Wenn die Infektion erst den Gelenkknorpel zerstört hat, sind bleibende Schäden nicht mehr abzuwenden. In manchen Fällen ist es angebracht, das infizierte Gelenk zu punktieren und zu spülen, damit so viele Erreger wie möglich entfernt werden, bevor Antibiotika injiziert werden. Frühlähme ist immer ernst zu nehmen. Wenn ein Fohlen lahmt, muß der Tierarzt stets sofort gerufen werden – es kann sich um Frühlähme handeln. Außerdem muß sofort die Körpertemperatur gemessen werden, wenn ein Fohlen nicht saugt oder schläfrig ist; wenn die Temperatur 38,9 °C oder mehr beträgt, muß der Tierarzt benachrichtigt werden.

Mein Pferd bewegt sich merkwürdig – kann es Rückenschmerzen haben?
Rückenprobleme treten bei älteren Pferden relativ häufig auf, vor allem wenn sie viel springen mußten. Bei betroffenen Tieren ist gewöhnlich keine eindeutige Lahmheit festzustellen, sondern eher eine Veränderung des Bewegungsablaufs. Zum Beispiel machen sie kürzere Schritte oder treten nicht mehr richtig unter. Beim Laufen auf einem Kreisbogen biegen sie sich nicht. Rükkenprobleme sind häufig die Ursache für schlechte Leistungen. In der Regel ist es jedoch sehr schwierig, genau festzustellen, an welcher Stelle des Rückens das Problem liegt. Bei Pferden verlaufen oberhalb und neben der Wirbelsäule starke und gutentwickelte Muskeln. Beim Springen kann es zu Zerrungen dieser Muskeln kommen. Außerdem haben Pferde sehr große Dornfortsätze – sie sind entlang der Rückenlinie zu fühlen. Verdickungen an den Enden der Dornfortsätze können dazu führen, daß sie sich berühren, was beim Biegen des Rückens natürlich Schmerzen verursacht. Wegen der Tiefe des Pferdekörpers und der Stärke der Rückenmuskeln ist es selbst unter Narkose unmöglich, klare Röntgenaufnahmen von der Wirbelsäule zu machen. Eindeutige Veränderungen wie Brüche oder Verdickungen der Dornfortsätze sind zwar zu erkennen, aber kleinere Wirbelveränderungen gewöhnlich nicht. Mit zunehmendem Alter des Pferdes verwachsen die Rückenwirbel miteinander – vor allem die Lendenwirbel. Während das neue Knochengewebe gebildet wird, kann es zu Schmerzen kommen, die aber wieder nachlassen, sobald die Wirbel miteinander verwachsen sind. Verletzungen der oberflächlichen Rückenmuskeln können unter Umständen durch Faradisation (eine elektrodiagnostische Methode) entdeckt werden.
Zu Beschwerden kommt es besonders häufig am Übergang zwischen Wirbelsäule und Becken. Solche Schäden treten vor allem bei großrahmigen Pferden mit schwacher Hinterhand auf und führen zu chronischen Problemen wie Leistungsabfall und verändertem Bewegungsablauf der Hinterbeine (mangelnder Schub eines oder beider Hinterbeine). Auch bei einem Sturz kann dieser Bereich so stark in Mitleidenschaft gezogen werden, daß das Becken von hinten betrachtet schief aussieht (der Hüfthöcker einer Seite erscheint höher und der Kreuzbeinhöcker zu einer Seite verschoben). In der Regel verursachen solche Probleme nach der Heilung keine Schwierigkeiten mehr, und Pferde mit einer schiefen Hinterhand vollbringen normale Leistungen.

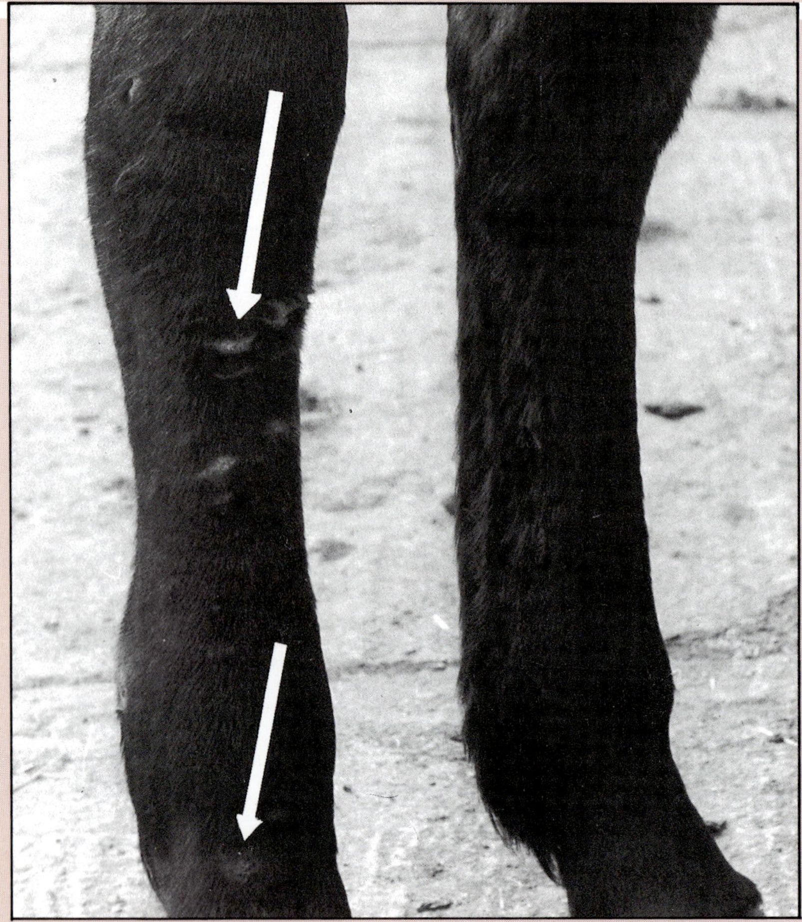

Eine Lymphgefäßentzündung mit Geschwürbildung. In manchen Fällen kommt es auch nur zur Anschwellung des betroffenen Beines. Die Erkrankung tritt fast nur an den Hinterbeinen auf.

Was ist Kreuzverschlag, und wie kann man ihn verhüten?

Der Kreuzverschlag ist noch unter verschiedenen anderen Namen bekannt, darunter Schwarze Harnwinde, Feiertagskrankheit und Myoglobinurie. Bei dieser Krankheit kommt es zu Muskelschäden, die von einer leichten Steifheit bis zur Bewegungsunfähigkeit und im Extremfall sogar zum Tod des Tieres führen können. Die mildeste Form tritt auf bei Pferden, die nach einem Ruhetag überanstrengt wurden. Das passiert vor allem, wenn die Tiere am Ruhetag die volle Kraftfutterration erhalten haben. Kurz nach Beendigung der Arbeit bewegt sich das Pferd nur noch steif und unwillig. Später kann dunkelbrauner Urin abgesetzt werden. In der Vergangenheit trat diese Krankheit besonders häufig bei Zugpferden auf, die am Wochenende nicht arbeiten mußten, aber trotzdem ihre gewohnte Kraftfutterration bekamen. Die Krankheit zeigte sich stets im Anschluß an das Wochenende – daher der Name Feiertagskrankheit. Die Verfärbung des Urins entsteht durch die Anreicherung mit dem Milchsäureabbauprodukt Myoglobin. Manche Pferde (vor allem Stuten) scheinen für diese Krankheit besonders anfällig zu sein – bei ihnen müssen Fütterung und Bewegung besonders sorgfältig aufeinander abgestimmt werden.

Zu Muskelschäden kann es auch kommen, wenn ein untrainiertes Pferd überanstrengt wird. Sie können auch die Folge von langen Transporten in engen Anhängern oder im Flugzeug sein sowie bei mehrstündigen Operationen unter Narkose auftreten.

Die exakten biochemischen Abläufe beim Kreuzverschlag sind noch nicht genau erforscht, aber es scheint sich um ein Ungleichgewicht im Elektrolythaushalt des Pferdes zu handeln. Es ist durchaus möglich, daß verschiedene Störungen des Elektrolythaushaltes ähnliche klinische Symptome hervorrufen. Ein akuter Kreuzverschlag ist eine extrem schmerzhafte Erkrankung. Das Pferd sollte, wenn irgend möglich, nicht mehr bewegt werden. Behandelt wird der Kreuzverschlag mit Schmerzmitteln, in schweren Fällen mit intravenös eingegebenen Elektrolytlösungen und Boxenruhe. Besser ist es in jedem Fall, den Kreuzverschlag zu verhüten, indem die Kraftfutterration der Leistung des Pferdes angepaßt wird – ein Pferd, das aus irgendeinem Grund nicht geritten werden kann, darf keine volle Futterration bekommen.

Mein Pferd lahmt und hat ein stark geschwollenes Hinterbein – woran liegt das?

Die geschwürige Lymphgefäßinfektion ist eine nicht ansteckende Krankheit, die gewöhnlich ein Hinterbein befällt. Sie entsteht, wenn ein Pferd seine volle Kraftfutterration erhält, aber aus dem einen oder anderen Grund (zum Beispiel wegen schlechten Wetters) nicht bewegt wird. Die Schwellung wird durch eine Ansammlung von Lymphe unter der Haut verursacht. Das gesamte Bein kann bis zum Knie stark anschwellen. Manchmal läßt sich eine kleine Eintrittswunde in der Haut entdecken, aber in vielen Fällen ist dies nicht möglich. Die Erkrankung ist sehr schmerzhaft, und das Pferd ist kaum von der Stelle zu bewegen. Es hat hohes Fieber und verweigert das Futter. Behandelt wird die Lymphgefäßentzündung mit Antibiotika und Kortison sowie harntreibenden Medikamenten (Diuretika). Schmerzmittel wie Phenylbutazon werden verabreicht, weil das Pferd bewegt werden muß, um die Schwellung zu verringern. Warme Umschläge, Massagen und gepolsterte Verbände sollen ein weiteres Anschwellen verhindern. Das Pferd muß geführt werden, damit sich die Schwellung verringert, was bis zu einer Woche dauern kann. Die Erkrankung kann verhütet werden, wenn das Pferd stets seiner Leistung entsprechend gefüttert wird. Wenn ein im Training stehendes Pferd aus irgendeinem Grund einmal nicht geritten werden kann, muß seine Kraftfutterration gekürzt oder noch besser

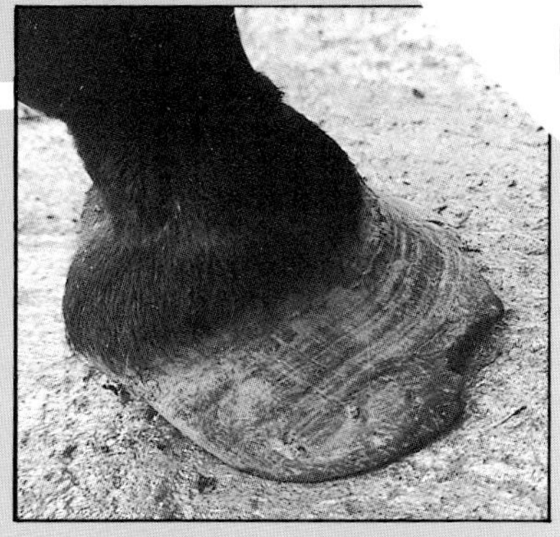

Regelmäßige Hufpflege ist von großer Bedeutung. Wenn die Hufe zu lang werden, können große Stücke aus der Hornwand ausbrechen (**oben**).

Bei dem links abgebildeten Huf haben sich die **Nieten gelöst** und stehen auf der Hornwand vor, und der Tragrand ist ausgebrochen. Selbst wenn die Hufeisen noch nicht abgelaufen sind, muß das Pferd doch regelmäßig umbeschlagen werden.

durch einen abführend wirkenden Mash ersetzt werden. Zu einer Anschwellung eines Hinterbeines können auch Stichwunden im unteren Bereich der Gliedmaßen führen, ebenso wie eine bei der Mauke auftretende Sekundärinfektion. Die Schwellung geht in der Regel aber nicht über das Sprunggelenk hinaus. Eine leichte Schwellung aller vier Beine kann auftreten, wenn Pferde (vor allem hochblütige) keine Bewegung haben. Bei ihnen sammelt sich Gewebeflüssigkeit im Bereich der Fesselgelenke an. Dieses Problem darf jedoch nicht mit der Lymphgefäßentzündung verwechselt werden, denn bei ihr ist nur ein Bein betroffen, das vermehrt warm und sehr schmerzhaft ist. Die «dicken Beine» verschwinden wieder, wenn das Pferd bewegt wird oder wenn über Nacht Stallbandagen angelegt werden.

Mein Pferd lahmt, und ein Huf fühlt sich sehr warm an – was ist die Ursache?

Die wahrscheinlichste Ursache für die starke Erwärmung bei deutlicher Lahmheit ist eine Eiteransammlung im Huf. Gelegentlich kommt es nach einer Stichwunde (Nageltritt) zur Infektion, manchmal drücken sich aber auch kleine Steine in den Huf ein und arbeiten sich nach oben vor. Zu einer Infektion kann es auch kommen, wenn ein Hufnagel zu dicht an der empfindlichen Lederhaut eingeschlagen wird und Druck auf sie ausübt, aber natürlich auch, wenn der Nagel in die Lederhaut eindringt. Abhängig davon, ob es sich um einen Nageldruck oder einen Nagelstich handelt, lahmt das Pferd unterschiedlich stark. Manchmal kann man feststellen, an welcher Stelle sich der Abszeß befindet, indem man mit dem Daumen Druck auf die Hufsohle ausübt. Auf diese Weise lassen sich auch Stichwunden in der Sohle oder im Strahl entdecken. Tieferliegende Abszesse sind mit Daumendruck nicht zu lokalisieren; ihr Sitz wird vom Tierarzt mit einer speziellen Hufuntersuchungszange ermittelt.

Zur Behandlung eines Hufabszesses wird mit dem Hufmesser eine Öffnung in das Sohlenhorn geschnitten, durch die der Eiter abfließen kann. Die Lahmheit verschwindet in der Regel schon bald, nachdem der Eiter abgeflossen ist. Das Loch in der Hufsohle wird mit einem Wattepfropfen verschlossen, damit bis zum Nachwachsen neuen Horns kein Schmutz hineintritt. Wenn eine sehr große Abflußöffnung in die Sohle geschnitten werden mußte, kann eine unter das Hufeisen gelegte Ledersohle das Eindringen von Schmutz verhindern. In seltenen Fällen läßt sich der Eiterherd bei der Untersuchung der Sohle nicht lokalisieren; in diesem Fall kann sich die Infektion nach oben in die Hufwand ausgebreitet haben. Es empfiehlt sich, den Huf mehrere Tage lang mit warmen Umschlägen zu behandeln, um die Hufwand zu erweichen, dann wird der Eiter schließlich am Kronrand austreten. Das kann zwar einige Wochen dauern, doch wenn dann noch einige Tage lang wärmende Umschläge angelegt werden, kommt es zur Heilung, und es treten keine weiteren Probleme auf. Stichverletzungen durch lange Nägel im Bereich des Strahls sind sehr gefährlich; wichtige Körperteile (wie die tiefe Beugesehne) können verletzt werden und sich entzünden. Bei einem Nageltritt sollte immer der Tierarzt hinzugezogen werden, denn um schwerwiegende Schäden zu verhüten, kann eine Behandlung mit Antibiotika notwendig sein. Pferde, die keinen Tetanus-Impfschutz haben, müssen sofort Tetanusserum injiziert bekommen, wenn eine Stichwunde im Huf (oder einem anderen Körperteil) entdeckt wird, und ebenso vor dem Öffnen eines Hufabszesses. Zu vermehrter Wärme im Huf kommt es auch bei anderen Krankheiten, aber bei ihnen ist gewöhnlich nicht nur ein Huf betroffen (Hufrehe), oder die Erwärmung ist nur geringgradig (Hufrollenerkrankung).

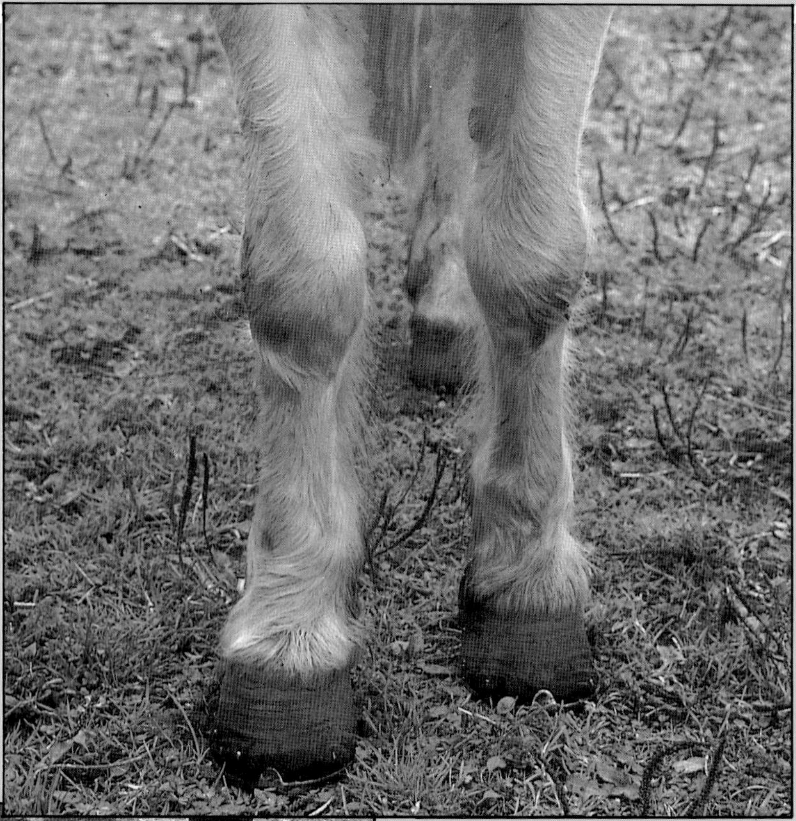

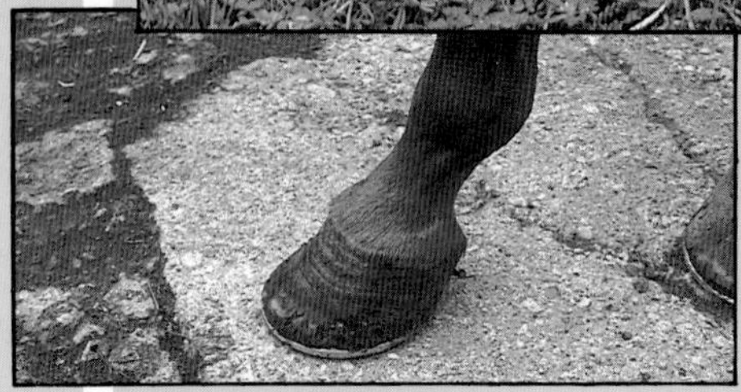

Die Folgen einer schweren **Hufrehe** – einer Entzündung der empfindlichen Huflederhaut (**oben**). Der Aufbau des Hufes hat sich verändert, und die Hufsohle hat sich gesenkt.

Nahaufnahme (**links**) von einem an **Rehe erkrankten Huf**. Es sind deutliche Hornringe entstanden.

Wodurch wird Hufrehe verursacht?

Bei Pferden, die unter Hufrehe leiden, sind gewöhnlich alle vier Hufe vermehrt warm, besonders aber die Vorderhufe. Bei der Erkrankung handelt es sich um eine Entzündung der Huflederhaut, die unterhalb der Hornwand liegt. Untersuchungen haben ergeben, daß es sich bei Reheerscheinungen um Durchblutungsstörungen handelt. Die Kapillargefäße unterhalb des Kronrandes werden umgangen; das Blut staut sich dort und beschädigt die empfindliche Blättchenschicht der Hufe.
Es gibt verschiedene Faktoren, die eine Hufrehe auslösen können. Einige von ihnen stehen mit dem Verdauungssystem in Zusammenhang wie zum Beispiel das Überfressen mit Kraftfutter – eine besondere Gefahr besteht für Pferde, die unbemerkt an die Futterkiste gelangen! Es wird vermutet, daß das bei der Verdauung von Eiweiß entstehende Histamin für die Entstehung der Hufrehe verantwortlich ist. Histamin wird normalerweise in der Leber abgebaut, aber wenn das Pferd übermäßig viel eiweißhaltiges Futter aufgenommen hat, ist die Leber überlastet, das Histamin gelangt in den Blutkreislauf und schädigt die Blutgefäße der Hufe. Bei Ponys tritt Hufrehe vor allem auf, wenn sie auf fetten Weiden gehalten werden. Aber auch Gifte, die durch Infektionen in anderen Körperteilen (zum Beispiel Lungenentzündung) entstanden sind, können eine Hufrehe verursachen. Das gilt vor allem für Stuten, die vor kurzer Zeit abgefohlt haben und deren Nachgeburt nicht vollständig ausgetrieben wurde, oder bei denen es aus anderen Gründen zu einer Infektion der Gebärmutter gekommen ist. In diesen Fällen erkrankt das Pferd schwer an Hufrehe. Außerdem kann die Hufrehe auch als Nebenwirkung bei gewissen Medikamenten auftreten, zum Beispiel bei einer Behandlung mit Kortison.
Bei der akuten Rehe hat das Pferd starke Schmerzen, und in seinen Hufen gehen schwerwiegende Veränderungen vor sich. Die Körpertemperatur ist erhöht, und das Pferd verweigert das Futter. Erkrankte Pferde strecken die Vorderbeine weit nach vorn und setzen die Hinterbeine so weit wie möglich unter den Körper, um ihre schmerzenden Vorderhufe zu entlasten. Die Hufe sind sehr warm, und in der Mittelfußarterie am Fesselkopf ist ein deutliches Pulsieren zu fühlen. In schweren Fällen entwickeln sich schon bald Anzeichen eines Schocks, und das Pferd stirbt innerhalb von 12 bis 24 Stunden. Eine weitere häufige Komplikation einer akuten Rehe ist die Trennung der Huflederhaut vom Hufbein. Durch den Zug der am Hufbein ansetzenden tiefen Beugesehne dreht sich das Hufbein im Innern der Hornkapsel, und seine Spitze drückt auf die Hufsohle, die sich dadurch nach außen wölbt. Im schlimmsten Fall durchbricht die Hufbeinspitze das Sohlenhorn, und das Pferd ist nicht mehr zu retten.
Chronische Hufrehe ist eine der häufigsten Lahmheitsursachen bei Ponys. Sie flackert jedes Jahr im Mai und Juni wieder auf, wenn die (häufig übergewichtigen) Tiere auf fette Weiden gebracht werden. Die Symptome beschränken sich im allgemeinen auf die Hufe – zu ihnen gehören Wärme, Schmerzhaftigkeit und der für die Hufrehe typische Bewegungsablauf. Das Hornwachstum ändert sich, und es bildet sich der sogenannte Rehe- oder Knollhuf mit deutlichen Ringen in der Hornwand. Die Zehe ist überlang, weil sie nicht mehr abgenutzt wird, und die Hufsohle ist vielfach nach außen gewölbt, weil sich das Hufbein gesenkt hat.

Wie wird Hufrehe behandelt?

Bei der akuten Hufrehe muß vor allem der Schock bekämpft werden, unter anderem durch die intravenöse Injektion von Flüssigkeit. Es werden Abführmittel verabreicht, und harntreibende Mittel und Kortison entwässern den Körper. Seit kurzer Zeit gibt es auch ein Medikament (Isoxsuprin), das die Durchblutung der Hufe fördert und bei akuter Rehe zu helfen scheint. Wichtig sind auch schmerzstillende Medikamente, die dem Pferd das Gehen ermöglichen. Um die Durchblutung anzuregen, muß das Pferd zum Laufen gezwungen werden, und je länger es läuft, desto leichter fällt es ihm. Bei chronischer Hufrehe ist ein orthopädischer Hufbeschlag notwendig, der das Pferd wieder begrenzt leistungsfähig macht.

Wie äußert sich die Hufrollenerkrankung?

Als Hufrollenerkrankung oder Strahlbeinlahmheit bezeichnet man eine chronische Lahmheit der Vorderbeine. Anfangs ist die Lahmheit nur geringgradig – die Pferde laufen sich nach kurzer Zeit ein und gehen lahmheitsfrei. Oft erscheint nur ein Vorderbein betroffen zu sein, und erst, wenn es durch eine örtliche Betäubung schmerzfrei gemacht wird, sieht man, daß das Pferd auch auf dem anderen Vorderbein lahmt. In seltenen Fällen führt die Hufrollenerkrankung auch zu einer deutlichen Lahmheit nur eines Beines. Die Erkrankung tritt vor allem bei Pferden zwischen fünf und acht Jahren auf, kann aber auch schon bei jüngeren Pferden ab dem Jährlingsalter vorkommen. In der Regel sind nur Großpferde betroffen – bei Ponys kommt das Leiden so gut wie nie vor.

Die Hufrolle wird durch straff gespannte Bänder an ihrem Platz gehalten und wirkt wie eine Art Umlenkrolle, über die die tiefe Beugesehne hinwegführt. Bei fortgeschrittener Hufrollenerkrankung finden einschneidende Veränderungen an der Hinterseite der Hufrolle (über die die Beugesehne verläuft) statt. Der Knorpel löst sich auf, und der Knochen degeneriert. Dabei kann es auch zu Veränderungen an der tiefen Beugesehne kommen, zum Beispiel Verdickungen oder Schäden an der Sehnenscheide. In besonders schlimmen Fällen verwächst die tiefe Beugesehne mit der Hufrolle. Außerdem bildet sich an den Seiten der Hufrolle neues Knochengewebe. All diese Veränderungen sind auf dem Röntgenbild zu erkennen, und solche Pferde sind chronisch lahm. Im Anfangsstadium oder in milderen Fällen ist nur eine geringgradige Lahmheit zu entdecken.

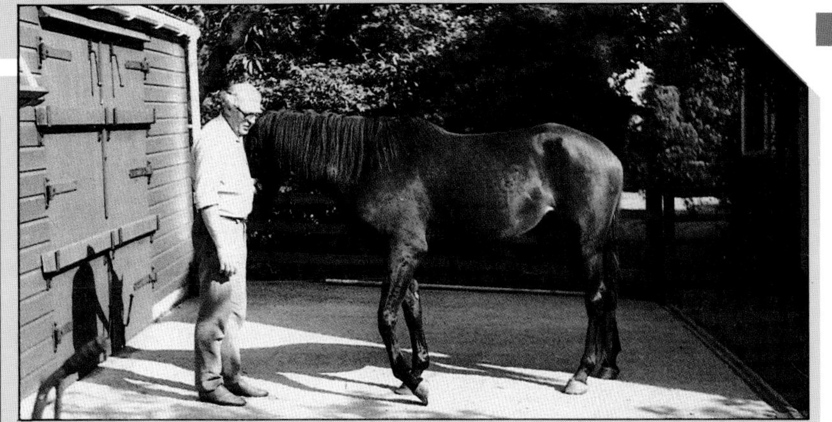

Das Entlasten eines Vorderbeins deutet immer auf eine Erkrankung hin, in diesem Fall auf eine Lähmung des **Radialisnervs**.

Das Pferd verlagert sein Gewicht auf die Zehen, um den Druck auf die Hufrolle zu verringern (sie liegt etwa auf Höhe des Ballens quer in der Hornkapsel). Dadurch verkürzen sich die Tritte des Pferdes. Die Hufe werden nicht mehr flach aufgesetzt, sondern mit der Zehe zuerst. Manchmal kann man auch beobachten, daß ein erkranktes Pferd im Stehen einen Vorderhuf etwas vorsetzt und so entlastet.

Neuere Untersuchungen haben ergeben, daß die Hufrollenerkrankung durch die mangelnde Durchblutung dieses Bereichs hervorgerufen wird. Als Folge dieser mangelnden Durchblutung verändert sich der Aufbau des Knochens der Hufrolle – seine Dichte verringert sich, was auf der Röntgenaufnahme zu sehen ist. Gleichzeitig versucht der Körper diesen Schaden zu beheben, indem sich die Blutgefäße erweitern und dem unteren Ende des Knochens mehr Blut zuführen. Röntgenaufnahmen können schon im Anfangsstadium nachweisen, ob ein Pferd an Hufrollenerkrankung leidet oder nicht. Allerdings gibt es auch hier wieder Probleme, denn es ist durchaus möglich, daß bei einem lahmen Pferd keine Veränderungen zu entdecken sind, während bei anderen Pferden, die nie lahm waren, deutliche Veränderungen an der Hufrolle erkennbar sind.

Wie wird die Hufrollenerkrankung behandelt?

Bis vor einiger Zeit galt die Hufrollenerkrankung als unheilbar, allerdings konnte den Pferden mit schmerzstillenden Medikamenten wie Phenylbutazon etwas Erleichterung verschafft werden. Vielfach waren die Pferde jedoch zu keiner Arbeit mehr zu gebrauchen und mußten getötet werden, weil sie unter ständigen Schmerzen litten. Die Entdeckung, daß die Blockierung der Blutgefäße ein entscheidender Faktor für die Entwicklung der Hufrollenerkrankung ist, hat jedoch zu Behandlungsmethoden geführt, die erfolgreich zu sein scheinen. Das blutgerinnungshemmende Warfarin (das häufig in Rattengift enthalten ist) war das erste Medikament, das benutzt wurde. Es wird mehrere Wochen lang mit dem Futter eingegeben und verlangsamt die Blutgerinnung und verhindert natürlich auch das Entstehen von Blutgerinnseln im Bereich der Hufrolle. Das Medikament ist nicht besonders teuer, aber es müssen wiederholt Blutproben untersucht werden, an denen die Gerinnungszeit überprüft wird, denn eine Überdosierung kann tödliche Blutungen auslösen. Mittlerweile wird jedoch ein anderes Medikament zur Behandlung der Hufrolle eingesetzt. Isoxsuprin fördert speziell die Durchblutung der unteren Extremitäten beim Pferd. Das Medikament ist zwar teurer als Warfarin, aber es hat dafür entsprechend weniger Nebenwirkungen. Bei Isoxsuprin kann die Krankheit wieder aufflammen, wenn das Medikament abgesetzt wird.

Viele Jahre lang wurde versucht, die Hufrollenerkrankung durch orthopädischen Beschlag zu heilen.

Verursacht wird die Hufrollenerkrankung in erster Linie durch den leider häufig begangenen Fehler, Pferde mit zu flachen Trachten und zu langen Zehen herumlaufen zu lassen. Dadurch verändert sich die Hebelwirkung der tiefen Beugesehne auf die Hufrolle, die stärkerem Druck ausgesetzt wird. Möglicherweise läßt sich die Hufrollenerkrankung verhüten, wenn stets auf die korrekte Hufstellung geachtet wird.

Was versteht man unter Hufknorpelverknöcherung?

Im Innern des Pferdehufs befinden sich zwei Knorpel, die an den beiden Seiten des Hufbeines angewachsen sind. Diese Knorpel bewegen sich, wenn das Pferd läuft, und ihre Spitzen können direkt oberhalb des Kronrandes (in der Nähe der Ballen) ertastet werden. Bei älteren Pferden verhärten sich diese Knorpel allmählich und werden zu Knochen; dabei handelt es sich um eine normale Alterserscheinung. Der verknöcherte Knorpel verliert seine Elastizität. Zu Lahmheit kommt es gewöhnlich nur, wenn die Spitze des verknöcherten Hufknorpels abbricht (weil das Pferd mit dem anderen Huf dagegentritt). Bei jüngeren Pferden kann übermäßiges Reiten oder Fahren auf hartem Boden zu Schmerzen und vermehrter Wärme im Bereich der Hufknorpel führen, die unter Umständen eine vorzeitige Verknöcherung auslösen. Auf Röntgenaufnahmen der Hufe sind verknöcherte Hufknorpel keine Seltenheit – sie lösen jedoch gewöhnlich keine Lahmheit aus und werden häufig für Lahmheiten verantwortlich gemacht, die eine ganz andere Ursache haben.

Was ist Strahlfäule, und wie verhütet man sie?

Als Strahlfäule werden Veränderungen am Strahl und Sohlenhorn des Hufes bezeichnet. Das Horn wird weich und verströmt einen üblen Geruch. Das Leiden entsteht bei Pferden, die in schmutzigen Ställen gehalten und deren Hufe nicht regelmäßig gesäubert werden. Die Feuchtigkeit aus dem in die Hufe eingetretenen Dung erweicht den Strahl, und die bei der Zersetzung des Mistes freiwerdenden Bakterien dringen in das erweichte Horn ein und zersetzen es.
Zur Behandlung gehört die gründliche Reinigung von Strahl und Strahlfurchen sowie das Wegschneiden von angegriffenem Sohlenhorn. In seltenen Fällen dringt die Infektion tief in den Strahl ein und greift die darunterliegende, empfindliche Huflederhaut an, was zu Lahmheit führt. In diesem Fall kann die Verabreichung von Antibiotika notwendig werden. In besonders ungepflegten Ställen kann es neben der Strahlfäule noch zu einer anderen Form der Zersetzung von Hufhorn kommen, die als Hufkrebs bezeichnet wird. Außerdem können Fäulnisvorgänge einsetzen, wenn geschlossene Hufeisen zu lange am Huf belassen werden. Die Behandlung ist dieselbe wie bei der Strahlfäule.

Was bewirken Veränderungen am Hufbein?

Bei manchen Pferden, die auf unebenem Boden besonders «fühlig» sind oder geringgradig lahmen, kann mit Hilfe einer Röntgenaufnahme festgestellt werden, daß ihre Hufbeine eine geringere Knochendichte aufweisen als normal. Erkrankte Pferde sind gewöhnlich auf einem oder beiden Vorderbeinen chronisch lahm. Die Erkrankung entsteht vermutlich durch die ständige Prellung des Hufbeines beim Reiten auf hartem Boden. Die dadurch hervorgerufene Entzündung löst die Neubildung von Knochengewebe aus, das wiederum auf die empfindliche Sohlenlederhaut drückt. Besonders anfällig sind große Pferde mit flachen Hufen. Die Diagnose ist nicht immer ganz einfach zu stellen, denn man trifft auch häufig auf Pferde, deren Röntgenbilder ähnliche Veränderungen aufweisen, die aber nicht lahmen. Eine örtliche Betäubung des betroffenen Hufs kann die Diagnose bestätigen. Zur Behandlung gehören die Ruhigstellung des Pferdes, damit die Entzündung abklingen kann, und das Vermeiden erneuter Hufbeinprellungen.

Mein Pferd hat einen Riß im Huf – was kann man dagegen tun?

Einen senkrecht verlaufenden Riß im Hufhorn bezeichnet man als Hornspalte. Sie kann Lahmheit verursachen, wenn sie sehr tief ist, aber auch, wenn Krankheitserreger durch sie in den Huf eindringen. Neues Hufhorn wächst vom Kronrand nach unten – etwa ein Zentimeter pro Monat. Die Hornspalten wachsen also heraus, wenn man verhindern kann, daß das neugebildete Horn erneut einreißt. Dazu raspelt man eine Querrinne am Ende des Spaltes in die Hufwand. In jedem Fall muß das Pferd beschlagen werden; die Hufeisen sollten zwei seitliche Aufzüge haben, die beiderseits der Hornspalte sitzen und so jegliche Bewegung dieses Bereichs verhindern. Beim Beschlagen wird der Tragrand unterhalb der Hornspalte so weit weggeschliffen, daß er nicht mehr belastet wird. Bei größeren und tieferen Spalten, vor allem im Bereich der Trachten, sind andere Methoden erforderlich. Manche Hufschmiede klammern das Horn beiderseits der Spalte zusammen, aber in der Regel werden die Risse mit Kunstharz gefüllt, die diesen Bereich ruhigstellen, bis die Hornspalte herausgewachsen ist. Verletzungen des Kronrandes haben oft schwerwiegende Folgen, vor allem, wenn die Saum- und Kronlederhaut verletzt wurde, denn dann kann an dieser Stelle kein gesundes Hufhorn mehr produziert werden. In diesem Fall wird die Hornwand im Bereich der Verletzung immer gespalten nachwachsen, und es bedarf eines geschickten Hufschmiedes, um das Pferd einsatzfähig zu halten.

Die Sohle eines **unbeschlagenen Hufs** mit einem gesunden und kräftigen Strahl (**links**).

Ein Huf mit mehreren **Tragrand-Hornspalten** (**unten**). Die in das Horn geraspelten Kreuze sollen verhindern, daß das Horn weiter einreißt.

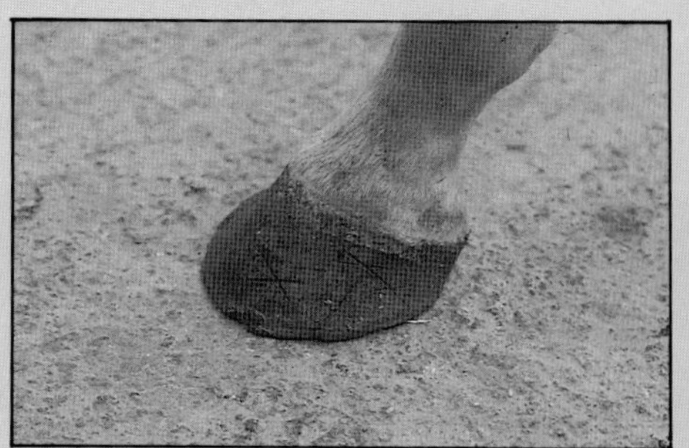

Lebensdauer

Die Lebenserwartung eines Pferdes hängt in erster Linie von seiner Haltung und Nutzung ab. Wenn ein Pferd älter wird, wird es langsamer und muß gut gepflegt und regelmäßig untersucht werden, damit man sicher sein kann, daß es nicht in irgendeiner Weise leidet.

Wie alt werden Pferde?

Das nachweislich älteste Pferd war eine Cleveland-Bay-Kreuzung namens Old Billy; der Wallach wurde 1760 geboren und erreichte ein Alter von 62 Jahren. Das Durchschnittsalter von Pferden und Ponys beträgt 20 bis 25 Jahre, aber auch dreißigjährige Tiere sind keine Seltenheit.

Welche Probleme können bei alten Pferden auftreten?

Die Hauptprobleme, unter denen alte Pferde leiden, sind Arthritis, Steifheit und eine Verschlechterung des Allgemeinzustandes. Aus diesem Grund sollten alte Pferde im Winter zumindest nachts aufgestallt werden. Bei älteren Pferden kommt es außerdem zu Zahnbeschwerden; die Zähne sollten mindestens zweimal jährlich vom Tierarzt überprüft werden.

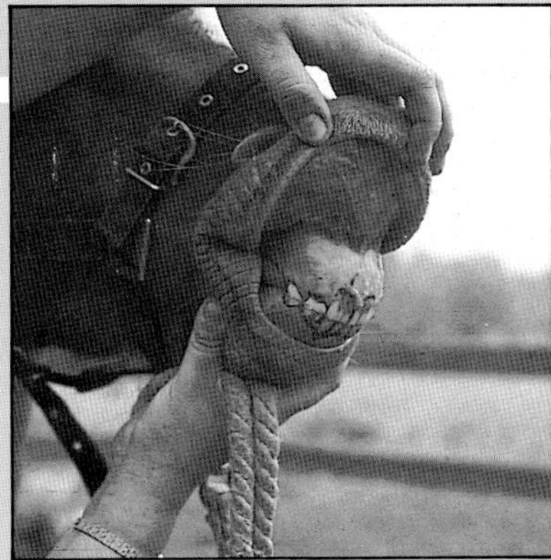

Ein deutliches Zeichen für **hohes Alter**. Dies sind die stark abgenutzten Zähne eines 27jährigen Pferdes (**oben**), dessen blasse Schleimhäute auf Blutarmut hindeuten.

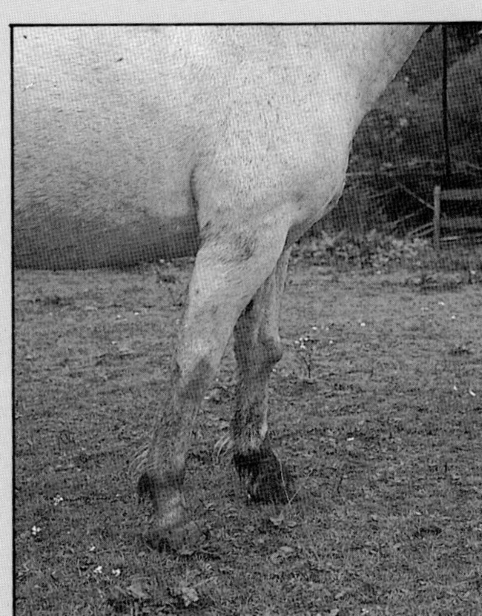

Arthritis – ein bei alten Pferden verbreitetes Leiden. Bei diesem Pferd ist das linke Vorderfußwurzelgelenk betroffen.

Woran merkt man, daß es an der Zeit ist, das Leben eines alten Pferdes zu beenden?

Es fällt jedem Pferdebesitzer schwer, zu entscheiden, wann es an der Zeit ist, sich von einem geliebten alten Pferd zu trennen. Leider sterben die wenigsten Pferde plötzlich. Viel öfter bauen sie allmählich ab, werden mager und kränkeln lange Zeit. Der Winter ist die härteste Zeit für ein altes Pferd, und man muß jeden Herbst erneut entscheiden, ob dem Pferd noch ein weiterer Winter zugemutet werden darf.

Auch ein Pferd im «Ruhestand» sollte eine Aufgabe haben. Mit Pferden, die nicht mehr turnierfähig sind, kann man doch in der Regel noch im Schritt durchs Gelände reiten, und eine gelegentliche Abwechslung – z. B. ein Spaziergang am Halfter – tut jedem alten Pferd gut.

Es ist kein Beweis von Tierliebe, wenn man ein altes Pferd oder Pony allein auf einer verschlammten Koppel hält. Dann ist es schon humaner, es töten zu lassen, solange es noch in relativ gutem körperlichem Zustand ist und noch etwas Freude am Leben hat, anstatt abzuwarten, bis es abgemagert ist oder sich vor Schmerzen kaum noch bewegen kann.

Warum werden Pferde meistens durch Erschießen getötet?

Das Problem beim Einschläfern eines Pferdes ist die Beseitigung des Kadavers. Wenn nämlich der Tierarzt ein Pferd durch Injizieren einer Überdosis von Betäubungsmitteln tötet, muß der Kadaver vom Abdecker abgeholt und beseitigt werden. Die Kosten dafür trägt der Pferdebesitzer. Ein durch Bolzenschuß ins Gehirn getötetes Pferd ist dagegen noch verwertbar, insbesondere als Tierfutter, und der Pferdebesitzer erhält den nach dem Gewicht des Tieres berechneten Schlachtpreis.

Der Gedanke an das Ende des Pferdes ist für die meisten Pferdehalter schrecklich – aber wenn die Pferde in ihrer gewohnten Umgebung getötet werden, haben sie keine Angst, und sowohl Spritze als auch Bolzenschuß wirken so schnell, daß das Tier nichts spürt.

«Ruhestand». Dieses Pferd (**links**) ist im Sommer vielleicht glücklich und zufrieden, aber wie wird es im Winter sein?

GLOSSAR

Abzeichen Angeborene oder erworbene weiße Flecken im Fell des Pferdes.
Ankaufsuntersuchung Vom Käufer veranlaßte tierärztliche Untersuchung eines zum Verkauf stehenden Pferdes.
Ballentritt Verletzung des Ballens durch einen Hinterhuf oder den Huf eines anderen Pferdes.
Barrenwetzen Eine Untugend, bei der das Pferd die Zähne des Oberkiefers auf einem Vorsprung aufsetzt und sie hin- und herreibt.
Blanket-clip Eine Art, ein Pferd zu scheren. Hals, Bauch und obere Hälfte der Gliedmaßen werden geschoren, das übrige Fell bleibt stehen.
Bügeln Ein Mangel im Bewegungsablauf, bei dem die Hufe im halbkreisförmigen Bogen nach vorn gebracht werden.
Cob Stämmiger Pferdetyp mit einem Stockmaß um 1,50 Meter.
Condylarthen Primitive Säugetiere, die vor 75 Millionen Jahren lebten; die frühesten Vorfahren des Pferdes.
COPD Chronische Bronchitis, hervorgerufen durch eine Schimmelpilzallergie.
Equine rhinopneumonitis Durch das Equine-Herpes-Virus Typ 1 hervorgerufene Atemwegerkrankung.
Equus caballus Artenname des Pferdes.
Exterieur Der Körperbau des Pferdes, auch Gebäude genannt.
FEI Fédération Equestre Internationale (Internationale Reiterliche Vereinigung).
Festlegen Ein Pferd hat sich festgelegt, wenn es in seiner Box so unglücklich liegt, daß es aus eigener Kraft nicht wieder aufstehen kann.
Fohlenrosse Erste Rossigkeit einer Stute nach dem Abfohlen.
Freikoppen Eine Untugend, bei der das Pferd den Hals anspannt und Luft abschluckt.
Gasterophilus intestinalis Dasselfliege – ein Parasit des Pferdes.
Gewährsmängel Auch Hauptmängel genannt. Bestimmte Fehler oder Krankheiten, die es dem Käufer ermöglichen, ein Pferd innerhalb von 14 Tagen an den Verkäufer zurückzugeben.
Greifen Auftreffen der Hinterhufspitze auf die Sohle des Vorderhufes in der Bewegung.
Gurtdruck Hautschäden durch scheuernde Gurte.
Hackamore Gebißlose Zäumung mit starker Hebelwirkung.
Häcksel Fein gehacktes Heu oder Stroh.
Hechtkopf Pferdekopf mit konkavem Profil.
Hornkluft Quer zur Faserrichtung verlaufender Riß im Huf.
Hufkrebs Chronische Entzündung der Huflederhaut.
Hunter-clip Eine Art, ein Pferd zu scheren, bei der nur das Fell in der Sattellage und an den Beinen unangetastet bleibt.
Kaltblüter Schwere, ruhige Zugpferde.
Kandarenzäumung Zäumungsart, bei der zwei Gebisse verwendet werden (Kandare und Unterlegtrense).
Kastanie Hornige Gebilde an den Innenseiten der Pferdebeine.
Kolik Verdauungsbeschwerden, die starke Schmerzen verursachen können.
Kolostralmilch Die erste Milch, die das neugeborene Fohlen aufnimmt. Sie enthält lebenswichtige Antikörper.
Kraftfutter Hafer oder Pellets.
Kreuzverschlag Eine Erkrankung der Hinterhandmuskulatur. Auch Feiertagskrankheit genannt.
Krippensetzen Eine Stalluntugend, bei der das Pferd die Zähne auf einem Vorsprung aufsetzt und Luft abschluckt.
Kunden Vertiefungen in den Kauflächen der Zähne.
Longieren Ausbildung des Pferdes vom Boden aus.
Lungenwürmer Parasiten, die Husten auslösen und von Eseln auf Pferde übertragen werden.
Lymphangitis Entzündung der Lymphgefäße.
Martingal Ein Hilfszügel, der das Kopfschlagen des Pferdes nach oben begrenzt.
Matratzenstreu Eine Art der Einstreu, bei der nur der frische Mist und schmutziges Stroh entfernt werden. Die verbleibende Strohschicht («Matratze») wird täglich übergestreut.
Nasenbremse Ein Holzstab mit einer Kordelschlaufe an einem Ende. Die Kordel wird über die Oberlippe gestreift und zusammengedreht, um das Pferd durch den Schmerz von der Behandlung anderer Körperteile abzulenken.
Neuseelanddecke Eine schwere, gefütterte und wasserdichte Pferdedecke, mit der auch empfindliche Pferde im Winter auf die Weide gelassen werden können.
Pellets In Rollenform gepreßtes Pferdefutter mit unterschiedlicher Zusammensetzung.
Pferd Ein Angehöriger der Art **Equus caballus** mit einer Widerristhöhe über 1,48 Meter.
Pferdebox Mindestens 3 × 3 Meter großer Aufenthaltsraum des Pferdes in einem geschlossenen Stall.
Pliohippus Der erste einzehige Vorfahr des Pferdes, der vor etwa 10 Millionen Jahren lebte.
Pony Jeder Angehörige der Art **Equus caballus** mit einer Widerristhöhe unter 1,48 Meter.
Ramsnase Konvexes Nasenprofil eines Pferdes.
Robustpferde Pferde und Ponys, die ganzjährig im Offenstall gehalten werden.
Rossigkeit Paarungsbereitschaft der Stute.
Salzleckstein Salzblock, der Pferden in der Box und auf der Weide immer zur Verfügung stehen sollte.
Satteldruck Verletzungen durch einen schlecht passenden oder scheuernden Sattel.

Sommerekzem Mit starkem Juckreiz einhergehende Allergie gegen die Stiche bestimmter Mücken.
Sporn Horniges Gebilde an der Rückseite des Fesselkopfes.
Stalluntugenden Verschiedene Unarten, die sich Stallpferde aus Langeweile angewöhnen.
Ständer Dreiseitig geschlossene Abteile, in denen die Pferde mit dem Kopf zur Wand angebunden stehen.
Stätigkeit Starke Widersetzlichkeit bei einem Gebrauchspferd.
Strahl Dreieckiger, vorstehender Teil der Hufsohle, der als Stoßdämpfer dient.
Strahlfäule Fäulnisvorgänge in den Strahlfurchen der Hufe.
Streichen Anschlagen eines Vorder- oder Hinterbeins mit dem gegenüberliegenden Huf.
Strongylus vulgaris Palisadenwürmer, die im Darm des Pferdes schmarotzen.
Trace-clip Eine Art der Schur, bei der Unterhals, Bauch und obere Hälfte der Beine vom Winterfell befreit werden.
Trichophytie Durch Pilze verursachte, ansteckende Hautkrankheit, bei der kleine, haarlose Stellen entstehen.
Überbein Knochenauftreibung am Röhrbein.
Überputzen Flüchtige Säuberung des Pferdes vor der Arbeit.
Verziehen Ausdünnen von Mähnen- und Schweifhaaren durch Auszupfen einzelner Haare.
Vollblüter Temperamentvolle Pferderassen wie zum Beispiel das Englische und das Arabische Vollblut.
Warmblüter Leichte und mittelschwere Reit- und Fahrpferde.
Weben Eine Stalluntugend, bei der das Pferd schaukelnd sein Körpergewicht von einem Vorderbein auf das andere verlagert.
Wolfszähne Die vorderen Backenzähne, die in der Regel nur im Oberkiefer durchbrechen. Sie sind meistens scharfkantig und können dem Pferd große Schmerzen bereiten.
Zähneraspeln Abschleifen von Zahnhaken, die das Kauen erschweren und Verdauungsbeschwerden hervorrufen können.
Zehenaufzug Vordere, aufwärts geschmiedete Kante des Hufeisens, die für sicheren Halt am Huf sorgt.

Register

Kursiv gedruckte Seitenzahlen verweisen auf Abbildungen.

Danksagung

Die meisten der Fotografien in diesem Buch stammen von Bob Langrish. Außerdem danken wir Roy Saunders für die Abbildungen auf den Seiten 104, 105, 123 (unten rechts), 134, 135, 137 (unten), 143, 147, 148 (rechts), 149, 150, 151, 153. Die übrigen Abbildungen wurden von Hazel Edington zur Verfügung gestellt.